İNSANI TANIMA SANATI

Alfred Adler
d. 7 Şubat 1870, Penzing-Avusturya – ö. 28 Mayıs 1937, Aberdeen-İskoçya

Avusturyalı psikiyatr, 'bireysel psikoloji' ekolünün kurucusu.

1895'te Viyana Tıp Fakültesi'ni bitirdi. Pratisyen hekim olarak çalıştığı ilk doktorluk yıllarından başlayarak hastayı çevresiyle ilişkileri içerisinde ele almak gerektiğini vurguladı ve bireyle ilgili sorunlara yönelik insancıl, bütünselci ve organik bir yaklaşım geliştirdi. 1902'de Sigmund Freud ile tanıştı ve onun öğrencisi oldu. Ancak, bir süre sonra aralarındaki görüş ayrılıkları giderek keskinleşti ve Adler'in *Organ Eksikliği Üzerine İnceleme* adlı kitabının yayımlanmasından sonra uzlaşılamaz duruma geldi. 1911'de izleyicileriyle birlikte, Freud'u açıkça eleştirerek bireysel psikolojiyi geliştirmeye koyuldu.

1921'de Viyana'da ilk çocuk rehberliği kliniğini kurdu. Kısa süre içerisinde onun yönetiminde 30 klinik daha açıldı. Toplumsal değerlerin sürdürülmesinde çocuk eğitimine çok önem veren Adler, çocuklara sağlıklı bir rehberlik hizmeti verilmesi gerektiğini ısrarla savundu. 1926'da ABD'ye gitti. 1927'de Columbia Üniversitesi'nde, 1932'de ise New York'taki Long Island Tıp Okulu'nda konuk profesör oldu. 1934'de Avusturya hükümetince, ülkedeki tüm klinikleri kapatıldı. Alfred Adler, 'eksiklik duygusu' terimini ilk kez ortaya atan psikiyatrdır. Eksiklik duygusu taşıyan, duygusal yönden sakatlanmış kişileri olgunluğa, sağduyuya ve toplumda yararlı olmaya yöneltecek, destekleyici ve esnek bir psikoterapi yöntemi geliştirmiştir.

Adler'in çalışmalarına yön veren asıl itici güç, yaşamı boyunca toplumsal sorunlar karşısında gösterdiği duyarlılıktır.

Yapıtları:

Studie über Mindervertigkeit von Organen (1907, Organ Eksikliği Üzerine İnceleme); *Über den nervösen Charakter* (1912, Nevrotik Yapı Üzerine); *Heilen und Bilden* (1914, Tedavi ve Eğitim); *Praxis und Theorie der Individualpsychologie* (1918, Bireysel Psikolojinin Uygulaması ve Kuramı); *Menschenkenntnis* (1927, İnsanı Tanımak); *Die Technik der Individualpsychologie* (1. Bölüm 1928, 2. Bölüm 1930, Bireysel Psikolojinin Tekniği); *Individualpsychologie in der Schule* (1929, Okulda Bireysel Psikoloji); *Lebenskenntnis* (1929, Yaşamı Tanımak); *Psychotherapie und Erziehung I* (1919-1929, Psikoterapi ve Eğitim-I); *Neurosen* (1929, Nevrozlar); *Das Problem der Homosexualität* (1930, Eşcinsellik Sorunu); *Kindererziehung* (1930, Çocuk Eğitim); *Das Leben gestalten* (1931, Yaşamı Biçimlendirme); *Psychotherapie und Erziehung II* (1930-1932, Psikoterapi ve Eğitim-II); *Der Sinn der Lebens* (1933, Yaşama Duygusu); *Psychotherapie und Erziehung III* (1933-1937, Psikoterapi ve Eğitim-III);

Alfred Adler'in Say Yayınları'ndan çıkan diğer yapıtları:

Yaşamın Anlam ve Amacı (Wozu leben wir? / Ne İçin Yaşıyoruz?)
Yaşama Sanatı (Lebenskenntnis)

İnsanı Tanıma Sanatı

Alfred Adler

Almanca aslından çeviren:
Kâmuran Şipal

SaY
İstanbul

Say Yayınları
Psikoloji Dizisi

İnsanı Tanıma Sanatı / Alfred Adler
Özgün Adı: *Menschenkenntnis* (1927)

ISBN 978-975-468-017-1
Sertifika No: 10962

Yayın Yönetmeni: Aslı Kurtsoy Hısım
Almanca Aslından Çeviren: Kâmuran Şipal

Baskı: Engin Yayıncılık Pazarlama ve
Matbaacılık San. ve Tic. Ltd. Şti.
Gazeteci Erol Dernek Sok. No: 5 Kat: 3
Beyoğlu / İstanbul
Tel.: (0212) 612 05 53

1. Baskı: Say Yayınları, İstanbul 1985
8. Baskı: Say Yayınları, İstanbul 2001
9. Baskı: Say Yayınları, İstanbul 2006
10. Baskı: Say Yayınları, İstanbul 2008
11. Baskı: Say Yayınları, İstanbul 2009

Say Yayınları
Ankara Cad. 54 / 12 • TR-34410 Sirkeci-İstanbul
Telefon: (0212) 512 21 58 • Faks: (0212) 512 50 80
web: www.sayyayincilik.com
e-posta: sayyayinlari@ttmail.com

Genel Dağıtım: Say Dağıtım Ltd. Şti.
Ankara Cad. 54 / 4 • TR-34410 Sirkeci-İstanbul
Telefon: (0212) 528 17 54 • Faks: (0212) 512 50 80
e-posta: dagitim@saykitap.com
online satış: www.saykitap.com

İÇİNDEKİLER

ADLER ÜZERİNE

28 Mayıs 1937'de İskoçya'nın üniversite kentinde yaşlı, tıknaz bir adam, yolda giderken ansızın yığılıp kaldı. Az sonra da kalp sektesinden dünyaya yumdu gözlerini. Bireysel psikoloji konusunda bir yaz kursuna katılmak için bir araya gelmiş çok sayıda öğrenci topluluğu o gün boşuna hocalarını bekledi: Alfred Adler diye biri yoktu artık, 1930'dan beri yaşadığı Amerika'da başarılarının doruğunda bulunduğu bir sıra, modern "derinlik psikoloji"sinin üç büyük kurucusundan biri sayılan Adler, öbür iki arkadaşını geride bırakarak dünyadan göçüp gitmişti; öldüğü zaman 67 yaşındaydı. Adler'den iki buçuk yıl sonra da psikanalizin kurucusu Sigmund Freud bu dünyaya veda etti (1938). Adler ve Freud'un ölümünden sonra daha uzun süre hayatta kalan C. G. Jung ise, derinlik psikolojisinin üç büyük kurucusunun sonuncusu olarak 1961'de dünyaya gözlerini kapadı.

Gerçekte bir derinlik psikoloğu muydu Adler? Şu sıra bütün dünyada sayıları artış gösteren taraftarlarının bu konuda bir görüş birliği içinde oldukları söylenemez. İlgili sorun, Uluslararası Bireysel Psikoloji Derneği'nin 1966'da Hollanda'da yapılan kongresinde gündemdeki konuların başında yer almıştır.

"İnsan olmak, kendini yetersiz hissetmek ve üstün bir konumu ele geçirmek üzere çaba harcamak demektir."

"Mutlak bir doğru yoktur, ancak bu doğruya en yakın bir şey var ki, o da toplumsal yaşamdır."

"Cinsellik kişisel bir sorun değildir."

"Duygular kanıt niteliği taşıyamaz."

"Nevroz bir fiksiyondur;* nevrozlu, kendi tokatlarına yanağını uzatan kişidir."

Freud'un libido, bilinçaltı, baskılama ve karşı koyma ya da Jung'un arketip, ekstraversiyon [dışa yöneliş] ve introversiyon [içe yöneliş] kavramlarıyla kıyaslandı mı, Adler'in yukarıdaki tipik sözleri bambaşka bir dünyadan kaynaklanır gibidir. Ne var ki, aslında Freud'un psikanalizi, Jung'un analitik, Adler'in bireysel ve toplumsal psikolojisi her şeye karşın aynı ruh ve zekânın ürünüdür. Kurucularının dünya görüşleri her ne kadar bir yelpazenin kanatları gibi birbirinden ayrılsa da, kurdukları öğretilerin bir birlik ve bütünlük oluşturduğunu söyleyebiliriz. Söz konusu öğretiler arasındaki farklar çoğu kez kısa formüllerle dile getirilmeye çalışılmış, örneğin Freud'un psikanalizinin büyük kent insanına, Jung'un analitik psikolojisinin henüz doğadan kopmamış taşra sakinleriyle ilkel yaşam düzeyindeki kimselere, "lise öğretmenleri için bir psikoloji" sayılan Adler psikolojinin ise orta ve küçük kentlerde oturanlara hitap ettiği söylenmiştir. Ya da Freud'un çocukların, Jung'un ömrünün ikinci yarısında bulunan kırk yaş üzerindeki erişkinlerin, Adler'in ise gençlerin psikolojisini açıklığa kavuşturduğu, dolayısıyla bu üç öğretinin birbirini bütünlediği ileri sürülmüştür. Fransızların Katolik psikanalizcisi Bayan Maryse Choisy daha da ileri giderek Freud, Jung ve Adler isimlerine arketipik simgeler gözüyle bakar, Freud'u** cinsel içgüdülerinin, dolayısıyla yaşam sevinci'nin bir peygamberi, o görkemli kuşun adını taşıyan Adler'i*** saygınlık eğilimi ve üstünlük çabasının bir yorumcusu görür; Jung'u**** ise insanlığı elinden tutup geri-

* Hayal, kuruntu. (Çev. n.)

** Freud, Türkçe'de *sevinç* anlamına gelir. (Çev. n.)

*** Adler, Türkçe'de *kartal* anlamına gelir. (Çev. n.)

**** Jung, Türkçe'de *genç* anlamına gelir. (Çev. n.)

lere, kolektif bilinçdışının pınarına götüren biri sayar. Tıpkı karikatürler gibi bu tür yorumlar da her zaman tipik bir özelliği içerir, ne var ki söz konusu özelliği düpedüz abartıp basite indirgerler. Jung, ruhun bir simyacısı, parapsikolojiye belirli bir eğilim gösteren "tarih dışı bir parapsikolog", Freud ise aslında tüm psikolojik sorunların çözümünü "eldekinden daha mükemmel bir fizyolojiden" bekleyen bir doğa bilimciydi. Adler'e gelince, kuramla başı hoş olmayan bir gerçekçi, bir pragmatisyendi; pratisyen bir hekim, hastalara yardım eli uzatan bir kişiydi. "Bilimsellik" üzerinde o kadar fazla durmayan, pratiğe yönelik bir insan sarrafıydı, insanların yardımcısı olmak ve öyle de kalmak isteyen biriydi. İşte bu kitap da ondaki bu eğilimin en güzel kanıtını oluşturmaktadır. Yazmaktan pek hoşlanmaz, üslup konusunu fazla önemsemezdi.

Bu kitap, Adler'in 1926'da Viyana'da verdiği bir dizi konferansı içeriyor; dinleyicilerden Broser adında biri konferansları stenoyla kaleme almış, kendisinden sonraki kuşakların eline geçmesini sağlamıştır.

Peki kimdi bu Adler? Yapıtları günümüz Amerikası'nda yine büyük ilgi gören, Max Scheler'in ve Keyserling'in kendisinden zamanımızın bir dâhisi diye söz açtığı, ne var ki Almanca konuşulan ülkelerde unutulup gitmiş büyük kişiler arasında yer alan bu adam kimdi?

Adler, Macaristan sınırları içindeki Burgonya'dan göçüp Viyana'ya gelen ve burada hububat ticaretiyle uğraşan küçük burjuva bir babanın ikinci oğlu olarak 7 Şubat 1870'de dünyaya açtı gözlerini. Dört erkek ve iki kız kardeşi vardı. Ancak sonradan Avusturya uyruğuna geçmiş, Rus asıllı eşi Bayan Raissa ile birlikte mezhep değiştirip, henüz dört çocuğunun doğumundan önce Protestanlığı kabul etmişti. Daha dört yaşındayken büyüdüğünde hekim olacağını söylemişti Adler. Erkenden böyle bir karara varması, bir kez yanı başında yatağında ölen kardeşinin üzerinde bıraktığı izlenimden, ikincisi hastalıklı annesini iyileştirme arzusundan, üçüncüsü bizzat kendisinin de belki raşitizmli bir çocuk olmasından kaynaklanıyordu. Bu durum, kurduğu öğretiyi anlamada Penzig (bugün Viyana'nın VIII. bölgesi) sokaklarında geçen çocukluğundan daha az önem taşımamaktaydı. Nitekim Adler'in kendisi de insanları tanıma becerisini salt "sokak çocukluğundan" gelmesine borçlu olduğunu sonradan ikide bir yineleyip durmuş, bunda da yalnızca bir şaka amacı gütmemiştir. Genç bir göz hekimi olarak Yahudi küçük burjuva mensuplarının oturduğu Prater Caddesi'nde açtığı muayenehanenin pek kazanç sağlamadığını görüp pratisyen hekimlik yapmaya başlamış, sempatik ve iyi kalpli bir ev hekimini kendisine örnek alıp, piknik vücut yapısına ve "zyklothym" mizacına uygun bir çalışma ortaya koyarak herkesin sevgisini kazanmıştır. 1897'de evlenmiş, 1898'de ilk kızı Valentine dünyaya gelmiş, onu 1901'de bugün New York Park Avenue'de ünlü bir nöropsikiyatr olarak çalışan kızı Alexandra'nın, 1905'de bugün aynı şekilde New York'da psikiyatristlik yapan oğlu Kurt'un doğumu izlemiş, 1909'da ise kızı Nelly doğmuştur. En büyük kızı otuzlu yıllarda kocasıyla annesinin yurduna göç etmiş, burada öyle görülüyor ki karı koca bir "temizlik" eylemine kurban gitmiştir. Viyana tıp çevrelerinde o zamanlar alay konusu olan Freud'u savunan Adler, Freud'dan, kendisini her çarşamba Bergasse'deki evinde toplanan araştırma grubuna katılmaya çağıran o efsanevi kartı almıştır. 1907 yılında *"Organların Yetersizliği Üzerine İnceleme"* adlı yapıtını yayımlayarak daha sonraki "organ diyalekti" ya da "organ dili" öğretisinin ilk temel taşını koymuştur. İlginç yapıt, cinsel davranışları dışavurumsal devinimler olarak yorumlayan "cinsel jargon" ile birlikte psikosomatik tıbbın ilk sistematik taslağının hazırlanmasına önayak olmuştur.*

Darwin'in o zamanlar egemenliğini sürdüren, "becerikliler in yaşayacağı, beceriksizlerin ise yok olup gideceği" öğretisi ile Lombroso'nun "soysuzlaşma" öğretisi dikkate alındığında, Adler'in *İnceleme*'sinin âdeta devrim niteliği taşıdığı anlaşılacaktır. Söz konusu yapıt her iki öğretiye bir tepki oluşturur. Göz hekimi Adler'in gözlemlerinin odak noktasında güçlüksüzleri çokluk kalıtsal nitelikteki yetersiz organların zamanla güçsüzlüklerini dengelemekle kalmadığı, hatta aşırı derecede fonksiyonel bir kompensasyon [denge] sağlayabildiği ve olağanüstü denilebilecek işlevsel bir üstünlüğe kavuşabildiği görüşü yer almaktaydı. Kekeme Demosthenes'in büyük bir hitabet gücüne sahip bir kimse, miyop Menzel'in hatırı sayılır bir ressam, aynı şekilde miyop Gustav Freytag'ın alabildiğine titiz betimlemeleriyle ün salmış bir yazar olması doğrusu tuhaf sayılmaz mıydı? Kendisini yansıtan portresinde şaşı bir bakışı yok muydu Dürer'in? El Greco, pek büyük bir olasılıkla astigmat değil miydi? Bir hayli müzisyen vardı ki, işitme duyularında bir yetersizlikten şikâyetçiydi ve günün birinde kulakları duymaz olmuştu hepsinin; örneğin Beethoven, Smetana ve Clara Schumann bunlar arasındaydı. Bruckner'in dış kulağında ise bir deformasyon seçilmekteydi. Adı geçen kişilerde söz konusu organların işlevsel üstünlüklerini sağlayan, adı geçen

* Freud'un "organsal hazırlık" ve "ruhsal çatışmaların organik semptomlara isterik dönüşümü" kavramıyla birlikte. İlk psikosomatik deneme olan *"Organsal Semptomların Psikogenezi ve Psikoterapisi"* (Berlin 1925), Adler'in o zamanlar ürolog olarak çalışan, oldukça parlak öğrencisi Rudolf Allers tarafından çıkarılmış, yine Adler'in pek yetenekli bir öğrencisi sayılan Dr. Rudolf Schwarz kitabın hazırlanmasında pek büyük bir rol oynamıştır. Ne var ki, her ikisi de söz konusu kitabın yayımlanmasından sonra Adler'in, Bireysel Psikoloji Derneği'nden ayrılmış; marksist Manes Sperber, Otto, Alice Rühle (Gerstel), ayrıcı özel terminolojisinden Adler'in pek hoşlanmadığı ve kitaplarının kamuoyundaki olumlu yankılarından tedirginlik duyduğu Fritz Künkel aynı yolu izlemiştir.

yetersizlikler değil miydi? Böylece nasıl olup da dâhi dediğimiz kişilerin çokluk bir "dégénnere supérieur" görünümü sergilediklerine ilişkin Lombroso'nun ortaya attığı çelişik soru yanıtlanıyor, ayrıca biyolojik bakımdan yetersizlerin hayatta kalacağı, ötekilerinse yok olup gideceği sorunu açıklığa kavuşturuluyor, bir zaman gerçek bir deha kültünün doğmasına yol açmış o deha bilmecesi doğabilimsel yoldan açıklığa kavuşturuluyordu: Daha önceleri Buffon'un, Lessing'in ve Goethe'nin* söyledikleri gibi belki de deha salt çabanın bir ürünüydü, yani bir organın biyolojik nedenlerden kaynaklanan işlevsel yetersizliği nedeniyle erkenden başlayan bir egzersizin, bir alıştırmanın sonucunda ortaya çıkmaktaydı. Adler, başlangıçta yetersiz organın yetersizliğini kendi kendine kompanze ettiği [dengelediği] sonucuna varmış ve zamanla beyne genel bir kompensasyon organı gözüyle bakmaya başlamışsa da, sonraları düşüncesini değiştirerek, kompensasyon, aşırı kompensasyon ve dekompensasyon [kompensasyon işlevinin ortadan kalkması] olaylarının söz konusu organ tarafından gerçekleştirilmediği ve merkezi sinir sisteminin bunda bir rol oynamadığı, adı geçen olayların insanın istemine, ruhsal üstyapısına bağlı olduğu, biyolojik altyapısıyla bir ilgisi bulunmadığı görüşüne varmıştır. Organ yetersizliğini biyoloji açısından ele almaktan yavaş yavaş uzaklaşan Adler, genellikle bilincine varılmayan öznel yetersizlik duygusuyla durumu açıklamaya yönelmiştir. Söz konusu yetersizlik, Adler'e göre, çokluk nesnel bir varlığa sahip değildi, bir kuruntu niteliği taşımaktaydı, ya da solaklıkta ve kızıl saçlılıktaki gibi genellikle sosyal bakım-

* A. Gehlen tarafından genişletilerek "yetersiz varlık" olarak insan öğretisine dönüştürülen Adler öğretisinin, bir başka yerde belirttiğim gibi, daha çok önce Goethe'nin, *"Hayvanların Metamorfozu"* adlı kitabında açığa vurulduğuna tanık olmaktayız: "Bir yaratıkta bir üstünlük mü görüyorsun, nerede bir yetersizliği olduğunu araştır, işte o zaman tüm yaratıkların anahtarını ele geçirirsin..." Egon Friedell de insanlığın uygarlık tarihini Adler öğretisiyle yorumlamaya çalışmıştır.

dan olumsuz bir değerlendirmenin sonucuydu. Nihayet mitoloji ve sanat, organsal birtakım kusurları içeren yaratıklarla dolup taşmaktaydı. Yazgı Tanrıçaları, kâhinler ve ozanlar kördü, Hephaistos ya da Wieland gibi kuyumcu ve tanrılar topallıyordu, biçimsiz vücut yapısı dolayısıyla alay konusu yapılan III. Richard "kötü bir insan olmaya eğilim gösteriyordu."

Buna göre, "yetersizlik duygusu" yetersizliğin kendisinden daha önemliydi ve her zaman sosyal bir arka planı vardı. İnsanı yiyip bitiren bu duygu kimilerinde, bu kişilerin ortadan kaldırılmasını amaçlayan bir çabanın gösterilmesine yol açıyor, bazılarında ise toplumdışı (sosyal) ya da topluma karşı (antisosyal) bir tutumun doğmasına neden oluyordu: Sosyal açıdan yararsız bir alanda etkinlik gösterme, gerçek ya da hayali bir üstünlüğe ulaşmak için hastalık derecesinde bir çabanın harcanması, bir "sanki", bir "fiksiyon". Son iki sözcüğü Adler, H. Vaihinger'in o zamanlar moda olan "Sanki felsefesi"nden alarak "*Asabi Karakter*"i (1912) ve daha sonra "Nevroz"u açıklamada kullanmıştı.

Bir yay, üzerine ne kadar kuvvetli bastırılırsa, o kadar yükseğe fırlar, yeter ki basınç altında kırılıp kopmasın. Bunun gibi yetersizlik duygusu da bir tek insanın ya da bir topluluğun üzerine ne kadar kuvvetle bastırırsa, söz konusu kişi ya da topluluk o kadar yukarı fırlamak ister. İnsan tek başına yetersizdir, ancak toplum içinde yaşamını sürdürebilir. Mutlak bir doğru varsa, toplum bu biricik mutlak doğrudur. Yetersizlik duygusu insanı toplum dışına iter; ne var ki, doğuştan insanda var olan toplumsallık duygusunun kalıntıları yeniden diriltilip, insan yeniden topluma kazandırılabilir. Toplum dışına itilen insan 'kötü' değil, yalnızca cesareti kırılmış biridir; cesaretlendirildi mi, tekrar toplumun yararlı bir üyesi durumuna sokulabilir. Toplumsallık duygusuyla yetersizlik duygusu arasındaki çatışmadan insanın "devinim yasası" ortaya çıkar, çünkü yaşam devinim demektir. Herkes erken çocukluk döneminden başlayarak "fiktif" (hayali) bir yaşam amacına yönelik yaşam planını oluşturur, bu gizli yaşam planı içinde temel doğrultular üzerinde bütünsel bir varlık olarak devinir, ilerler, kendi yaşam amacına yaklaşmaya çalışır. Yaşam amacı, yaşam planıyla uyum içindeyse, kişisel yaşam üslubu toplumun yaşam üslubuna uygunluk gösteriyorsa, insan, saptadığı amaca da ulaşır sonunda.

Bu kuramdan yola koyularak bireysel psikolojinin bütün önemli sorunlarını anlayabiliriz. Böyle davranıldı mı saygınlık eğilim ve çabasının, insanın güvensizlik ve yetersizlik duygusunu yenme denemesinden, nevrozun ise kendini güvenlik altına alma denemesinin başarısızlığa uğramasından başka bir şey olmadığı görülecektir. Aynı şekilde, söz konusu kuramdan kalkarak, kadının güçlü bir "erkeksi protesto" ile toplumsal köleliğine başkaldırmasını, aşırı korkak anneyi ve böyle bir annenin çocuğunu şımartma konusu yapmasını, aile içinde ilk doğmuş çocukların sonradan tahtından edilmesini ve kardeşler arasındaki savaşımı, kardeşler içindeki konumunun, çocuğun yaşam üslubuna damgasını vurmasını, toplumsal davranış biçimlerinden sapmaların güvenini yitirmiş ben'in savunma mekanizmalarından ve insanın soydaşlarına karşı saldırı (agresyon) biçimlerinden başka bir şey sayılamayacağını ve ilgili savunma mekanizmalarıyla agresyon biçimlerinin nevroz ve psikozdan kriminozlara ve cinsel sapıklıklara, uykusuzluktan intihara kadar uzanabileceğini anlama olanağını ele geçirebiliriz. Hatta kişiyi intihara götüren melankoli bile başkalarına karşı 'dolaysız bir saldırı' olup, bu niteliğini korur her zaman.

Böylece 'karşılaştırmalı bireysel psikoloji' aslında karşılaştırmalı bir sosyal psikoloji niteliğini kazanmış, 'ben psikolojisi' olmaktan çıkarak Karl Mannheim'ın istediği ve örneğin Talcott Parsons'un action theory'sinde gerçekleştirmeye çalıştığı bir sosyal psikolojiye dönüşmüştür. Adler'in göz önüne serdiği "yaşamın üç büyük sorunu", toplumsal yaşamla ilgilidir. David Riesmann'ın dışarıdan yönetilen toplumda aradığı "other-centeredness", ruhsal sağlığın temel koşuludur. Dolayısıyla, bugün Amerika'da ortaya atılan "Is Alfred Alive Today?"* sorusu aslında gereksiz bir sorudur. Ama yine de burada ilgili soruyu ayrıntılara kaçmadan yanıtlamaya çalışacağız.

Adler'in insanı konu alan bilimler için taşıdığı önem hâlâ tartışma konusudur. Bazıları için örneğin Leibniz'in yanında Christian Wolf gibi ikinci derecede önem taşıyan biridir. Öğrencilerden bir grup vardır ki, Adler'e asla bir 'derinlik psikoloğu' gözüyle bakmaz; nitekim Adler de kendisinin hiçbir zaman böyle biri olduğunu söylememiştir. Bazı kimselerse Adler'in öğrencisi olmamalarına karşın, Adler'i, Freud–Adler–Jung sacayağını oluşturan psikologlardan biri sayar. Adler'in ilk gerçek varoluşçu psikolog olduğunu söylemek de yanlış olmaz, çünkü ilkin V. E. Frankl'ın "varoluşçu çözümlemesi", Adler'in öğretisinin tutarlı bir uzantısıdır; ikincisi, Adler'in ateşli bir okuyucusu olan Sartre'ın insanı, Adler'in "asabi karakterinin" genişletilip bir insan tablosuna dönüştürülmesinden başka bir şey değildir. Ayrıca yaşamı bir 'plan' olarak gören *(vida es proyecto)* Ortega y Gasset de, yalnızca şu cümleyi yazmakla bile Adler'i İspanyolca'ya çevirmiş sayılır: *"La vida no nos esté impuesta, sino propuesta"*. Adler'in temel düşüncelerini ustalıklı ve dâhice yansıtan bu cümlenin anlamı şöyledir: "Yaşam bize bağışlanmamış, bir yükümlülük olarak verilmiştir." Ne var ki, Adler'in 'yaşam topluma karşı bir sorumluluktur' tezinin Ortega'da dikkate alınmadığını belirtmeden geç-

* "Alfred Adler Bugün Yaşıyor mu?" Robert W. White'ın bir yazısının başlığı, Contemporary Psychology: A Journal of Review II/1, Ocak 1957.

memek gerekiyor. Bir ara Maximilian von Rogister'e ölümünden sonra öğretisinden geriye neler kalacağını soran Adler, ondan şu yanıtı almıştır: "Hepsi kalacak, ama sizin adınızı taşımayacak." "Hiçbir Batılı yazar yoktur ki, Adler kadar yağmalanmış olsun," diye ekler Rogister sözlerine, "Ama yine de iyidir böyle olması, çünkü Freud'un ve Jung'un öğretilerinin insanların kafasında yol açtığı karışıklığı hafifletmeye katkıda bulunuyor." Ancak, Rogister'in görüşünün bugün az sayıda kişi tarafından paylaşıldığını belirtmeliyiz. Ancak, günümüzün hatırı sayılır Alman psikoloğu Wolfgang Metzger de şu soruyu yöneltmektedir: "Gerçekte günümüz insanının başına musallat olan nedir, Freud hastalığı mı, (bununla Freud'un cinsel nevrozları kastedilmektedir!), yoksa Adler hastalığı mı?" (Bununla da ilk kez Adler'in tanımladığı 'saygınlık eğilim ve çabası' anlatılmak istenmektedir).

Adler, günümüz Amerikası'nda, 'ben psikolojisi'nin ilk büyük öncüsü olarak kutlanmaktadır. Buna karşılık, Adler'in zamanının işçi sınıfının maddi durumunu düzeltmekten çok, Amerikalıların 'self-importance' diye nitelediği kolektif aşağılık kompleksine karşı savaştığını keşfeden Henri de Man, Adler'in öğretisini temel alarak kendi neo-sosyalizmini kurmaya çalışmıştır. Beri yandan, Dale Carnegie saygınlık eğilimi kavramını Adler'den almış, ama Viyanalı hekim, psikolog ve pedagog Adler gibi söz konusu eğilimdeki aşırılık ve aksaklıklarla savaşmak değil, tersine kendi bencil amaçları uğrunda insanları sömürmek için bu yola başvurmuştur. Adler'in toplumun tek biricik doğru olduğu postulatının bugün Amerika'da *'community'* adı altında karşımıza çıkması, oysa bu ülkede çok sayıda taraftarı bulunan Adler akımının söz konusu sözcüğü *'social interest'* diye çevirmesi, çevrilmesi olanaksız toplumsallık duygusunu *social interest* ile karşılaması, ileriki yıllarda Adler'in daha pek çok değişik yoruma konu yapılacağını ve bu yorumların Luis Way'in *Adler's Pla-*

ce in Modern Psychology kitabını alabildiğine değişik açılardan bütünleyeceğini göstermektedir. Amerika'da Adler'in kitaplarının sürekli yeni baskıları yapılmakla kalmayıp sistematizasyon çalışmaları sürdürülmekte, Prof. Heinz'ın ve Rowena Ansbacher'in iki büyük yapıtı gibi antolojiler hazırlanmaktadır.

T. W. Adarno'ya göre, Freud psikanalizinin hâlâ geçerliğini koruduğu Almanya'da bugün Harvard Üniversitesi'nde profesör Robert W. White gibi bir kimse çıkıp Adler'in Freud üzerindeki etkisini saptamayı göze alamamaktadır. White'ın belirttiğine göre, Freud 1911'de Adler'in "güvenlik eğilimleri" kavramını kabul etmeye yanaşmamışsa da, aynı kavramı 1912'de "savunma mekanizmaları" adıyla alıp benimsemiştir. Öte yandan Adler'in, *içgüdünün tersine dönüşümü*, Freud'da *tepkisel oluşum*'a (1908), Adler'in temel doğrultusu Freud'da *ben-ideali*'ne (1914), Adler'in *saldırı içgüdüsü* Freud'da *ölüm içgüdüsü*'ne (1920) dönüşmüştür. Yine White, Adler öğretisindeki sadelik ve yalınlığın bu öğreti için hem bir avantaj, hem de bir dezavantaj oluşturduğunu söyler. Sorduğu soruya verdiği yanıt ise olumludur: "*Adler is very much alive today and we should know our indebtedness to him.*"* Adler'in düşünceleri halen günümüz düşüncesinin akıp giden ırmağı içine karışmış bulunmakta, "*and have become the accepted clinical common sense of our time.*"** Böyle bir cümleye eklenecek ne olabilir.

Oliver Brachfeld
Münster 1965

* "Alfred Adler bugün pekâlâ yaşıyor ve bizim kendisine neler borçlu olduğumuzu bilmemiz gerekiyor." (Çev. n.)

** "Çağımızın klinik sağduyusu olarak kabul edilmiş bulunmaktadır." (Çev. n.)

ÖNSÖZ

Bu kitap olabildiğince geniş bir okuyucu kitlesine bireysel psikolojinin sarsılmaz temel ilkelerini ve bunların insanı tanımadaki değerini, insanlarla kurulan ilişkilerdeki ve kişinin kendi yaşamını kurmadaki önemini açıklama amacını gütmektedir. Viyana'daki bir halkevinde, birkaç yüz kişilik bir dinleyici kitlesi önünde yıl boyu verilen konferanslardan doğup çıkan kitabın başlıca ödevi, toplum içindeki etkinliğimizin içerdiği kusurları bireylerin hatalı davranışından yola koyularak anlamak, bu hataları göz önüne sermek ve bireylerin toplum yaşamına daha iyi uymalarını sağlamaktır.

Meslek yaşamında olsun, bilimsel çalışmalarda olsun içine düşülen hatalar kuşkusuz üzücü ve zararlı bir nitelik taşıyor. Bilimsel araştırı ve uğraşlarımıza katılan hamarat meslektaşlarımız, umarım bu kitapta sunulan saptama ve deneyimleri bundan öncekiler gibi gözden kaçırmayacaklardır.

Burada yardımlarından ötürü Dr. Gus Broser'e içten teşekkürlerimi sunarım. Kendisi büyük bir çaba harcayarak konferanslarımın hemen hemen tümünü stenoyla zapt etmiş, sonradan bunları tasnif ederek bir düzene sokmuştur. Ancak bu kitabın onun yardımıyla çıkabildiğini belirtirsem, abartmış sayılmam.

Ayrıca ben İngiltere'de ve Amerika'da bireysel psikolojiye yeni yandaşlar kazandırmaya çalışırken, dizgi sırasında provaları gözden geçirip düzeltileri yapan ve kitabın basılacak duruma gelmesine çalışan kızım Dr. Ali Adler'e de aynı şekilde teşekkür etmek isterim.

S. Hirzel Yayınevi de örnek bir çaba göstererek kitabın bir an önce yayımlanmasına çalışmış, ihtiyatlı bir tutumla kamuoyunu önceden kitap için hazırlamıştır. Dolayısıyla, bireysel psikoloji onlara karşı büyük bir şükran duyduğumu açığa vurmayı borç bilir.

Bu kitabın ve içerdiği konferansların, insanlığın yoluna ışık tutacağını umarım.

Dr. Alfred Adler
Londra, 24 Kasım 1926

GİRİŞ

İnsanın ruhu onun yazgısıdır.

Herodot

İnsanı tanıma sanatının temelleri, fazla böbürlenip gururlanmaya izin verecek gibi değildir. Tersine, insanı gerçekten tanıyış, belirli ölçüde bir alçakgönüllülüğün doğmasını sağlar, çünkü bunun ne çetin bir iş olduğunu öğretir bize; öyle bir iş ki, uygar yaşamlarının başından beri insanlar üstesinden gelebilmek için uğraşıp durmaktadır. Gelgelelim, şimdiye kadar bu işin planlı ve sistematik şekilde ele alındığı söylenemez; dolayısıyla, insanı tanıma bilgisiyle donatılmış büyük insanlara her zaman seyrek rastlamaktayız. Bunu söylemekle nazik bir noktaya parmak basmış oluyoruz. Nedeni şu: Kendimizi önyargılara kaptırmaksızın insanları böyle bir bilgiye sahip olup olmadıkları açısından yokladık mı, genellikle sınavı başaramadıklarını görürüz. Hiçbirimizin insanı tanıma konusunda fazla bilgisi yoktur. Bunun da nedenini, toplumdan soyutlanmış bir yaşam sürmemizde aramak gerekiyor. Hiçbir dönemde, insanların bugünkü kadar soyutlanmış bir yaşam sürdüğü görülmemiştir. Hepimiz daha çocukluktan başlayarak, yeterince ilişkiler örgüsü içermeyen bir yaşamı üstleniriz. Ailemiz toplumdan soyutlar bizi. Ayrıca tüm yaşam biçimimiz, hemcinslerimizle aramızda insanı tanıma sanatını öğrenebilmek için mutlaka zorunlu içli dışlı bir ilişkinin kurulmasına fırsat vermez. İşte birbirine bağlı iki etken size; çünkü insanı doğru dürüst tanıma sanatını kavrayamadığımızdan kendi dışımızdakilere, yabancı kimseler gözüyle bakarız; bu da onlarla ilişki kurmamızı önler.

İnsanı tanıma sanatının gereği gibi üstesinden gelemeyişimizin en büyük sakıncalarından biri de, hemcinslerimizle birarada yaşamayı pek becerememememizdir. İnsanların birbirlerini görmeden birbirleri önünden geçip gitmeleri, ne söylediklerini anlamadan birbirleriyle konuşmaları, birbirlerinin karşısında yabancı gibi dikildiklerinden aralarında bir türlü ilişki kuramayışları, yalnızca geniş bir toplum içinde değil, pek dar bir aile çevresinde bile bunu başaramayışları sık sık üzerinde durulan önemli bir noktadır. Çocuklarını anlamayan anne ve babaların, beri yandan anne ve babaları tarafından kendilerini anlaşılmamış gören çocukların yakınmalarından daha sık karşılaştığımız bir başka yakınma gösterilemez. Oysa toplumsal yaşamın temel koşulları, insanları birbirlerini anlamaya alabildiğince zorlayıcı nitelik taşır, çünkü yanı başımızdaki hemcinsimize karşı takınacağımız tutum ve davranış buna bağlıdır. İnsanı tanıma konusunda daha çok bilgi edinebilsek, bir arada yaşamanın bazı köstekleyici biçimleri silinip giderdi ortadan; çünkü bunlar günümüzde varlığını sürdürüyorsa, tek nedeni birbirimizi tanıyamamamız, dolayısıyla dış görünüşe aldanıp birbirimizin iki yüzlü ve sinsi oyunlarına gelmemizdir.

Böylesine zorlu ve çetin bir alanda insanı tanıma sanatı diye bir disiplini kurmaya yönelik çabaların neden özellikle tıp biliminden kaynaklandığını, böyle bir sanatın ne gibi önkoşullara dayanıp, ne gibi ödevleri üstlenmesi gerektiğini ve kendisinden neler beklenebileceğini bu kitapta anlatmaya çalışacağız.

En başta *nöroloji*, insanı tanıma sanatına ivedilikle gereksinim gösteren bir disiplindir. Bir sinir hekimi, kendisine başvuran *hastaların* ruhsal yaşamıyla ilgili olarak bir an önce bir fikir edinmek zorundadır. Tıbbın bu dalında hastaların durumu konusunda işe yarar bir yargıya varabilmek, tedaviye yönelik gerekli önlemleri alıp, zorunlu kürleri uygulamak ya da salık vermek için hastanın iç dünyasında neler olup bittiğini anlamak şarttır. Üstünkörü davranışların burada yeri yoktur, atılacak yanlış bir adımın çok geçmeden cezası çekilir, beri yandan doğru bir yaklaşım hemen başarıyla ödüllendirilir. Yani nöroloji dalında sonucu o saat alınan hayli sıkı bir sınav söz konusudur. Toplumsal yaşamda ise, bir insana ilişkin olarak verilecek yargılarda hataya daha çok yer vardır. Gerçi burada da yapılan hatalara karşılık ceza her defasında hazırdır; ama söz konusu ceza bazen kendini o kadar geç açığa vurur ki, aradaki ilişkiyi bundan böyle kavrayamaz, içine düşülen bir yanılgının nasıl olup, belki on yıllar sonra tehlikeli sonuçlara yol açabildiğine şaşmakla kalırız. Böylesi durumlar, insanı tanıma sanatını öğrenmenin ve bu konuda derinleşmenin herkes için bir zorunluluk, bir ödev bilinmesi gerektiğini dönüp dolaşıp gözlerimizin önüne sermektedir.

İnsanı tanımaya yönelik araştırmalarımızın, çok geçmeden ortaya koymuş olduğuna göre, günümüzde sıklıkla karşılaşılan ruhsal anormallikler, komplikasyonlar ve yetersizlikler, gerçekte normal diye nitelediğimiz insanların ruh yaşamlarına yabancı hiçbir öğeyi içermemektedir. Ruhsal anormalliklerde de normal ruhsal yaşamdaki aynı öğe ve durumlarla karşılaşmaktayız; ne var ki, bunlar daha kaba hatlarla ve daha belirgin olarak açığa vurur kendilerini ve daha kolay teşhis edilirler. Bu da bir avantaj sağlar bize; ruhsal anormalliklere dayanarak gerekli bilgileri edinir ve anormal ruhsal yaşamla normal ruhsal yaşam arasında karşılaştırmalara giderek birtakım deneyimler kazanır, nihayet ilgili deneyimlerden yararlanıp, normal durumları daha iyi kavrayabilecek yeteneğe kavuşuruz. Bu da her mesleğin insandan istediği egzersizden fazla bir şeyi gerektirmez; ancak, bu alanda kendimizi vererek çalışmamız ve hiçbir zaman sabrı elden bırakmamamız şarttır.

Ruhsal anormalliklerin bize öğrettiği ilk şey, insanın ruhsal yaşamının oluşumunda en güçlü dürtü ve uyarıların ilk çocukluk çağından kaynaklandığıdır. Hani gerçekte pek gözde büyütülecek bir keşif değildir bu; çünkü benzeri görüş ve düşünceler çeşitli dönemlerde çeşitli bilgin ve araştırıcılar tarafından savunulagelmiştir. Ancak, bizim, insanı tanıma sanatında yeni olan şey, çocukluktaki yaşantı, izlenim ve davranışları bireyin daha ilerideki durum ve davranışlarıyla karşılaştırarak, çocukluktaki ruhsal yaşamla daha sonraki ruhsal yaşam arasında bağlayıcı bir ilişkinin varlığını saptamamızdır. Söz konusu çalışmalar sırasında ele geçirdiğimiz çok önemli bir bulgu da şudur: *Ruhsal yaşamdaki olaylara, asla bir bütünlüğü içeren kendi içinde kapalı birimler gibi bakılamaz;* bunları kavramak istiyorsak, ruhsal yaşamdaki olayları bölünmez bir bütünün parçaları gibi ele alıp insanın devinim çizgisini, yaşam modelini ve yaşam üslubunu saptamamız, çocuklukta izlenen yolun gizli amacının ilerideki yıllarda izlenen yolun gizli amacıyla özdeşliğini kabullenmemiz mutlaka zorunludur. Kısaca, araştırmalarımız şu noktayı şaşılacak bir açık seçiklikle ortaya koymuştur: *Bireydeki ruhsal devinim* hep aynı kalmakta, ruhsal olayların dış görünümü, somutluk derecesi, dışavurum biçimi değişmesine karşın, bu olayların dayandığı temeller, amaç ve dinamizm, kısaca ruhsal yaşamın amaç doğrultusunda devinimini sağlayan tüm öğeler değişmeden varlığını sürdürmektedir. Diyelim bir hastamız var, karakterinde bir korkaklık özelliği saklı yatıyor, güvensizlikle dolup taşıyor içi, başkalarından kendini soyutlamaya sürekli çaba harcıyor; bu durumda, hastanın, söz konusu karakter özelliklerini henüz üç, dört yaşındayken edindiğini, ne var ki bunların o yaşta bir sadelik ve yalınlık taşıyıp daha kolay saptanabildiğini kanıtlayabiliyoruz. Bu yüzdendir ki, çalışmalarımızı sürdürürken ilk planda dikkatimizi hastanın çocukluğuna yöneltmeyi her zaman kural edindik. Çocukluğundan yola koyularak bir insanın ilerideki yaşamına ilişkin birçok şeyi kestirebiliyor, bu konuda kimseden bir açıklama beklemeksizin pek çok şeyi önceden bilebiliyoruz. Bir insanda gördüğümüz şeylere ilk çocukluk yaşantılarının izleri diye bakıyoruz. Öte yandan, çocukluğunda yaşanmış hangi olayları anımsadığını bir insanın ağzından işitip, bunları gereği gibi yorumladık mı, karşımızdakinin nasıl biri sayılacağı konusunda bir fikir edinebiliyoruz. İlgili konuda bize yardımcı olan bir gerçek de, insanların ilk yaşam yıllarında edindikleri modelden ileride kolay kolay yakayı sıyıramamalarıdır. Bunu başarabilenler varsa da, sayıları fazla değildir. Gerçi erişkinlik döneminde ruhsal yaşam değişik durumlarda değişik biçimde açığa vurur kendini ve değişik bir izlenim uyandırır; ama bu, yaşam modelinin değiştiği anlamına gelmez. Ruhsal yaşam, erişkinlik döneminde de aynı temel çizgi üzerinde seyreder ve ister çocukluk, ister yaşlılıkta bireyin yaşam amacının aynı kaldığı görülür. Dikkatimizin ağırlık noktasını çocukluk yaşamı üzerine kaydırmamızın bir nedeni de işte budur; çünkü bir kez şunu öğrenmiş bulunuyoruz ki, hastalarımızda bir değişikliği amaçlıyorsak, sondan işe koyulup sayısız yaşantı ve izlenimlerini teker teker gözden geçirerek işin üstesinden gelemeyiz; yapmamız gereken, hastalarımızın yaşam modellerini ele geçirmek ve ilgili modellere dayanarak onların nasıl kimseler sayılacakları, dolayısıyla sergiledikleri hastalık belirtileri konusunda bilgi edinmektir.

Bu yüzden, çocuğun ruhsal yaşamının gözlemlenmesi insanı tanıma sanatımızın belkemiğini oluşturmuş, şimdiye kadar ilk yaşam yıllarının incelendiği çok sayıda çalışma yapılmıştır. Bu alanda henüz gereği gibi işlenip değerlendirilmemiş alabildiğine zengin bir malzeme elimizin altında bulunmaktadır; öyle ki, söz konusu malzeme topluluğu daha uzun bir süre araştırmalara yetecek düzeyde olup, isteyen bunlara dayanarak önem taşıyan yeni ve ilginç bulgulara varabilecektir.

İnsanı tanıma sanatı, aynı zamanda hatalardan sakınabilmemizi sağlar, çünkü salt kendisi için var olan bir bilim değildir bu. İnsanı tanıma konusunda öğrendiklerimiz, bizi kendiliğinden eğitsel çalışmaların içine sürüklemiştir ve yıllar var ki ilgili alanda çaba harcayıp duruyoruz. Beri yandan, eğitsel uğraşlar, insanı tanımayı önemli bir bilim sayan, söz konusu bilimi yaşamayı ve öğrenmeyi amaç edinen herkes için alabildiğine zengin bir maden kuyusudur; çünkü böyle bir bilim, kitaptan okuyarak değil, pratikteki deneyimlerle ele geçirilebilir ancak. Nasıl ki iyi bir ressam, portresini yapmak istediği kişinin yüz hatlarına ancak o kişinin kendisinde uyandırdığı duyguları yerleştirebilirse, ruhsal yaşamdaki her olayın da insanı tanıma sanatını öğrenecek kişi tarafından yaşanması ve kendi iç dünyasına aktarılması gerekir. Dolayısıyla, insanı tanıma sanatına, öğrenilmesi için elde yeterince araç ve gerecin bulunduğu, öbür sanatların yanında yer alıp onlardan hiç de aşağı kalmayan ve belirli bir grup insanın, yani sanatçıların büyük bir önemle el atıp yararlandığı bir sanat gözüyle bakmak gerekmektedir. Söz konusu sanat, özellikle bilgilerimizin zenginleşmesini sağlar, ki bu da en azından daha düzgün ve daha sağlıklı bir ruhsal gelişim olanağının ele geçirilmesi demektir.

İnsanı tanımaya yönelik çalışmalarda sık karşılaşılan bir güçlük, biz insanların bu noktada son derece alıngan davranmamızdır. Az sayıda kişi vardır ki, ilgili konuda araştırma ve incelemelerde bulunmamış olmalarına bakmaksızın, kendilerinden insanı tanıyan kimseler olarak söz etmesin. Hele insanı tanımaya yönelik bilgilerini zenginleştirmek istemenizden ilk anda alınmayacak kimselerin sayısı daha da azdır. İnsanı tanıma sanatını gerçekten öğrenmek isteyenler, insanın değerini kendi yaşantılarından ya da başka kişilerin ruhsal sorunlarını paylaşmaktan kaynaklanan bir yaklaşımla sezip kavrayanlardır ancak. Bu da, çalışmalarımızda belirli bir taktik uygulamamızın gerekliliğini ortaya koymaktadır; çünkü ruhsal yaşamını gözlemleyerek elde ettiğimiz bilgileri, bir insanın gözlerinin önüne kabaca sermek kadar kötü bir nazarla bakılıp yergi konusu yapılan bir başka şey gösterilemez. Başkalarının düşmanlığını üzerine çekmek istemeyen kimse, bu konuda dikkatli davranmak zorundadır. Bu bilimle uğraşırken gereken titizliğe aldırmamak ve ondan kötü yolda yararlanmak, diyelim bir masada başkalarıyla otururken yanı başınızdakilerin ruhsal yaşamı konusunda ne çok şey bildiğinizi ya da sezdiğinizi kendilerine belli etmek kadar, insanın adını kötüye çıkaracak başka bir şey yoktur. Bu öğretinin temel görüşlerini yabancı birine hazır ürünler gibi sunmak, yine sakıncalar doğuracak bir davranıştır. İlgili konuda bazı şeyler bilenler bile, böyle bir davranışla kendilerini haklı olarak incinmiş hissedeceklerdir. Dolayısıyla, başta söylediğimizi tekrarlayarak diyebiliriz ki, insanı tanıma sanatı, bu sanatla uğraşanları alçakgönüllü olmaya zorlar, kazanılacak bilgilerin zamanından önce ya da durup dururken karşıdakilere sunulmasına izin vermez çünkü; zaten tersi bir davranış, yüksekten atmak ve elinden neler geldiğini başkalarına göstermek gibi çocuksu bir kibir ve gururu sergiler. Erişkinler için böyle bir davranış çok sakıncalıdır. Dolayısıyla, bizim önerimiz beklemek, kendi kendini sınamadan geçirmek ve insanı tanımaya yönelik bilgilerle kimsenin başını ağrıtmamaktır; böyle yapılmaması, oluşum evresindeki bu bilim ve izlediği amaç konusunda yeni birtakım güçlükler doğuracak, bizi bu bilimi öğrenenlerin coşkulu olmakla beraber düşüncesiz tutumlarından doğmuş hataları üstlenmek zorunda bırakacaktır. Bu yüzden dikkat ve ihtiyatı elden bırakmamak, şu ya da bu kişi üzerinde bir yargıya varırken hiç değilse elimizde o kimseye ilişkin derli toplu bir bilginin varlığının gerektiğini unutmamak, ancak karşımızdakine bir yararı dokunacağına emin olduktan sonra kendisi hakkında bildiklerimizi açığa vurmak en iyi yoldur. Çünkü, doğru sayılsa bile, bir yargıyı zamansız ve yersiz olarak kaba biçimde dile getirmek, yığınla zararlı sonucun doğmasına yol açar.

Bu konuşmamızı sürdürmeden, kuşkusuz şimdiye kadar bazı kişilerin kafasında uyanan bir itirazın üzerinde durmak yerinde olacaktır. Yukarıda ileri sürdüğümüz sava, yani bir insanın yaşam çizgisinin değişmeden kaldığı gerçeğine birçok kimse akıl erdiremeyecek, insanın hayatta nihayet bir sürü deneyim edindiğini ve ilgili deneyimlerin o kimsenin tutum ve davranışlarında değişikliklere yol açacağını düşünecektir. Ancak şurası unutulmamalıdır ki, her deneyim çok çeşitli değerlendirmelere açıktır. Şöyle iki insan gösterilemez ki, aynı deneyimden aynı yararlı sonucu çıkarabilsin. Dolayısıyla, deneyimlerinden bir türlü ders alamadığı görülür insanların. Gerçi bazı güçlüklerden nasıl sakınılabileceği öğrenilir, ilgili güçsüzlükler karşısında belirli bir tavır takınılır. Ama bir insanın devinim çizgisinde bir değişikliğe yol açmaz, bu. İncelemelerimiz sırasında göreceğimiz gibi, insanlar edindiği deneyimlerden ancak belirli bir ölçüde yararlanır ve deneyimlerden çıkarılan bu yararlı sonuçların, daha yakından bakıldığında hep de o kişinin yaşam çizgisine uyan, onun yaşam modeline güçlülük kazandıran bir nitelik taşıdığı görülür. Dilin kendine özgü bir şekilde açığa vurduğu gibi, her insan kendi deneyimlerini edinir; bununla dilin söylemek istediği şey, deneyimlerini nasıl değerlendireceği konusunda herkesin kendi başına buyruk olduğudur. Gerçekten de deneyimlerinden insanların nasıl birbirinden alabildiğine değişik sonuçlar çıkardığını, günlük yaşamda gözlemler dururuz. Örneğin birine rastlarız, alışkanlık sonucu hep aynı hatayı işlemektedir. Diyelim hatasını görmesini sağladık ilgili kişinin; böyle bir durum değişik sonuçlara yol açacaktır. Söz konusu kişi, hatasından el çekmenin zamanı geldiği sonucuna varacaktır belki. Ancak bunun, seyrek karşılaşılan bir durum olduğunu söylemeliyiz. Bir başkası ise, bize vereceği yanıtta hatayı hanidir işleyegeldiğini, artık ondan vazgeçemeyeceğini belirtecektir. Bir üçüncüsü ise, böyle bir hatadan ötürü anne ve babasını, ya da genel olarak gördüğü eğitimi suçlayacak, kimsenin zamanında kendisiyle ilgilenmediğini, şımarık yetiştirildiğini ya da kendisine sert davranıldığını dile getirecek ve hatasında diretecektir. Ne var ki, bu sonuncular ilgili davranışlarıyla salt eleştirilmekten kaçmak istediklerini ortaya koyacaktır. Böyle bir yola başvurarak bir özeleştiriden titizlikle ve görünürde haklı olarak yakayı sıyırmaya bakacaklardır. Kendileri asla bir suçu kabullenmeyecek, elde edemedikleri şeylerin kabahatini hep başkalarına yükleyeceklerdir. Hatalarından kurtulmak için bizzat pek bir çaba harcamadıklarını hep görmezlikten gelecek, üstelik büyük bir inatla hatalarında ayak direyecekler, beri yandan hatalarının suçunu canları istedikçe gördükleri kötü eğitimin üzerine yıkacaklardır. Çok çeşitli şekillerde değerlendirilebilecek deneyimlerden değişik sonuçların çıkarılabilmesi, bir kimsenin tutumunu niçin değiştirmeye yanaşmadığını, neden yaşantılarını tutumuna uyacak gibi biçimlendirdiğini anlamamızı sağlar. Öyle görülüyor ki, kendini tanımak ve değiştirmek, insan için yapılması hepsinden zor bir iştir.

Bu konuda işe el atmak ve insanları daha iyi bir şekilde eğitmek isteyen kimsenin, insanı tanıma sanatının deneyim ve bulgularına sahip değilse enikonu güç durumda kalacağı kuşkusuzdur. Böyle biri belki yüzeysel bir çalışma dışına çıkamayacak ve aynı durumun değişik bir nüans kazanmasına bakarak bir şeyleri değiştirdiğini sanacaktır. Böylesi girişimlerle bir insanın ne denli az değiştirilebileceğini, devinim çizgisinin bir başka seyir izlememesi durumunda sözde baş gösteren değişikliğin ileride yine silinip gidecek bir yaldızdan başka bir şey sayılamayacağını pratik yaşamdan alınmış örnekler üzerinde kesinlikle görüp anlayacağız. Demek oluyor ki, insanı değiştirmek pek kolay gerçekleşen bir süreç değildir, bunun için belirli bir ihtiyat ve sabrın varlığı, özellikle her türlü kişisel büyüklenmeden el çekilmesi zorunludur; çünkü karşımızdaki kişi bizim büyüklenmelerimize konu olmakla yükümlü değildir. Ayrıca, ilgili sürecin karşıdaki kişiye cazip gelecek gibi yöneltilmesi şarttır; çünkü bir kimse normalde severek yediği bir yemeği önünden itip uzaklaştırıyorsa, nedeni yemeğin uygun biçimde sunulmamasıdır.

İnsanı tanıma sanatının aynı derecede önemli bir başka yönü de toplumsallığıdır. Birbirlerini daha iyi anlayan insanların birbirleriyle daha iyi geçinip birbirlerine daha çok yaklaşacakları kuşkusuzdur. Çünkü birbirlerini daha iyi anlamaları sonucunda insanların birbirlerini aldatma olanağı da ortadan kalkacaktır. Böyle bir olanak, toplum için çok büyük bir tehlikeyi içerir. Dolayısıyla, hayatın ortasına götürüp bırakacağımız çalışma arkadaşlarımıza söz konusu tehlikeyi göstermemiz gerekmektedir. Bu arkadaşlarımız yaşamdaki bilinçdışı öğeyi, tüm saklayıp gizlemeleri, tüm kamuflajları, maskelemeleri, hile ve hurdaları görüp sezme gücünü, etkileme konusu yapabilecekleri kişilerin dikkatini bunların üzerine çekme ve kendilerine yardım elini uzatma yeteneğini kazanmak zorundadır. Bunu da bize ancak bilinçli şekilde uygulayacağımız insanı tanıma sanatı sağlayacaktır.

İnsanı tanımaya yönelik bilgileri devşirmeye ve uygulamaya en çok kimlerin elverişli sayılacağı da yine ilginç bir sorudur. Bu bilimle salt kuramsal olarak uğraşılamayacağını daha önce belirtmiştik. Tek başına kuralların bilinmesi yeterli değildir, bunların yalnızca inceleme konusu olmaktan çıkarılıp pratiğe aktarılması ve daha yüce bir anlayışa konu edilmesi gereklidir; öyle ki, insanın gözü şimdiye kadar edindiği deneyimlerin elverdiğinden daha çok kesinlik kazansın ve daha derinleri görebilsin. Bizi insanı tanıma sanatıyla uğraşmaya iten neden de işte budur. Ancak, söz konusu sanatı canlı kılabilmemizin tek yolu, kuramsal olarak ele geçirdiğimiz ilkeleri yaşam içerisinde sınamadan geçirmek ve uygulamaktır. Eğitimimiz sırasında bize verilen bilgiler arasında insan bilgisinin çok az yer alması ve bunların çoğunlukla doğruluktan uzak oluşu, bizi yukarıdaki sorunla karşı karşıya bırakmaktadır. Ruhsal yaşamında ne ölçüde bir gelişimi gerçekleştireceği, okuduklarından ve yaşadıklarından insanı tanımada ne ölçüde yararlanabileceği her çocuğun kendisine bırakılmıştır. Ayrıca, insanı tanıma sanatı bir gelenekten de yoksundur. Bu konuda henüz bir öğretinin varlığından söz edilemez. İlgili sanat, günümüzdeki durumuyla, örneğin henüz simya aşamasındaki kimya bilimine benzemektedir.

Gözlerimizi eğitimimizin oluşturduğu karmaşa içinde dolaştırıp, insanı tanıma sanatını öğrenmeye en uygun kişileri saptamak istersek, bunların hemcinsleriyle ve yaşamla şu ya da bu şekilde ilişkilerini sürdüren, henüz böyle bir ilişkiler örgüsünden kendilerini koparıp almamış kimseler olduğunu, yani iyimserlik taşan ya da en azından kötümserliğin kendilerini bir tevekküle sürüklemediği insanlar sayılacağını görürüz. Ne var ki, insanı tanıma sanatını kavramak için söz konusu ilişkilerden ayrı olarak ilgili sanatı yaşamak da gerekmektedir. Bu noktadan kalkarak şöyle bir sonuca varabiliriz: Şimdiki kırık dökük eğitimimizi dikkate alırsak, gerçek anlamıyla insanı tanıma sanatını elde edecek kişiler belirli bir grup içinden çıkacaktır; bunlar da *pişman olmuş günahkârlar*'dır, yani ruhsal yaşama ilişkin yanılgıların içinde bulunup sonradan kendilerini kurtarmış, ya da en azından bu yanılgılarla burun buruna gelmiş kimselerdir. Ama doğallıkla daha başkaları, hataları kendilerine gösterebilen ya da belirgin bir özdeşleşme yeteneğine sahip olan kişiler de olabilir bunlar. Ne var ki, insanı en iyi tanıyanlar, sözü edilen yanılgıları kendi üzerlerinde yaşayanlar arasından çıkacaktır. Ancak, pişman olmuş günahkâr kimse yalnızca günümüzde değil, bütün dinlerin gelişim döneminde de hepsinden çok el üstünde tutulmuş, doğru yolda yürüyen binlerce diğer kişiden daha üstün görülmüştür. Bunun neden böyle olduğu sorusu karşısında şunu itiraf etmek gerekiyor ki, yaşamın güçlüklerinden geçerek gelen, harcadığı çabayla bataklıktan kendini kurtaran, tüm zorlukları geride bırakıp yüksek bir düzeye ulaşan biri, yaşamın iyi ve kötü yanlarını herkesten iyi bilir. Bu konuda kimse su dökemez eline, özellikle doğru yoldan ayrılmamışlar kendisiyle boy ölçüşemez.

İnsan ruhunu tanımanın kendiliğinden sırtımıza yüklediği bir ödev daha vardır: Bir insanın pratikte elverişsizliği görülen yaşam modelini yıkmak, hayatın içinde serseri dolaşmasına yol açan o sağlıksız perspektifi elinden alarak, başkalarıyla bir arada mutlu bir yaşam için ona, daha uygun bir perspektifi benimsetmeye çalışmak, bir düşünme ekonomisini, ya da alçakgönüllü bir söyleyişle toplumsallık duygusunun seçkin rol oynayacağı yeni bir yaşam modelini onun eline tutuşturmaktır. İdeal bir ruhsal gelişime ulaşmak gibi bir amacımız yok asla. Ama tek başına kendisine sunacağımız yeni perspektifin, yanılgı ve hatalar içinde yaşayan biri için pek büyük bir yardım sayılacağı, çünkü böylelikle ilgili kişinin, hangi doğrultuda hatalara düştüğünü kesinlikle görüp anlayacağı kuşkusuzdur. İnsanla ilgili tüm olayları bir neden ve sonuç ilişkisine bağlayan katı deterministleri de bizimki gibi bir bakış açısı pekâlâ memnun bırakacaktır; çünkü insanda yeni bir gücün, yeni bir etkenin, *kendi kendini tanıma* diye bir olayın, kendi içinde olup bitenleri kavrayıp, bunların nerelerden kaynaklandığını daha üst bir düzeyde anlama yetisinin gözlerini dünyaya açması durumunda, determinist-lik [gerekircilik] bir başka kılığa bürünecek, bir yaşantının yol açacağı sonuçlar eskisinden değişik nitelik taşıyacaktır. İnsan değişecek ve değişik durumunu hep koruyacaktır.

I. BÖLÜM

GENEL BİLGİ

1.
İNSAN RUHU

Ruhsal Yaşamın Tanımı ve Dayandığı Temeller

Yalnızca *devingen* canlı yaratıklarda ruhsal bir yaşamın varlığını benimsemekteyiz. Ruh, devinim özgürlüğüyle alabildiğine sıkı bir ilişki içindedir. Belirli bir yere kök salmış yaratıklarda ruhsal bir yaşamdan pek söz açılamaz, zaten ilgili yaratıklar için ruhsal yaşamın gereği de yoktur. Belli bir yere kök salmış bir bitkiye duygu ve düşünceler yakıştırmanın korkunçluğunu düşünebiliriz; örneğin böyle bir bitkinin ileride karşılaşacağı tatsız bir durumu önceden görüp, devinim gücünden yoksunluğu nedeniyle kendini ilgili durumdan sakınamaması, ya da kendisinde bir mantığın ve özgür istemin yaşayıp bunlardan yararlanacak yeteneğe sahip olamaması, ne dehşet verici bir şey sayılırdı. Bitkideki irade ve akıl kısır bir nesne niteliğini koruyacak, hiçbir işe yaramayacaktı. Dolayısıyla, bir ruhsal yaşamın eksikliğinin bitkiyi hayvandan ne kadar kesin bir biçimde ayırdığına tanık olmakta, *devinim ve ruhsal yaşam ilişkisinde* saklı yatan o pek büyük önemi görmekteyiz. Bu da, ruhsal gelişimde devinimle ilgili tüm ayrıntıların ve yer değiştirmedeki tüm güçlüklerin dikkate alındığı görüşünü, ruhsal yaşamın önceden görüp deneyimler edinecek, bir bellek oluşturup yaşamın devingen pratiğinde ilgili bellekten yararlanacak yeteneklerle donatıldığı düşüncesini benimsememize yol açmaktadır.

Yani bir kez şu noktayı saptayabiliriz ki, ruhsal yaşamın oluşumu devinime bağlıdır ve ruhsal yeteneklerin gelişimi organizmanın devinim özgürlüğünü gerektirir. Çünkü böyle bir özgürlük, uyarıcı ve kamçılayıcı rol oynar, ruhsal yaşama sürekli olarak bir zenginliğin ve derinliğin kazandırılmasına çalışır. Diyelim ki bir kimseyi her türlü devinimden alıkoyduk; böyle bir kimsenin tüm ruhsal yaşamı da etkinliğini yitirecektir. "Ancak özgürlüktür ki, güçlü insanlar çıkarır bağrından; baskı ise insanı öldürür, yıkıma sürükler."

Ruhun İşlevi

Ruhun işlevini bu açıdan ele alıp incelersek görürüz ki, doğuştan bir yeteneğin gelişimiyle karşı karşıya bulunmaktayız. Öyle bir yetenek ki, görevi, organizmanın durumu bir saldırıyı mı, yoksa kendini güven altına almayı mı amaçlıyor, buna göre *bir saldırı, bir savunma ya da korunma mekanizması* oluşturmaktadır. Yani ruhsal yaşama, çevreyi etkileyerek insan organizmasının kalıcılığını sağlayıp gelişimini garanti altına alacak saldırı ve güvenlik önlemlerinden oluşmuş bir yapılar bütünü diye bakabiliriz. Bir kez bu koşulu saptadıktan sonra, ruhsal organın oluşumunda rol oynayan öteki koşullar kendiliğinden ortaya çıkar. Çevreden soyutlanmış bir ruh yaşamı düşünülemez; bizim kafamızda tasarlayabileceğimiz bir ruhsal organ, kendisini çevreleyen tüm nesnelerle bağlantı içindedir, dış dünyadan uyarılar alıp, şu ya da bu biçimde bunlara yanıtlar verir, çevreye karşı ya da çevreyle birleşerek organizmanın güvenliğini sağlamak ve yaşamını garanti altına almak için gerekli güç ve olanakları barındırır kendisinde.

Bu bakımdan gözümüze çarpan ilişkiler çok çeşitlilik gösterir. Her şeyden önce organizmanın kendisinden, yani insanın kendine özgülüğünden, fizik yapısından, bu yapıdaki üstün ve kusurlu yanlardan kaynaklanan ilişkilerdir bunlar. Ancak, yukarıda saydıklarımız düpedüz görece kavramlardır. Çünkü herhangi bir gücün, herhangi bir organın ne zaman üstün, ne zaman kusurlu sayılacağı kesinlikle saptanamaz. Bunu belirleyecek şey, bireyin o anda içinde bulunduğu durumdur. Örneğin ayak, bilindiği gibi, bir bakıma dumura uğramış elden başka bir şey değildir. Tırmanıcı bir hayvan için böyle bir organ son derece büyük bir dezavantaj oluşturmasına karşın, yerde devinen insan için öylesine büyük bir avantajdır ki, hiç kimse, ayağımın yerinde keşke bir elim olsaydı, diye bir dilekte bulunamaz. Doğrusu, bireylerin yaşamındaki gibi ulusların yaşamında da gördüğümüz şey, yetersizliklerin asla her zaman dezavantajlardan oluşan bir yük sayılmaması gerektiğidir; bir yetersizliğe dezavantaj gözüyle bakılıp bakılmayacağını, ilgili kişinin ya da ulusun içinde yaşadığı durum belirler. Geceyle gündüzün değişimi, güneşin egemenliği, atomların devingenliği vb. gibi *kozmik doğa* olaylarından kaynaklanan zorunlukla ruhsal yaşam arasındaki ilişkiler de yine alabildiğine bir çeşitliliği içerir. Söz konusu kozmik etkilerle ruhumuzun kendine özgülüğü arasında da yine sıkı bir ilişki vardır.

Ruhsal Yaşamın Amaca Yönelikliği

Ruhsal olaylarda en başta saptayacağımız şey, yine bir amaca yönelik bir devinimdir. Dolayısıyla, insan ruhunu durağan bir bütünmüş gibi tasarlamanın yanılgıdan başka bir şey sayılamayacağını belirtmeden geçemeyeceğiz. İnsan ruhunu ancak devingen güçler şeklinde kafamızda tasarlayabiliriz; kuşkusuz öyle güçler ki, birlik ve bütünlük oluşturan bir temelden doğup, birlik ve bütünlük oluşturan bir amaca varmaya çalışır. Uyum [adaptasyon] olayında da bu amaca yöneliklik açığa vurur kendini. İçerdiği devinim ve dinamizmin ona doğru akıp gittiği bir amaçtan yoksun bir ruhsal yaşam asla tasarlanamaz.

Buradan anlaşılıyor ki, *insanın ruhsal yaşamı bir amaçla belirlenir.* Bir kimsenin düşünebilmesi, hissedebilmesi, bir istekte bulunabilmesi, hatta düş görebilmesi için bütün bunların bir amaçla belirlenmesi, bir amaca dayanması, bir amaçla sınırlandırılması ve belirli bir yöne yöneltilmesi gerekir. Organizmanın ve dış dünyanın gerekleriyle, organizmanın bunlara vermesi gereken yanıtlar arasındaki ilişkiden doğallıkla ortaya çıkan bir sonuçtur bu. İnsandaki bedensel ve ruhsal olaylar, yukarıda belirtilen bu temel görüşlere uygunluk gösterir. Az önce çizilmiş çerçeve dışında, belirli bir amaca yönelik olmayan bir ruhsal gelişim düşünülemez; böyle bir amaç da, daha önce anlatılan güçlerden kendi kendine doğup çıkar. Amaç değişken nitelik taşır bazen, kimi zaman da değişmeden kalır.

Dolayısıyla, ruhsal olaylara ileride karşılaşılacak bir duruma hazırlık gözüyle bakabiliriz. Öyle anlaşılıyor ki, ruhsal organı amaç etkenini düşünmeden ele almanın olanağı yoktur. *Bireysel psikoloji,* insan ruhundaki olayların tümünü bir amaca yöneliklik içinde görüp kavrar.

İnsan, bir başkasının amacını bilir ve dünyayı da az buçuk tanırsa, ilgili kimsede gözlemleyeceği devinimlerin anlamını da çıkarabilir ve bunların söz konusu amaca bir hazırlık niteliği taşıdığını saptar. O zaman, havadan yere bırakılacak bir taşın hangi yörüngeyi izleyeceği nasıl bilinirse, ilgili kişinin amacına ulaşmak için hangi devinimleri gerçekleştireceği de yine öylece bilinir. Ne var ki, ruh, doğa yasası diye bir şey tanımaz; çünkü insanın gözüne kestirdiği amaç durağan değildir, değişebilir her zaman. Ama bir kimse gözüne bir amaç kestirmişse, ruhundaki olaylar ister istemez ortada uyulması gereken bir doğa yasası varmış gibi bir akış izler.

Bu da, ruhsal yaşamda bir doğa yasasının söz konusu edilemeyeceği, insanın bu alanda kendi yasalarını kendilerinin saptadığı gibi bir anlamı içerir. İlgili yasalar sonradan insana doğa yasaları gibi görünüyorsa, bu bir kuruntudan başka şey değildir; çünkü söz konusu yasaların neden ve sonuç ilişkisini içeren değişmez yasalar olarak belirlenip kanıtlanmak istenmesinde insanın kendi parmağı bulunur. Örneğin resim yapmak isteyen kimse, böyle bir amacı göz önünde tutan insanın davranışını sergiler. Resim yapma eylemi için gerekli tüm adımları sanki ortada bir doğa yasası varmış gibi şaşmaz bir tutumla atar, bu kişi. Peki ama, böyle bir tabloyu yapması gerekli midir? Demek oluyor ki, doğanın devinimleriyle insanın ruhsal yaşamındaki devinimler arasında bir ayrım söz konusudur. İnsan iradesinin özgürlüğüne ilişkin tartışmalar da buradan kaynaklanmaktadır. Söz konusu tartışmaların bugün varmış gibi göründüğü sonuç da, insan iradesinin özgür olmadığı yolundadır. İşin doğrusu, bir amaca bağlanır bağlanmaz insan iradesinin özgürlüğünü yitireceğidir. Amacın kendisi ise kozmik, animal ve toplumsal koşullardan doğup çıktığı için, ruhsal yaşam değişmez yasalara bağlıymış gibi bir izlenim uyanmaktadır. Ama diyelim ki insan toplumla ilişkisini yadsıyor, koparmaya savaşıyor bu ilişkiyi, kendi dışındaki gerçeklere uymaya yanaşmıyor... Bu durumda ruhsal yaşamdaki bütün o görünür yasallıklar silinip gidecek, yerini yeni bir yasallık, yeni amaçtan kaynaklanan bir yasallık alacaktır. Benzer şekilde hayattan bezip toplumun bir üyesi olarak yaşamına son vermek isteyen insan için de toplum yasası bağlayıcı niteliğini yitirir. Böyle olunca şu noktayı saptayabiliriz ki, ruhsal yaşamda bir devinim, ancak bir amacın belirlenmesiyle zorunlu olarak kendini gösterecektir.

Bunun tersi yolu izleyerek, bir insanın devinimlerinden o insanın gözüne kestirdiği amacı belirlemek de mümkündür. Aslında ötekinden daha da önemlidir bu; çünkü bazı kimseler vardır ki, amaçları konusunda çoğunlukla, açık seçik bir fikirden yoksundur. Gerçekten de biz, insanı tanıma sanatını öğrenirken, her zaman ikinci yolu izlemeyi yeğleriz. Ancak, ruhsal devinimler çok çeşitli şekilde yorumlanabileceğinden, ilki kadar basit bir yol değildir, bu. Ne var ki aynı insanın birden çok devinimini alıp bunları birbirleriyle karşılaştırarak bazı sonuçlara varmamız olasıdır.

Zaman bakımından yaşamının değişik iki noktasındaki davranışlarını ve dışavurumlarını bir çizgiyle birleştirmeye çalışarak, bir insanı anlama olanağına kavuşabiliriz. Böyle bir yol izlediğimizde karşımızdaki insana ilişkin tutarlı bir çizginin ortaya çıktığını görür, çocukluktaki bir yaşam modelini, çok ileri bir dönemde bazen şaşırtıcı bir şekilde yine karşımızda buluruz. Aşağıdaki vaka buna bir örnektir.

Otuz yaşında olağanüstü derecede çalışkan bir adam, gelişiminde karşılaştığı kimi güçlükleri yenerek önemli başarılar elde etmiş, çevresinde bir saygınlığa ulaşmıştı. Günün birinde çok şiddetli bir depresyona yakalanarak hekime başvurmuş, çalışma ve yaşamaya karşı isteksizlikten yakınmıştı. Anlattığına göre, nişanlanmak üzereydi; ama geleceğe büyük bir güvensizlikle bakıyor, şiddetli kıskançlık duyguları içinde kıvranıyordu; nişanın çok geçmeden bozulma tehlikesi vardı. Bu durumu için ileri sürdüğü nedenler pek de inandırıcı sayılmazdı. Nişanlısına karşı herhangi bir suçlama yöneltilecek gibi değildi. Adamın belirgin olarak içinde duyduğu güvensizlik, bir kimseyle tanışıp kendini o kimse tarafından büyülenmiş hisseden, ama aynı zamanda ilgili kimseye karşı saldırgan bir tutum takınan ve yaptığı şeyi güvensizlikle yıkıp yok eden kimselerden biri olduğu kuşkusunu uyandırıyordu. Bu durumda, daha önce sözünü ettiğimiz çizgiyi çekebilmek için, adamın yaşamından bir diğer olayı alarak, bunu şimdiki tutum ve davranışıyla karşılaştırmaya çalışalım. Deneyimlerimize dayanarak ilk yaptığımız şey, hastamızın çocukluk izlenimlerine el atmaktır; bu konuda hastanın bize anlatacaklarının nesnel bir eleştiri karşısında tutunamayacağını bilir, ama yine de böyle bir yolu izlemekten geri durmayız. Hastamızın çocukluğunda ilk anımsadığı şey şuydu: Kendisinden küçük bir erkek kardeşi vardı, bir gün annesi ve kardeşiyle bir pazar meydanında bulunuyorlardı. Meydan çok kalabalıktı, dolayısıyla annesi bir ara kendisini kucağına almıştı. Ama sonradan onu yine yere bırakmış, küçük kardeşini kucağına almıştı, kendisi de mahzun mahzun annesinin yanı başında yürümüştü. Dört yaşındaydı o zaman. Buradan görüleceği gibi, şimdiki yakınmasının temel öğeleri bu çocukluk anısında da karşımıza çıkmaktadır: Hastamız kendisinin tercih edilen kişi olduğundan emin değildir ve ileride bir başkasının kendisine üstün tutulabileceği düşüncesine bir türlü katlanamamaktadır. Dikkatinin bu nokta üzerine çekilmesi hastamızı pek şaşırtmış, çocukluk anısıyla şimdiki şikâyeti arasındaki ilişkiyi hemen kavramıştır.

Bir insanın devinimlerinin yöneldiği amaç, o insanın çocukken dış dünyadan aldığı izlenimlerin etkisi altında gelişip ortaya çıkar. Bir insanın idealinin, yani amacının yaşamının henüz ilk aylarında oluştuğu görülür; daha bu aylarda dıştan kaynaklanan duyumları sevinçle ya da hoşnutsuzlukla yanıtlar çocuk, dolayısıyla söz konusu duyumlar böyle bir idealin gelişiminde rol oynar. Daha ilk aylarda, alabildiğine ilkel biçimde de olsa, bir dünya görüşünün ilk izleri kendini açığa vurur. Bununla söylemek istediğimiz, ruhsal yaşamda saptanan etkenlerin temellerinin henüz süt çocukluğu döneminde atıldığıdır. Söz konusu temeller, ileride sürekli pekiştirilip geliştirilir, değişken bir nitelik taşır, etkilenmelere açık bulunurlar. Alabildiğine değişik etkiler, yaşamın kendisine yönelttiği isteklere karşı çocuğu belirli bir tavır ve tutum takınarak yanıt vermeye zorlar.

Dolayısıyla, insanın karakter özelliklerinin daha süt çocukluğu döneminde kendini belli ettiğini ileri süren araştırıcılara hak vermemek elde değildir. Yine aynı nedenle, birçok kimse, karakterin doğuştan nitelik taşıdığını savunur. Ne var ki, karakterin insana anne ve babasından kalıtım yoluyla geçtiği görüşü toplum için sakıncalı nitelik taşır; çünkü eğitimcileri güvenle işe sarılmaktan alıkoyar. İlgili görüşün sakıncalı olmasının bir başka kanıtı da şudur: Karakterin insanda henüz doğuştan varlığına inananlar, bu görüşten çoğunlukla kendilerini aklatma ve her türlü sorumluluktan yakayı sıyırmada yararlanırlar, bunun da yine eğitimin üstlendiği ödevlerle bağdaşacak yanı yoktur.

Birey tarafından belirli bir amacın saptanmasında rol oynayan önemli bir etken de *uygarlıktır*. Çocuğun karşısına adeta bir duvar gibi dikilir uygarlık ve çocuk dönüp dolaşıp bu duvara toslar; ta ki izlenmeye değer gördüğü, isteklerinin gerçekleşeceği umudunu kendisine veren, gelecek için kendisine güvence ve uyum vaat eden bir yol bulabilsin. Çocuğun ne ölçüde bir güvenliğe kavuşmayı arzuladığı, beri yandan uygarlığa teslimiyetinin kendisine ne ölçüde bir güvenlik sağlayacağı çok geçmeden açığa vurur kendini. Bu, salt tehlikelere karşı bir güvenlik değildir; dört başı mamur bir makinedeki gibi, görevi organizmanın varlığını sürdürmesini daha iyi garantilemek olan bir güvenlik mekanizması da gelip buna katılır. Çocuk ortadaki ölçüyü aşacak gibi güvenlik ve içgüdü doyumları ardında koşarak, varlığının salt sürdürülmesi ve rahat gelişimi için gerekenden daha çok şey isteyerek, ilgili güvenlik mekanizmasını sağlar. Böylelikle ruhsal yaşamı yeni bir devinim etkenine kavuşur. Bu da açıkça büyüklenme etkenidir. Çocuk, tıpkı bir erişkin gibi başkalarından daha çok şeye kavuşmayı arzular, üstün bir konumu ele geçirmeye bakar; öyle bir konum ki, amaç olarak ta baştan beri saptanan güvenlik ve uyumu sağlayacak, ayrıca bunların kaybolmamasına çalışacaktır. Dolayısıyla, çocuğun ruhunda bir dalgalanma baş gösterir, ruhsal yaşamında bir çalkantı açığa vurur kendini ve ileride çalkantı daha da güçlenir. Örneğin kozmik etkiler, bunlara daha güçlü bir yanıt vermeye zorlar çocuğu. Ya da dar zamanlarda ruhunu bir korku sarıp, kendini ödevlerin üstesinden gelecek güçte görmezse, durumda yeniden birtakım sapmalarla karşılaşılır, üstünlük tutkusu kendini daha belirgin açığa vurur.

Bu arada öyle olabilir ki, çocuk büyük güçlüklerle yüz yüze gelmekten *sakınarak*, onlardan yakasını kurtarmak ister ve bu tutum bireysel amaç olarak belirlenir. Böyleleri, güçlükleri görünce ya korkuyla gerilere kaçan, ya da kendilerine yöneltilen istekleri hiç değilse geçici bir süre yadsıyan insan tipini oluşturur. Bu da, *insan ruhunun tepkilerinin asla nihai bir kesinliği içermediğini*, her zaman geçici yanıtlar niteliğini taşıyıp, asla yüzde yüz doğru sayılamayacağını ortaya koyar. Özellikle, erişkinlerdeki ölçülere vuramayacağımız çocuğun ruhsal gelişiminde, salt geçici amaçların söz konusu olacağını hiçbir zaman gözden uzak tutmamamız gerekmektedir. Her zaman çocukla birlikte ileriye bakmak ve onun ruhsal gelişiminde saptanan güçlerin onu hangi noktaya kadar götürebileceğini düşünmek zorundayız. Çocuğun ruhuna girebildik mi, burada karşılaşacağımız etkin güçler, çocuğun hal ve geleceğe kendiliğinden kesin bir uyum sağlamayı az çok kafasına koyduğunu bize gösterir; bunun dışında ilgili güçlerin başka türlü anlaşılması düşünülemez. Söz konusu amaçla ilgili olarak çocuğun ruhsal durumu çeşitli doğrultulara yönelebilir. Bunlardan biri *iyimserlik*'tir; karşısına çıkan ödevlerin pekâlâ üstesinden gelebileceğine güvenen çocuk, ödevlerine üstesinden gelinebilir gözüyle bakan bir kişinin karakter özelliklerini geliştirir. Örneğin cesaret, açık yüreklilik, güvenilirlik ve çalışkanlık gibi özellikler oluşur çocukta. Bunun karşıtı, *kötümserlik* kapsamına giren karakter özellikleridir. Ödevlerinin üstesinden gelme yeteneğini kendisinde göremeyen çocuğun amacını düşünürsek, ruhunun nasıl bir görünüm taşıyacağını tasarlayabiliriz. Böyle bir çocukta çekingenlik, ürkeklik, içine kapanıklık, güvensizlik gibi özelliklerle güçsüz kişilerin kendilerini savunmada başvurduğu diğer özelliklere rastlanacağı kuşkusuzdur. Çocuğun amacı erişilebilecek olanın dışında, yaşam alanının çok gerilerinde bulunacaktır.

2.
RUHSAL YAŞAMIN TOPLUMSAL ÖZELLİĞİ

Bir insanın içinde neler olup bittiğini anlamak istiyorsak, onun hemcinslerine karşı tutumunu gözden geçirmemiz gerekir. İnsanlar arasındaki ilişkilerin bir bölümü doğa tarafından belirlenir ve değişime açıktır. Kısmen bunlardan sistemli ilişkiler doğup çıkar, ki söz konusu ilişkileri en başta ulusların politik yaşamında, devletlerin oluşumunda ve toplumsal yaşamda gözlemleyebiliriz. Bu tür ilişkiler göz önünde tutulmadığı sürece insanın ruhsal yaşamını anlama olanağı yoktur.

Mutlak Gerçeklik

İnsanın ruhsal yaşamı, kendi başına canı istediği gibi davranacak gücü gösteremez, sürekli olarak sağdan soldan çıkıp gelen çeşitli ödevler karşısında bulur kendini. Bütün bu ödevler, *insanların toplu yaşam* mantığına kopmaz biçimde bağlıdır; birey üzerine aralıksız etki yapan ve ancak belirli ölçüde onun etkisi altına giren temel koşullardan biridir bu mantık. İnsanların bir arada yaşama koşullarının bile sayılarındaki çokluk nedeniyle kavranılamayacağını, ayrıca ilgili koşulların belirli bir değişim sürecinden geçtiğini düşünürsek, karşımızdaki insanın ruhsal yaşamındaki karanlıkları tümüyle aydınlatamayacağımız açıktır. Bu da öyle bir güçlüktür ki, kendi koşullarımızın dışına çıktığımız ölçüde büyüdüğü görülür.

İnsanı tanıma sanatını geliştirirken göz önünde tutulacak temel gerçeklerden biri burada kendini açığa vurmaktadır: İnsan organizması ve işlevleri sınırlı nitelik gösterir, dolayısıyla bu gezegende yaşayan her toplumun kendine özgü kurallarını göz önünde tutmamız gerekmektedir; mutlak gerçek'e ise ancak yanlış ve yanılgıların yavaş yavaş yok edilmesiyle kavuşabiliriz.

Bu temel gerçeklerin önemli bir bölümü *Karl Marx* ve *Friedrich Engels*'in tarihi materyalizm görüşleriyle saptanmıştır. Söz konusu görüşe göre, bir ulusun *ideolojik üstyapısı* ile insanların düşünce ve davranışı, o ulusun geçimini sağlamada başvurduğu teknoloji biçimi, yani ekonomik temel tarafından belirlenir.

Tarihi materyalizm'le bizim, *toplumsal yaşamdaki etkin mantık ve mutlak gerçek* konusundaki görüşümüz arasında buraya kadar bir uygunluğun varlığını söyleyebiliriz. Ancak tarihin, özellikle bireysel yaşam konusundaki bilgilerimizin, yani *bireysel psikolojimizin* ortaya koyduğuna göre, insan ruhu ekonomik temellerden kaynaklanacak dürtülere hatalı yanıtlar vermekten hoşlanmakta ve bu hatalardan ancak yavaş yavaş kendisini kurtarabilmektedir. Yani mutlak gerçek'e götüren yol çok sayıda yanılgıdan geçmektedir.

Toplu Yaşam Zorunluluğu

İnsanın toplu yaşamından kaynaklanan zorunluluklar, aslında hava koşullarından kaynaklanan zorunluluklar gibi (örneğin soğuktan korunma, evler yapıp başını sokma) doğal bir nitelik taşır. Henüz anlaşılmamış biçimde de olsa dinin de toplu yaşama zorunluğundan doğduğu görülür; dinde kutsanmış toplu yaşam biçimleri, anlayıcı ve kavrayıcı düşüncenin yerine geçerek bireyler arasında bağlayıcı öğe rolü oynar.

Birinci durumda yaşam koşulları evrensel nitelik taşır, ikinci durumda ise sosyal bir kökene dayanır, insanların bir arada yaşamalarına ve bunun kendiliğinden doğurduğu kurallara bağlı tutulur. Toplu yaşamın zorunlulukları, öteden beri doğallıkla ve mutlak gerçek kimliğiyle varlığını sürdüren insanlar arasındaki ilişkileri düzenlemiştir. Uygarlık tarihinde toplu halde sürdürülmemiş hiçbir yaşam biçimi yoktur. İnsanlar nerede boy göstermişse, hep toplu halde olmuştur bu. Nedenini de açıklamak zor değildir. Hayvanlar dünyasında egemen bir yasa, temel bir kural vardır; buna göre, doğada güçlü sayılmayacak türler bir araya gelerek yeni güçler edinir ve kendilerine özgü yeni bir biçimde dışa karşı etkinliklerini sürdürmeye çalışır. İnsanların da bir araya gelmesi böyle bir amaca ulaşmak içindir. Dolayısıyla, insan ruhu da toplu yaşamın koşullarıyla düpedüz yoğrulmuştur. *Darwin*'in işaret ettiği gibi, hiçbir zaman doğada tek başına yaşayan güçsüz hayvanlara rastlayamayız. İnsanın da sözü edilen hayvanlar arasına katılması gerekmektedir; çünkü insanoğlu yalnız yaşayabilecek kadar güçlü sayılamaz. Doğa karşısında ancak sınırlı bir direnç gösterir, birçok yardımcı çareye başvurmadan varlığını sürdüremez. Uygarlığın her türlü desteğinden yoksun, balta girmemiş bir ormanda tek başına yaşayacak bir insanın durumunu düşünmek, bunu anlamak için yeterlidir. Böyle bir insanın çevresi, herhangi bir canlıdan daha çok tehlikelerle çevrilmiş olacaktır. Bir kez, bacakları hızlı koşmaya elverişli değildir, güçlü hayvanlardaki kas kuvvetinden yoksundur, yaşam kavgasında ayakta kalabilmek için ne yırtıcı hayvanların dişlerine, ne de onların hassas kulakları ve keskin gözlerine sahiptir. Yaşam hakkını bir kez güvence altına almak ve yok olup gitmekten kurtulmak için, olağanüstü bir çaba harcamak zorundadır. Beslenme biçimi kendine özgüdür, yaşam üslubu oldukça sıkı korunma önlemlerini gerektirir.

Dolayısıyla, insanın ancak olumlu koşullarda varlığını sürdürebileceğinin anlaşılmayacak yanı yoktur. İşte bu ortamı da kendisine toplu yaşam biçimi sağlamıştır; böyle bir yaşam biçimi bir zorunluluk olarak insanın karşısına çıkmış, böylece tek kişinin başaramayacağı ödevlerin bir *işbölümüne* başvurularak üstesinden gelinebilmesi mümkün olmuştur. Ancak işbölümüdür ki, insanın saldırı ve savunma silahlarına, kısaca yaşam kavgasında ayakta kalabilmek için gereksindiği ve bizim, uygarlık adı altında topladığımız tüm nesnelere sahip olmasını sağlamıştır. Annelerin çocuklarını ne zorluklar altında doğurduğunu, bu bakımdan ne büyük çabaların gerektiğini, tek kişinin ne denli uğraşırsa uğraşsın ilgili çabaların üstesinden gelemeyeceğini, insanın özellikle süt çocukluğu döneminde ne çok hastalık ve rahatsızlığa maruz kaldığını, bu kadarına hayvanlar dünyasında bile rastlanmayacağını düşünürsek, insan toplumunun varlığının güvence altına alınması için gösterilmesi gereken olağanüstü çalışma konusunda bir fikir edinebilir, insanların bir araya gelerek bir toplum oluşturmalarının zorunluğunu kavrayabiliriz.

Güvenlik ve Uyum

Şimdiye kadar söylediklerimize dayanarak bir noktayı saptayabiliriz: Doğa açısından bakıldığında insan yetersiz bir yaratıktır. Ama yaradılışında var olup, bir kısıtlanmışlık ve güvensizlik duygusu şeklinde bilincine varılan söz konusu yetersizlik, insan için sürekli bir uyarı kaynağıdır, onu yaşama uyum sağlayabilmek, gerekli önlemleri almak, doğada insan olarak elinde bulundurduğu konumun dezavantajlarını gidermek için bir yol aramaya iter. Bu arayışta da uyum ve güvenliği sağlama yeteneğini, yine ruhsal organın kendisi elinde bulundurur. Başlangıçta bu insan–hayvanın boynuz, pençe ya da diş gibi organlarla donatılarak düşman çevre karşısında tutunabilecek bir duruma sokulması, doğa için izlenmesi çok daha güç bir yol olurdu. Gerçekten de ruhsal organ hızla yardıma koşarak, insandaki organik eksikliklerin giderilmesini sağlamıştır. Özellikle sürekli yetersizlik duygusunun uyarılarından yararlanan insanoğlu, kendisinde *öngörü* diye bir gücü oluşturmuş, ruhunu bir gelişim sürecinden geçirerek, bizim bugün düşünme, hissetme ve davranma diye bildiğimiz yetilerin oluşumunu sağlamıştır. Söz konusu yardımlar konusunda ve uyum çabalarında toplum da önemli rol oynadığından, ruhsal organ, işin başından beri toplumsal koşulları göz önünde tutmak zorunda kalmıştır. Tüm ruhsal yetenekler, toplumsal yaşamın damgasını içeren bir temel üzerinde gelişip ortaya çıkmış, insandaki her düşüncenin ister istemez toplumun beklentisine yanıt verecek bir nitelik taşıması gerekmiştir.

İlerleme sürecinin bundan sonra nasıl bir yol izlediği düşünülürse, kendi içinde genel geçerli nitelik taşıyan *mantık* oluşumunun başlangıç evreleriyle karşılaşılır. *Genel geçerlilik taşıyan şey* mantıksal'dır yalnızca. Toplumsal yaşamın bir başka ürününü de, *dilde*, insanın bütün öteki canlılara karşı üstün özelliğini oluşturan bu mucizevi eserde buluruz. Dil gibi bir olguyu genel geçerlilik kavramından yoksun tasarlayamayız, bu da onun toplumsal yaşamdan kaynaklandığını gösterir. Tamamen tek başına yaşayan bir canlı için dilin hiç gereği yoktur. İnsanların bir arada yaşamaları durumunda gereklilik kazanır dil, toplu yaşamanın ürünüdür ve toplu yaşamayı sürdürenleri birbirine perçinleyen bir bağdır. Dille toplumsal yaşam arasında böyle bir ilişkinin varlığını ortaya koyan güçlü kanıt, başkalarıyla bir arada yaşamaları engellenmiş ya da önlenmiş veya böyle bir yaşam biçimine yanaşmayan kimselerin dil ve dilsel yeteneklerinin hemen hemen her zaman birtakım kusur ve eksikleri içermesidir. Öyle görülüyor ki, ancak insanlar arası ilişkinin güven altına alındığı durumlarda söz konusu dil bağı oluşturularak insan varlığının sürdürülmesi sağlanır. Dil, ruhsal yaşamın gelişimi açısından alabildiğine büyük önem taşır. Mantıksal düşünme, ancak bir dilin varlığıyla mümkündür; dil, kavramlar oluşturma olanağını sağlar, bu da bizi nesneler arasında ayrımlar yapabilme ve özel mülkiyet kapsamına girmeyip, herkesin malı sayılan kavram ve deyimleri yaratma yeteneğiyle donatır. Ayrıca, düşünme ve hissetme yeteneğini anlamamız için yine genel geçerlilik ilkesinden yola koyulmamız zorunludur. Beri yandan, güzel şeylerden haz duymamız da, yine güzel'i ve iyi'yi takdir edip duyumsamanın herkesin ortak malı olmasını gerektirir. Böylece akıl, mantık, etik ve estetik gibi kavramların ancak insanların toplu yaşamından kaynaklanabileceği, ayrıca bunların bireyler arasında uygarlığın yıkılıp gitmesini önleyecek bağları oluşturduğu sonucuna varmaktayız.

İrade dediğimiz şeyi de tek insanın konumundan kalkarak anlayabiliriz ancak. İstem, yetersizlik duygusundan kendini sıyırıp bir yeterlilik duygusuna ulaşma yolunda ruhta algılanan bir kıpırtıdır. Böyle bir amacı göz önünde bulundurup ona erişme çabasını "istemek" diye nitelendirmekteyiz. Her isteyiş, bir yetersizlik duygusuyla ilgilidir, insanda bir doyum, bir hoşnutluk, bir yeterlilik sağlama eğilim ve dürtüsünün doğmasına yol açar.

Toplumsallık Duygusu

İnsan soyunun varlığını sürdürmesini sağlamış olan eğitim, batıl inanç, totem ve tabu, yasa ve kural gibi nesneler her şeyden önce toplum yaşamının gereklerine yanıt verecek bir nitelik taşır. Dinsel kurumlarda gördük böyle olduğunu; beri yandan, ruhsal organın en önemli işlevleri de toplumsal zorunluluklara yanıt verecek şekilde düzenlenmiştir; ayrıca, gerek bireysel, gerek toplumsal yaşamdan kaynaklanan zorunluluklarda da yine aynı durumu saptarız. *Adalet* dediğimiz, insan karakterinin aydınlık yanı diye gördüğümüz şey, anahatları bakımından toplu yaşamanın zorunluluklarına uyulmasıdır yalnızca. Ruhsal organı da yaratan söz konusu zorunluluklardır. Ayrıca, güvenilirlik, sadakat, açık yüreklilik, gerçek sevgisi vb. özellikler de, aslında genel geçerli toplumsallık ilkesinin yarattığı ve ayakta tuttuğu değerlerdir. Hangi karakter için iyi, hangisi için kötü diyeceğimizi de, yine salt toplum açısından belirleyebiliriz. Bilimsel, politik ya da sanatsal her başarı gibi karakteri de büyük ve değerli kılan, ancak toplum için bir önem taşımasıdır. Tek kişiyi değerlendirirken ölçüt olarak başvurduğumuz *ideal* de, yine bireyin toplum için taşıyacağı değeri, topluma yararı göz önünde tutularak saptanır. Bireyi değerlendirirken, toplum içinde yaşayan insanın idealinden yola koyuluruz; öyle bir insan ki, ödevlerini genel geçerli bir biçimde yapıp çıkarır; kendi içinde toplumsallık duygusunu geliştirmiş, Furtmüller'in deyimiyle "insan toplumunun kurallarına uyacak" aşamaya gelmiştir. İlerideki incelemelerimizin ortaya koyacağı gibi, aklı başında hiç kimse toplumsallık duygusuna sırt çevirerek, onun yeterince etkinliğinden uzak kalarak büyüyüp gelişemez.

3.
ÇOCUK ve TOPLUM

Toplum, bir dizi zorunluluğu karşımıza çıkararak, yaşamımızın bütün kural ve biçimlerini, dolayısıyla düşünme yetimizin gelişimini etkiler. Ayrıca toplumsallık, organik bir temele dayanır. Bir kez insanın yapısındaki çift cinsiyetlilikle (hermafrodizm) toplumsallık arasında birtakım ilişkiler vardır. Soyutlanma değil, ancak toplum içinde yaşama, bireyin yaşam içgüdüsüne yanıtverir, güven ve yaşam kıvancıyla donatır onu. Çocuğun ağır bir seyir izleyen gelişim sürecini gözden geçirirsek anlarız ki, insan yaşamının gelişimi ancak koruyucu bir toplumun varlığıyla mümkün olmuştur. Öte yandan, yaşamın gerekleri, insanların birbirinden ayrılmasına değil, aralarında bir dayanışmanın doğmasını sağlayan bir *işbölümü*'ne yol açmıştır. Herkes bir işi başkalarıyla dayanışma içerisinde yapmak, başkalarıyla bir dayanışma içerisinde yaşamak zorundadır. Bu da, insanın ruhunda yükümlülük olarak yer alan birtakım büyük ilişkilerden doğmasına neden olur. Dünyaya gözlerini açan bir çocuğun, ruhunda hazır bulduğu söz konusu yükümlülüklerden bazılarını aşağıda ele alacağız.

Süt Çocuğunun Durumu

Büyük ölçüde toplumun yardımını gereksinir çocuk; doğumundan sonra kendisini bir çevre içinde bulur; çocuktan bir şeyler alır, ona bir şeyler verir bu çevre, çocuğa birtakım istekler yöneltir, ondan gelen istekleri yerine getirir. Çocuk, içgüdüleriyle birtakım güçlükler karşısında görür kendini, bu güçlükleri yenmek onu hayli zahmet ve üzüntüye sokar. Çok geçmeden çocuk olmasından kaynaklanan güçlükleri kavrar ve bundan kurtulmak için o ruhsal organı geliştirir; öyle bir organ ki, görevi ileriyi görmek ve çocuğun bir sürtüşmeye yol açmadan içgüdülerini doyuma kavuşturmasını ve katlanılır bir yaşam sürmesini sağlamaktır. Çocuk, çevresinde içgüdülerini kendisinden daha kolay doyuma kavuşturan, yani kendisinden ileri durumda olan insanlarla karşılaşır sürekli. Bir kapıyı açabilmek için gereken uzun boyluluğun, bir nesneyi yerden alıp kaldırabilmek için başkalarında gördüğü gücün, buyruk verip verdiği buyruğun yerine getirilmesini istemek yetkisiyle insanı donatan konumun değerini takdir etmesini öğrenir. Büyüme, başkaları kadar, hatta başkalarından da güçlü olmaya yönelik bir özlem fırtınası ruhunda esmeye başlar. Çevresindeki erişkinlerse, karşılarında kendilerine bağımlı eli ermez, gücü yetmez bir nesne varmış gibi davranırlar çocuğa; ama beri yandan, onun güçsüzlüğü karşısında boyun eğerler. Bu durumda, çocuk için nasıl davranacağına ilişkin iki seçenek söz konusudur: Ya erişkinlerdeki gücü onlara sağlayan çare ve yollara başvurarak isteğine kavuşmak, ya da erişkinler tarafından amansız bir istek diye benimsenip yerine getirilen güçsüzlüğünü sergileyerek amaca varmak. İnsanların duygularında gözlemlediğimiz bu dallanma çocuklarda dönüp dolaşıp karşımıza çıkarak, tek başına bir tipin oluşumuna yol açar. Bazı kimseler başkalarından takdir görme, güçlü olma ve gücünü kullanma doğrultusunda bir gelişme gerçekleştirirken, bazıları da güçsüzlükleri üzerinde birtakım spekülasyonlara girişir, bunları alabildiğine değişik biçimlerde sergilerler. Çocukların duruş ve oturuşlarına, davranışlarına dikkat edersek, bazılarının bu gruba, bazılarınınsa diğer gruba gireceklerini görürüz. İlgili grupların bir anlam kazanması için, çevreyle ilişkilerini anlamak şarttır. Ayrıca söz konusu tiplerdeki devinimler, genellikle çevreden alınıp benimsenmiş nitelikler taşır. Çocuğun eğitilebilirliği de işte bu yalın koşullardan, onun güçsüzlüğünü yenme eğilim ve çabasından kaynaklanır; öyle bir çaba ki, çok sayıda yeteneğin geliştirilmesi için bir uyarı kaynağı oluşturur.

Çocukların konumu alabildiğine değişiktir birbirinden. Bazıları öyle bir çevre içinde yaşarlar ki, düşmanca izlenimlere kaynaklık eder bu çevre, dünyayı çocuğa düşmanmış gibi gösterir. Düşünsel organın yetersizliği dikkate alındı mı, çocuğun böylesi izlenimler edinmesinde şaşılacak bir yan yoktur. Bu durumda eğitim işe el atıp durumu düzeltmedi mi, ruhsal gelişim çizgisi öyle bir doğrultu izleyebilir ki, çocuk ileride dış dünyayı kendisine düşman gözüyle görür. Hele özellikle yetersiz organlara sahip çocuklardaki gibi büyücek güçlüklerle yüz yüze geldi mi, çevrenin kendisine düşmanca niyetler beslediği izlenimi ruhunda daha da güçlenir. Yetersiz organlarla dünyaya gelmiş çocuklar, görece yeterli organlarla dünyaya gelmiş çocuklardan değişik biçimde algılar çevrelerini. *Organ yetersizliği*, devinim yeteneğiyle ilgili kimi güçlükler ve tek tek organlarda gözlemlenecek kimi kusurlarla kendini açığa vurur; ayrıca organizmanın direncinin azlığıyla da kendini belli eder, ilgili direnç azlığı da çocuğun sık sık hastalanmasına yol açar.

Ama karşılaşılan güçlükler, çocuğun organizmasının yetersizliğinden ileri gelmez her zaman, çocuğun başarması gereken ödevlerin çetinliğinden de kaynaklanabilir; ilgili ödevler ya anlayışsız bir çevre tarafından çocuğun önüne çıkarılır, ya da ödevlerin çocuğun önüne çıkarılışında gereken dikkat ve özen gösterilmez; kısaca söz konusu güçlükler, çocuğun yaşadığı çevrenin kusurlu niteliğiyle ilgilidir, bu kusurlu nitelik de dış dünyadan kaynaklanan bir güçlük kimliğiyle çocuğun karşısına dikilir. Çünkü çevresine uyum sağlamak isteyen çocuk, ansızın bu uyumu zorlaştıran engellere çarpar.

Örneğin moral gücünü yitirmiş pısırık bir ortamda büyüyen çocuklarda böyle bir durumla karşılaşırız; çevrenin aşırı kötümserliği kolaylıkla çevreden çocuğa geçer.

Güçlüklerin Etkisi

Alabildiğine değişik yönlerden gelip, alabildiğine değişik nedenlerden kaynaklanarak çocuğun karşısına dikilen güçlükler dikkate alınır ve özellikle ruhunun henüz doğru dürüst gelişecek zamanı bulamadığı düşünülürse, çevrenin yadsınmaz koşullarıyla hesaplaşmak zorunda kalan çocuğun dış etkilere hatalı yanıtlar verebileceğini göz önünde tutmak gerekecektir. Böyle bir yığın *hata* topluca gözden geçirildi mi, ruhsal yaşamın ömür boyu durmadan gelişimini sürdürdüğü ve daha ileri bir gelişim düzeyine ulaşmak, daha doğru yanıtlar verebilecek duruma gelmek için aralıksız çaba harcadığı görüşüne kapılmamak elde değildir. Çocukların davranış ve devinimlerinde özellikle dikkatimizi çeken şey, bir olgunluğa doğru ilerleyen insanın belirli bir durumda verdiği yanıt biçimidir. Bu yanıt, yani bir insanın tutum ve davranışı, onun ruh yapısına ilişkin kimi ipuçları sağlar bize. Bu arada göz önünde tutulması gereken bir nokta, *bir insanın, öte yandan bir kitlenin* dışavurum biçimlerinin *kolay kolay belirli bir modele göre değerlendirilemeyeceğidir.*

Ruhsal gelişimi sırasında çocuğun savaşmak zorunda kaldığı ve hemen hemen her zaman çocukta toplumsallık duygusunun gayet kusurlu biçimde oluşumuna yol açan güçlükleri iki gruba ayırabiliriz. Bunlardan birincisi, uygarlığın içerdiği bozukluklardan kaynaklanıp çocukla ailesinin ekonomik durumunda kendini açığa vuran, ötekisi ise organsal yetersizliklerden kaynaklanan güçlüklerdir. Aslında tastamam gelişmiş organlara göre yaratılan bir dünyada yaşar çocuk. Kendisini saran uygarlık, tam anlamıyla gelişmiş güçlü ve sağlıklı organları gerektirir. Dolayısıyla, önemli organları birtakım engelleri içeren çocuk, yaşamın zorunluluklarına yanıt veremez. Örneğin yürümesini geç öğrenen ya da kısaca devinim bakımından güçlük çeken ya da geç konuşan ve uzunca bir süre yaşam için gerekli beceriyi gösteremeyen, çünkü beyinsel işlevleri uygarlığımızın isteklerine yanıt verecek bir tempoyla gelişemeyen çocukları bunlar arasında sayabiliriz. Bilindiği üzere, böylesi çocuklar sürekli sağa sola çarpan hantal yaratıklardır, bedensel ve ruhsal sıkıntılara çaresiz göğüs gererler. Pek kendileri için yaratılmamış bir dünyada hiç de iç açıcı değildir durumları. Gelişim yetersizliğinden kaynaklanan böylesi güçlükler son derece sık görülür. Gerçi zamanla geride bir hasar kalmaksızın bir dengenin kurulma olasılığı bulunmaktadır. Ne var ki, bazen çektikleri ruhsal sıkıntıya çoğunlukla ekonomik sıkıntı da eklenerek, ilgili çocukların ruhunda sonradan kendini hissettirecek bir tortu bırakır. Toplumun mutlaka uyulması gereken kurallarına söz konusu çocukların pek uymayışını anlamak zor değildir. Böylesi çocuklar çevrelerinde akıp giden yaşama güvensizlikle bakarak, kendilerini toplumdan soyutlamaya ve ödevlerden kaçmaya eğilim gösterirler. Yaşamın kendilerine düşmanlığını tüm yoğunluğuyla sezip hisseder ve bu düşmanlığı abartırlar. Yaşamın karanlık yanlarına, aydınlık yanlarından daha çok ilgi gösterirler. Bazen her iki tarafa da aşırı değer verir, dolayısıyla ömür boyu bir savaş durumunda bulunur, başkalarının dikkatini aşırı ölçüde üzerlerine çekmek ister, herkesten çok kendilerini düşünürler. Yaşamın karşılarına çıkardığı zorunluluklara uyarı değil de güçlük gözüyle baktıklarından, aşırı bir ihtiyatla savaşıp tüm yaşantılara karşı çıktıklarından, kendileriyle çevreleri arasında derin bir uçurumun açılmasını önleyemez, giderek realiteden uzaklaşır, dönüp dolaşıp çetin durumların kucağına yuvarlanırlar.

Yakınlarının çocuğa göstereceği sevecenlik belirli bir ölçünün *altında* kaldığı zaman da yine benzeri güçlüklerle karşılaşılır. Böyle bir durum, yine çocuğun gelişimi için önemli sonuçlar doğurabilir. Sevme içgüdüsü gelişmeden kalır çocukta; dolayısıyla, sevgiyi tanımadığı gibi, ondan nasıl yararlanacağını bilemez, bu da davranışını etkiler. Sevme içgüdüsü aile çevresinde gelişemeyen çocuklarda söz konusu içgüdünün sonradan zorla uyandırılması gibi sakıncalı bir durumla karşılaşılır. Böylelerini ileride herhangi bir aşk eylemini gerçekleştirecek gibi eğitmek güçtür. Aşk duygularından ve ilişkilerinden kaçmak, söz konusu insanların varlıklarının temel öğelerinden biri durumuna girer. Anne ve babanın, eğiticilerin ya da çevrenin başvurduğu eğitsel önlemler sonucu, içinde uyanacak aşk duygularını çocuğun yersiz ve gülünç hissetmesi durumunda da yine aynı sonuçla karşılaşılır. Seyrek olmayarak sevecenliğe gülünç bir gözle bakmaya itilir çocuklar. Özellikle alay konusu yapılan çocuklarda böyle bir duruma sık sık rastlarız. Söz konusu çocuklar *duygularını açığa vurmaktan çekinir,* bu çekingenlik nedeniyle de sonradan bir başkasına duyacakları sevecenlik ve sevgiyi gülünç bulur, *erkeklikle bağdaşmaz* görür, kendilerini başkalarına bağımlı kılacak ve başkalarının gözünde taşıdıkları değeri azaltacak bir duygu sayarlar. Daha çocukluklarında gelecekteki tüm aşk ilişkilerinin önüne bir duvar çektikleri görülür. Genellikle bütün aşk duygularının üzerinden atlayıp geçen *sert bir eğitim,* çocuğu sevecenlikten uzak davranışlara, kendi içine kapanmaya, çok geçmeden küsüp içerleyerek, kızıp darılarak çevresinden kendisini soyutlamaya zorlar; oysa söz konusu çevreye sahip çıkarak ruhsal yaşamının kapsamı içerisine alması, çocuğun gelişimi açısından büyük önem taşır. Kendini çevreden soyutlayan çocuk, çevrede ilişki kurabileceği bir kişi bulduğu zaman, kurulacak ilişki alabildiğine güçlü bir nitelik taşıyabilir. Örneğin birçok kimse vardır ki, toplumsal ilişkileri tek kişiyle sınırlı kalmış, başkalarıyla bir türlü ilişki kuramamışlardır. Annesinin sevecenliğinin küçük kardeşine yöneldiğini görerek bundan alınıp küsen, bundan böyle eksikliğini duyduğu sıcaklık ve yakınlığı sürekli arayıp duran oğlan bunun için bir örnektir, söz konusu kişilerin hayatta ne gibi güçlüklerle karşılaşacağını ortaya koyar.

Baskı altında eğitilmiş insanların oluşturduğu bir gruptur bu. Buna karşıt doğrultuda da birtakım olumsuz durumlarla karşılaşılır. Eğitimleri sırasında aşırı sevecenlik ve *şımartılmaya* konu yapılmaları, çocuklarda sınırsız bir sevecenlik içgüdüsünün oluşmasına yol açar; dolayısıyla, söz konusu çocuklar bir ya da birden çok kişiye bağlanarak bir daha onlardan ayrılmak istemezler. Şımartılma işi çeşitli hatalı davranışlarla öyle bir düzeye varabilir ki, çocuk kendi göstereceği sevginin, büyükleri kimi yükümlülüklerle karşı karşıya bırakacağını günün birinde sezer. Örneğin büyüklerin çocuğa, "Seni sevdiğim için, falan ya da filan şeyi yapmalısın" gibi sözler söylemesi, çocuğun böyle bir şeyi kolaycacık keşfetmesini sağlar. Bir aile içinde böyle bir çıban başının oluşumu, sık rastlanan bir durumdur. İlgili çocuklar, büyüklerin kendilerine göstereceği yakınlığı fırsat bilip bundan hemen yararlanmaya bakar, başkalarının kendisine bağlılığını büyükler gibi aynı çareye başvurarak pekiştirip güçlendirmek isterler. Çocuğun aile çevresindeki bir kişiye göstereceği aşırı sevginin hiçbir zaman gözden kaçırılmaması gerekir. Bir insanın yazgısının tek yanlı böyle bir eğitimle olumsuz yönde etkileneceği kuşkusuzdur. Söz konusu durum, çocukta çeşitli belirtilerin ortaya çıkmasına yol açar. Örneğin, bir büyüğün sevgisini yitirmek istemeyen çocuk, akla gelmedik çarelere başvurur, kendisine rakip bildiği kimseyi, çoğunlukla erkek ya da kız kardeşini bir suçlarını bulup açığa vurarak ya da onları böyle bir suç işlemeye kışkırtarak ya da daha başka bir yol izleyerek büyüklerin gözünden düşürmeye çalışır. Olmadı, hiç değilse anne ve babasının dikkatini üzerine çekmek için baskı yapar, ön plana çıkmak, başkalarından daha çok önem kazanmak için denemediği yol bırakmaz. Başkalarının daha çok kendisiyle ilgilenmesini sağlamak amacıyla ya işi tembellik ve yaramazlığa vurur ya da davranışına bir ödül olarak başkalarını kendisiyle ilgilenmeye zorlamak için uslulukta karar kılar. Kısaca ruhunda izlenecek doğrultu bir kez saptanmaya görsün, çocukta öyle bir gelişim süreci başlar ki, amaca varmak için her şey bir araç durumuna indirgenebilir. Amacına ulaşmak için kötü bir yolda gelişebilir çocuk ve yine aynı amaca ulaşmak için gayet uslu biri olabilir. Bazı çocuklar aşırı derecede huysuzluğa kaçarak dikkati üzerlerine çekmek isterken, daha çok ya da daha az kurnaz kimileri aşırı derecede uslu davranarak aynı amaca varmaya çalışır.

Hiçbir güçlükle karşı karşıya bırakılmayan, tuhaf huylarına gülümsenip geçilen, sözü edilmeye değer bir engele çarpmaksızın, canları istediği gibi davranabilen çocuklar, şımartılmış çocuklar arasında yer alır. Böyleleri, ileride başkalarıyla doğru dürüst ilişki kuracak gibi hazırlanma fırsatını bir türlü ele geçiremez; hele ilişki kuracakları kişiler, kendi çocukluklarından kaynaklanan güçlükler nedeniyle böyle bir ilişkinin kurulmasına yanaşmadılar mı, çocuğun bu amaca yönelik girişimleri tümüyle başarısız kalır. Güçlükleri yenmeye alışma fırsatı kendilerine verilmediğinden, gelecekteki yaşama yeterince hazırlanamazlar. Yaşadıkları bunaltıcı ortamdan dışarı çıkıp kendilerini yaşam karşısında bulur bulmaz, hemen her zaman başarısızlıkla yüz yüze gelirler. Çünkü çocukluktaki aşırı sevecen eğiticiler gibi, hayatta kimse abartılı bir yükümlülüğü üstlenmek istemez.

Bütün bunların ortak sonucu da, çocuğun toplumdan az ya da çok *soyutlanmasıdır*. Örneğin sindirim organları pek sağlıklı denilemeyecek çocuklar yeme içme karşısında bir başka türlü davranır, dolayısıyla gelişimleri bu bakımdan normal çocuklarınkine göre apayrı bir doğrultu izleyebilir. Organları yetersiz çocukların kendilerine özgü bir yürüyüş biçimleri vardır; ilgili çocuklar giderek bir soyutlanmanın kucağına itilir, çevreyle aralarında pek bir bağlantı bulunmayan, hatta böyle bir bağlantıya düpedüz sırt çeviren kimselere dönüşürler. Arkadaşlık edecek kimse bulamaz, yaşıtlarının oynadıkları oyunlardan kendilerini uzak tutar, oynanan oyunları kıskançlıkla uzaktan izler ya da suskun bir soyutlanmışlık içinde sürdürdükleri kendi oyunlarına sığınırlar. Ağır baskı altında eğitilen, hayli sert bir eğitim gören çocukları da yine toplumdan soyutlanma tehlikesi bekler. Bunlar da ikide bir, dört bir yandan çıkıp gelen tatsız yaşantılarla karşılaşır, yaşamı olumlu bir ışık altında göremezler. Ya tüm güçlükleri boynu bükük sineye çekmek zorunda olan kimseler, ya da düşman bir çevreye saldırı için hep hazırda bekleyen savaşçılar gibi görürler kendilerini. Yaşamı ve yaşamın karşılarına çıkardığı ödevleri pek büyük güçlükler bilirler. Dolayısıyla, böyle bir çocuğun aklı fikri kendi dünyasının sınırlarını korumadadır; bir kayba uğramamaya, çevresini sürekli bir güvensizlikle göz altında tutmaya dikkat eder. Aşırı bir sakınmanın baskısı altında geliştireceği eğilimle büyük güçlük ve tehlikelerin kokusunu önceden almaya çalışır, düşüncesizce davranıp herhangi bir yenilgiye uğramaktan sakınır kendini. Bu çocukların hepsinde ortak olan bir diğer karakteristik özellik, aynı zamanda toplumsal duygularının sağlıklı gelişemediğini gösteren bir diğer belirti de, başkalarından çok kendilerini düşünmeleridir. Bu da, ilgili çocukların gelişim çizgisini tümüyle gözlerimizin önüne serer. Söz konusu çocuklar büyüdüklerinde kötümser bir dünya görüşü edinir, yanlış yaşam modellerinden yakalarını kurtaramadıkları sürece hayattan bir türlü zevk alamazlar.

Toplumsal Bir Varlık Olarak İnsan

Bir bireyin kişiliği üzerinde bilgi edinmek istiyorsak, onu kendi konumu içinde değerlendirmek ve anlamak gerektiğine dikkati çekmeye çalıştık. Konumla da söylemek istediğimiz şey, insanın evren ve yakın çevresi karşısındaki tutumu, etkinlikte bulunma, insan soydaşlarıyla temas ve ilişki kurma gibi sürekli karşısına çıkan sorunlarla ilgili olarak takındığı tavırdır. Bu noktadan yola koyularak, gerek süt çocuğunun, gerek daha sonra çocuğun ve erişkin insanın yaşam karşısındaki tutumunu alabildiğine derin ve kalıcı biçimde etkileyen faktörün çevreden edinilen izlenimler olduğunu saptamış bulunuyoruz. Daha süt çocukluğunun ilk birkaç ayından sonra bir çocuğun yaşam karşısındaki tavrını gözlemleyebilmekteyiz. Böyle bir tavır bakımından ilk birkaç aydan sonra iki süt çocuğunu birbirine karıştırmak olanağı yoktur, çünkü her biri belirgin bir tipi canlandırır ve bu tip giderek daha bir açık seçiklik kazanır, bir kez izlenmeye başlanan doğrultu bundan böyle elden çıkarılmaz. Çocuğun ruhsal gelişimi, günden güne daha çok, toplumun çocuğa karşı davranışlarının damgasını taşır, çocukta doğuştan var olan toplumsallık duygusunun ilk belirtileri kendini açığa vurur, organik kökenli sevgi duyguları filizlenip yeşerir ruhunda ve zamanla öylesine ileri bir düzeye ulaşır ki, artık büyüklerin hep yakınında olmayı ister. Çocuğun sevgi duygularına Freud'un dediği gibi kendisini değil, başkalarını konu aldığını sık sık gözlemleyebiliriz. Söz konusu duygular değişik nüanslar gösterir ve kişiler değiştikçe değişir niteliği. İki yaşını aşkın çocuklarda bu değişikliği dille ilgili dışavurumlarda da saptayabiliriz. Dayanışma ve toplumsallık duygusu bir daha sökülüp atılmayacak gibi çocuğun ruhsal toprağına kök salar ve insanı ancak hastalık sonucu ruhsal yaşamın alabildiğine tehlikeli yozlaşma durumlarında terk eder. Normalde ömür boyu ayrılmaz insandan, çeşitli nüanslar gösterir, kimi sınırlı bir karakter taşır, kimi olumlu koşullarda büyüyüp serpilir, salt aile bireylerine yönelik durumundan sıyrılarak, bir kavimi, bir ulusu içine alır, tüm insanlığa kucak açar. Bazen bu sınırı da aşıp, hayvanlara, bitkilere ve öbür cansız nesnelere uzanır, hatta kısaca tüm evreni kapsadığı görülür.

Böylece, insanı tanımaya yönelik çabamızda bize yardımı dokunacak önemli bir noktayı ele geçirmiş sayılırız. *Bu da, insanı toplumsal bir yaratık olarak ele alıp inceleme zorunluluğudur.*

4.
DIŞ DÜNYADAN KAYNAKLANAN İZLENİMLER

Genel Olarak Dünya Görüşü

Çevreye uyum zorunluluğundan kaynaklanıp, dışarıdan gelen izlenimleri alma yeteneği ve ruhsal mekanizmanın her zaman bir amaç izleme özelliği, bir insanın *dünya görüşü* ve *idealinin* henüz çok erken bir dönemde ruhta oluştuğu düşüncesini akla yakın göstermektedir. Ne var ki, ilgili dönemde dünya görüşü ve ideali henüz belli bir biçim taşımamakta ve kesinlikle saptanamamaktadır; ama onun bizde bir aşinalık duygusu uyandıran, bizim anlaşılabilir gördüğümüz, her zaman yetersizlik duygusuyla karşıtlık oluşturan bir atmosfer içinde salınıp durduğunu söyleyebiliriz. Ruhsal devinimlerden söz açılabilmesi için, bireyin belirli bir amaca yönelmesi zorunludur. Bu da, bilindiği gibi, bir devinim olanağının ya da bir devinim özgürlüğünün varlığını gerektirir. Devinim özgürlüğüyle sağlanan ruhsal zenginleşme küçümsenecek gibi değildir. İlk kez yerden kalkıp bacakları üzerinde dikilen bir çocuk, yepyeni bir dünyanın kapısından içeri adım atar, çevresinin düşmanca bir atmosferle çevrilmiş olduğu duygusuna kapılır. Ayakları üzerinde durabilmesi, gelecek hesabına güçlü bir umutla doldurur içini; devinim yolunda harcadığı çabalar, özellikle yürümeyi öğrenmeye yönelik ilk denemeler, değişen büyüklükte güçlükler çıkarır karşısına, ama bazen de hiçbir güçlük doğurmayabilir. Biz büyüklere çoğunlukla önemsiz görünen bütün bu izlenim ve olaylar, çocuğun ruhsal yaşamını, dolayısıyla çocukluktaki dünya görüşünün oluşumunu büyük ölçüde etkiler. Örneğin, devinim konusunda zorluklarla karşılaşan bir çocuk, hızlı devinimlere geniş ölçüde olanak sağlayan bir ideali benimser. Çocuğa en çok hangi oyunu sevdiğini ve ileride ne olmak istediğini sorarak ilgili ideali kolaylıkla saptayabiliriz. Örneğin arabacı, biletçi vb. yolundaki bir yanıt, çocuğun sınırlı devinim özgürlüğünden kaynaklanan güçlükleri aşmak istediğini, içindeki yetersizlik duygusunu silip atacağı bir noktaya ulaşmayı amaçladığını gösterir; çocuğun ağır aksak bir tempoyla gelişmesi ve gelişiminin sağlıklı bir seyir izlememesi, söz konusu istek ve amacı hayli güçlendirecektir. Beri yandan, öyle çocuklara rastlarız ki, gözlerindeki bozukluk nedeniyle dünyayı gereği gibi algılayamaz, dolayısıyla onu daha güçlü ve yoğun biçimde algılamalarına olanak verecek bir amaç peşinde koşarlar. Öyle çocuklarla da karşılaşırız ki, işitmelerindeki aşırı hassaslık nedeniyle, kulaklarına hoş gelen belirli sesleri duymak isterler yalnızca; bu gibi seslere ilgi gösterir, onları anlayışla karşılarlar; kısaca, bir müzik yeteneğine sahiptirler.

Çevre üzerinde bir egemenliğin kurulmasını sağlayan organlar arasında özellikle duyu organları, çocuğun dış dünyayla bir daha çözülmeyecek gibi sıkı ilişkiler kurmasına olanak verir. Bir dünya görüşünün oluşturulmasına katkıda bulunan organlardır bunlar. İçlerinde göz, baş köşede yer alır. İnsan, izlenimlerini gözle algılayabildiği dünyadan edinir daha çok; gözle algılanabilen dünya, çocuğun deneyim sahibi olabilmesinde temel kaynaktır. Zamanla *dünyanın görsel bir tablosu* doğup çıkar ortaya ve bu tablo eşsiz bir önem taşır, çünkü hiç değişmeyen kalıcı nesneleri çocuğa buyur eder. Oysa kulak, burun, dil ve büyük ölçüde deri gibi öteki duyu organlarının emrinde çoğunlukla geçici uyarı kaynakları bulunur. Bazı durumlarda işitme organı ötekilerden daha büyük bir güçle öne çıkar ve dünyanın algılanabilmesine yönelik ruhsal bir yetinin çocukta oluşumunu sağlar *(akustik ruh)*. İlgileri yalnızca devinim üzerinde toplanan insanlara ise seyrek rastlanır. Koku ve tat alma duyularının ötekilerden daha güçlü olması, yine değişik tipte insanlar çıkarır karşımıza. Özellikle koku alma duyuları fazla hassas olanların durumları günümüz uygarlığında pek imrenilecek gibi değildir. Öte yandan, azımsanmayacak sayıda çocukta devinim organları önemli rol oynar. Böyleleri büyük bir devingenlikle gözlerini dünyaya açarak sürekli devinim içinde yaşar ve ileride de hep etkinlik peşinde koşup dururlar; akılları fikirleri, başarılabilmesi kasların devinim durumuna geçirilmesini gerektiren işlerdedir hep. Uyurken bile ruhlarındaki devinim dürtüsü etkinliğini sürdürür, yatakta kendilerini tedirginlik içinde oradan oraya atarlar. Bir türlü yerinde rahat duramayan, sürekli paylanıp azarlanan çocuklar da bu gruba girer. Genellikle hiçbir çocuk yoktur ki, gerek gözleri ve kulakları, gerek devinim organlarıyla yaşam karşısına çıkarak, edineceği izlenim ve ele geçireceği olanaklardan kendi dünya görüşünü kurmaya çalışmasın. Dolayısıyla, bir insanı anlamak istiyorsak, onun yaşamla ilişkisini en çok hangi organa dayanarak kurduğunu bilmemiz gerekir. Çünkü ilişkilerin tümü önem taşır bu konuda ve dünya görüşünün oluşumunda, dolayısıyla çocuğun ilerideki gelişiminde rol oynar.

Dünya Görüşünün Oluşumunda Rol Oynayan Etkenler

Bir dünya görüşünün edinilmesinde ilk planda rol oynayan yeteneklerin ortak özelliği, bunların seçiminin, ayrıca güçlülük ve etkinlik derecesinin çocuğun izlediği amaç tarafından belirlenmesidir. Herkesin yaşamın, çevrenin, bir olayın vb. salt bir parçasını özellikle algılamasının nedeni de budur. İnsan ancak kendisince benimsenmiş amacın istediği şeyi, onun istediği doğrultuda değerlendirme konusu yapar. Ruhsal yaşamının bu yönünü anlamak için, insanın gizli amacı konusunda bir fikir sahibi olmamız ve insandaki her şeyin bu amacın etkisi altında bulunduğunu bilmemiz gerekir.

a) Algılar: Duyular aracılığıyla dışarıdan beyne iletilen izlenim ve uyarılar beyinde bir sinyal oluşturur ve bu sinyalin kimi izleri bellekte kaybolmayarak varlığını sürdürür. İlgili izlerden de *tasarımlar ve anılar dünyası* doğup ortaya çıkar. Ne var ki, algı yetisi asla bir fotoğraf makinesine benzetilemez; algılar her zaman kişinin kendine özgülüğünden bir şeyler içerir. Görülen her şeyin algılandığı da söylenemez; aynı nesneyi gören iki kişiye neler algıladıklarını sorduk mu; birbirinden büsbütün değişik yanıtlar alırız. Yani çocuk, çevresinde gördüklerinden o andaki kendine özgülüğüne şu ya da bu bakımdan aynı düşeni algılar yalnızca. Örneğin, görme duyusu gelişmiş çocukların algıları da özellikle görsel nitelikte-dir ve insanların çoğunda böyle bir durumla karşılaşılır. Beri yandan öyleleri de vardır ki, kafalarında yaşattıkları dünyanın tablosunu işitsel algılarla donatır. Daha önce belirtildiği gibi, algılar gerçeğe tıpatıp uygunluk göstermez. İnsan dış dünyadan edindiği izlenimleri kendine özgülüğünün doğrultusunda biçimlendirmek gibi bir yeteneğe sahiptir. Kısaca, bir insanın neyi nasıl algıladığı, onun kendine özgülüğünü oluşturur. Salt fiziksel bir olaydan çok daha fazla bir şeydir algı, ruhsal bir işlevdir; dolayısıyla, neyi nasıl algıladığına bakarak bir insanın iç dünyasıyla ilgili çok önemli sonuçlar çıkarabiliriz.

b) Anılar: Temelleri doğumsal nitelik taşıyan ruhsal organın gelişiminin, etkinlik dürtüsüne ve algılara bağlılığını saptamıştık. Belirli bir amaca yönelme eğilimini kendisinde barındıran ruhsal organ, organizmanın devinim özgürlüğüyle sıkı bir bağlantı içindedir. Dış dünyayla ilişkilerini ruhunda bir araya toplayan insan bunlara bir çeki düzen verir; bir uyum organı olarak çalışan ruh, bireyin güvenliği açısından gereken ve onun varlığını sürdürmesini sağlayan tüm yetenekleri geliştirmek zorundadır.

Bu durumda, yaşam sorunlarına ruhsal organın vereceği bireysel yanıtların kişinin ruhsal gelişiminde kimi izler bırakacağı, dolayısıyla bellek ve yargılama gibi güçlerin, uyum eğiliminin gösterdiği doğrultuda çalışacağı açıktır. Ancak bellekte birtakım anıların varlığıdır ki, insanın gelecek için önlemler alabilmesini sağlar. Buradan, tüm anıların (bilinçsiz) bir son amacı içerdiği, öyle sus pus bizde yaşamayarak, uyarı ya da teşvik gördüğü sonucunu çıkarabiliriz. Kendi halinde anılar diye bir şey yoktur. Bir anının önemi konusunda yargıya varabilmek için, o anının temelinde yatan son amacı bilmemiz gerekir. *Niçin* kimi nesneleri anımsadığımız, kimilerini anımsayamadığımız önemli bir noktadır. Anımsadığımız olaylar, anımsanmaları belirli bir ruhsal doğrultunun varlığını sürdürebilmesi açısından önemli olup, buna elverişli nitelik taşıyanlardır; unuttuklarımız da yine unutulmaları aynı amaca hizmet eden olaylardır. Kısaca, bellek de bireyin belirli bir amaca, gereği gibi uyum göstermesine düpedüz katkıda bulunur. Kalıcı bir anı, isterse *bir yanılgıdan kaynaklansın* ve çocuklukta sık sık görüldüğü gibi tek yanlı bir yargıyı içersin, varılması düşünülen son, amaca yararlı nitelik taşıyorsa, bilinç alanından kaybolup, insanın *davranış, duyuş ve görüş* biçimine dönüşebilir.

c) Düşünce ve Tasarımlar: İnsanın kendine özgülüğü, düşünce ve tasarımlarında daha açık seçik dile gelir. Tasarımdan anladığımız şey, bir algının kendisine kaynaklık eden nesneden bağımsız olarak zihinde yeniden diriltilmesidir. Böyle bir durumda söz konusu algı, salt düşüncede doğması sağlanmış bir reprodüksiyon niteliği kazanmakta, bu da yine ruhsal organın bir yaratıcılık yeteneğiyle donatıldığını göstermektedir. Bir kez gerçekleşmiş olan ve ruhun yaratıcı gücünün damgasını taşıyan bir algının yinelenmesi gibi bir olay söz konusu değildir; insanın tasarladığı bir algı yine onun kendine özgülüğünden kaynaklanan bir biçimi içerir, ona özgü bir sanat eseri niteliğini taşır.

Öyle tasarımlar vardır ki, normal yoğunluk derecesini hayli aşar, tasarım niteliği taşımıyormuş, tasarıma kaynaklık eden uyarıcı nesne de gerçekten ortada bulunuyormuş gibi bir gücü içerir. Sanrı (halüsinasyon) adını verdiğimiz söz konusu tasarımlar, sanki doğrudan doğruya gerçek bir nesneden kaynaklanır gibidir. Sanrıların doğabilmesini sağlayan koşullar da, yukarıda anlatılanların aynısıdır. Sanrılar da ruhsal organdaki yaratıcılığın ürünleridir; insanın hedef ve amaçlarına göre belirli bir biçimde kendilerini açığa vururlar. Bir örnekle bunu daha iyi aydınlatmaya çalışalım:

Genç ve zeki bir kadın, anne ve babasının muhalefetine bakmayarak evlenir. Anne ve babanın bu evlilikten duyduğu hoşnutsuzluk öylesine büyüktür ki, kızla ailesi arasındaki tüm bağlar kopar. Zamanla kız, anne ve babasının kendisine doğru davranmadığı kanısına varır. Gelgelelim, birçok kez yinelenen uzlaşma girişimleri iki tarafın gurur ve inadından ötürü sonuç vermez. Yaptığı evlilik, çok saygın bir aileden gelen kadını tam bir yoksulluğun içine sürükler. Ne var ki, dikkatle bakılmadı mı, mutsuz bir evliliğin hiçbir izine rastlanmaz ortada, kadının akıbetinden endişe edilmesini gerektirecek bir durum yoktur; ancak, kadında bir süredir pek tuhaf kimi belirtiler görülmeye başlanmıştır.

Evliliğe kadar babasının gözbebeğidir kız. Babasıyla arasındaki ilişki öylesine candan bir nitelik taşımıştır ki, sonradan arada bir anlaşmazlığın patlak vermesi dikkati çekmeyecek gibi değildir. Evlenme konusunda baba, kıza karşı alabildiğine kötü davranmış, babayla kızın arası iyice açılmıştır. Hatta bir torunları dünyaya geldiğinde bile, anne ve baba yavruyu görmek istememiş ve kızlarıyla barışmaya bir türlü razı edilememiştir. Ruhunu büyük bir hırs bürüyen hastamız, anne ve babasının davranışını bir türlü hazmedememiş, anlaşılan haklı olduğu bir davada haksız duruma düşmek kendisini fena halde üzmüştür.

Ruh durumunun, tamamen içindeki hırsın egemenliği altında bulunduğunu göz önünde tutmadan hastamızın davranışını anlamamız olanaksızdır. Ancak ilgili karakter özelliğidir ki, anne ve babasıyla bozuşmayı neden pek hazmedemediğini bize açıklamaktadır. Hastamızın annesi sert ve dürüst bir kadındı, kuşkusuz değerli özelliklere sahipti, ama kızına karşı hoşgörüsüz davranmıştı hep. Beri yandan, hiç değilse dışarıdan bakıldığında, kendi payesinden bir şey yitirmeksizin kocasının egemenliği altında yaşamasını becerebilen biriydi. Hatta söz konusu başarısını belirli bir gururla ikide bir vurguluyor, bununla övünüyordu. Derken ailede, ailenin saygın adının ileride varisi olacak bir erkek evladın sahneye çıkışı ve kendisine hastamızdan daha çok değer verilmesi, hastamızdaki hırsı özellikle kamçılayan bir etken rolünü oynamıştı. Yaptığı evlilikle o zamana kadar tanımadığı bir sıkıntının kucağına yuvarlanması, anne ve babasından gördüğü haksızlığa karşı hastamızın içindeki hıncın giderek büyümesine yol açmıştı.

Bir gece henüz uyanık bir halde yatakta yatıyorken, şöyle bir sanrı görmüştü hastamız. Ansızın kapı açılmış, Meryem Ana yanına yaklaşıp demişti ki: "Seni çok sevdiğimden, aralık ayının ortasında öleceğini haber vermek için geldim; ona göre hazırla kendini."

Sanrı, hastamızı korkutmamış, ama yine de kocasını uyandırıp olayı kendisine anlatmıştı. Ertesi gün de hekime duyurulmuştu olup bitenler. Hastamız bir sanrı görmüştü. Ama Meryem Ana'yla gerçekten karşılaşıp, sesini işittiği üzerinde diretiyordu. Doğrusu ilk bakışta anlaşılır gibi olmadığı söylenebilir bu diretmenin. Ancak elimizdeki anahtara başvurduğumuz zaman, durumu aydınlatacak bazı bilgiler ele geçirebiliriz. Ortada anne ve babayla sürüp giden bir dargınlık vardır, hastamız sıkıntı içindedir, hırslı biridir ve araştırmalarımızın gösterdiğine göre, herkesten üstün olmak gibi bir eğilimi içinde barındırmaktadır. Bir kimsenin kendi sınırlarının dışına çıkabilmek için Meryem Ana'ya yaklaşmasının ve onunla söyleşide bulunmasının anlaşılmayacak yanı yoktur. Diyelim Meryem Ana, kendisine yakaranlarda görüldüğü gibi, salt bir hayal çerçevesi içinde kaldı, o zaman kimse durumda bir olağanüstülük bulmayacaktı. Dolayısıyla, bu kadarını hastamız yeterli saymakta, daha güçlü kanıtları gereksinmektedir. Ruh denilen şeyin bu tür oyunların üstesinden gelebileceğine akıl erdirebilirsek, durum tüm bilmecemsiliğini yitirecektir. Sonuçta düş gören herkes aynı durumda değil midir? Ortada bir ayrım varsa bu, hastamızın uyanıkken de düş görebilmesidir. Ayrıca göz önünde tutmamız gereken bir nokta da hastamızın o sırada onurunun ayaklar altına alındığı duygusunu alabildiğine büyük bir güçle içinde yaşatmakta oluşudur. Bu durumda gerçekten bir başka annenin hastamıza gelmesi dikkatimizi çekiyor; öyle bir anne ki, bütün annelerden daha iyi kalpli oluşu herkes tarafından benimsenmektedir. Her iki anne, birbiriyle bir karşıtlık içerisindedir. Gerçek annesi gelmediği için, Meryem Ana kalkıp hastamıza gelmiştir. Sanrı, asıl annenin sevgisindeki yetersizliğe işaret etmektedir. Hastamız, anne ve babasının haksızlığını en iyi biçimde kanıtlayabileceği bir yol aramaktadır besbelli. Aralığın ortası da pek önemsiz sayılacak bir tarih değildir. İnsanların yaşamında içten ilişkilerin kotarıldığı sıcaklık ve yakınlık duygusuna gönüllerde her zamankinden daha çok yer verildiği, herkesin birbirine armağanlar sunduğu bir zamandır. Bu tarihte uzlaşma ve barışmalar da çok daha kolay gerçekleşebilmektedir. Dolayısıyla, söz konusu tarihin hastanın yaşamsal bir sorunuyla ilişkili olduğunu anlayabilmekteyiz.

Olayda yadırgatıcı görünen şey, Meryem Ana'nın sevgiyle hastamıza yaklaşmasına, yakında hastamızın öleceği gibi tatsız bir haberin eşlik etmesidir. Kadının, söz konusu haberi kocasına adeta sevinerek duyurmasının bir anlamı olması gerekir. İleriye yönelik bu haber hastamızın anne ve babasının kulağına da gitmiş, hemen ertesi gün hekimden olayı öğrenmişlerdir. Bu durumda, öz annenin kalkıp hastamıza gelmesini sağlamanın bir güçlüğü kalmamıştır. Ne var ki, birkaç gün sonra Meryem Ana yine hastamıza görünür ve kendisine aynı sözleri söyler. Annesiyle karşılaşmasının nasıl geçtiği sorusuna hastamız, annesinin kendisine haksızlık ettiğini bir türlü kabullenmediği yanıtını vermiştir. Burada yine eski 'light-motif'in ön plana çıktığını görmekteyiz; anne üzerinde sağlanmak istenen üstünlük amacına henüz ulaşılamamıştır. Derken hastanın anne ve babasına durum açıklanmaya çalışılmış, babayla kız arasında sağlanan bir buluşma parlak bir şekilde sonuçlanmış, dokunaklı bir sahne yaşanmıştır. Ama hastamız bu kadarını yeterli saymamakta, babasının davranışında teyatral bir hava estiğini ileri sürmektedir. Hem ne diye bu kadar zaman babası bekletmiştir kendisini! Başkalarını haksız görme, kendisine ise zafer kazanmış gözüyle bakma eğilimi hâlâ hastamızın içinde yaşamaktadır.

Şimdiye kadar anlattıklarımıza dayanarak şöyle diyebiliriz: Sanrı, ruhsal gerilimin alabildiğine büyük boyutlara ulaştığı, insanın amacından itilip uzaklaştırılacağı korkusuna kapıldığı durumlarda ortaya çıkmaktadır. Sanrıların eskiden insanları önemli ölçüde etkilediği, hatta belki şimdi bile geri kalmış toplumlarda etkisini sürdürdüğü kuşkusuzdur. Gezginlerin yazılarından bilindiği üzere, kimi sanrılar çölde yolculuk edip açlık, susuzluk ve yorgunluktan bitkin düşmüş, yolunu izini kaybetmiş kimselerin gördüğü hayalleri içermektedir. Alabildiğine büyük bir sıkıntının yol açtığı gerilim, tasarım gücünü zorlayıp insanın o andaki zor durumdan çıkarak kesinlikle hoşnutluk verici bir duruma geçmesini sağlamaktadır. Bu durum, bocalamakta olan yorgun kişiyi canlandırmakta, ruhunda yeni birtakım güçleri harekete geçirmekte, onu daha güçlü ya da daha duyarsız duruma sokmakta, üzerinde tıpkı bir iksir, bir uyuşturucu etkisi yapmaktadır.

Bir kez şunu belirtelim ki, sanrı bizim için yeni bir olay değildir; benzerlerini daha önce algıda, anımsamada ve tasarımda görmüş bulunuyoruz, ayrıca düşler bölümünde yine göreceğiz. Tasarımın güçlenmesi ve eleştirinin saf dışı bırakılmasıyla sanrılar kolaylıkla oluşabilmekte, her zaman da özel birtakım nedenler bunların doğmasını sağlamaktadır. Güçsüzlük duygusuna kapılıp, bu duyguyu yenmeye çalışan bir insanın başının dara düşmesi ve dışarıdan bir gücün tehdidi altında kalması durumunda sanrılarla karşılaşılmaktadır. Böyle sıkışık durumlarda gerginlik son derece büyüdüğü zaman eleştiri yetisi pek umursanmamakta, "Kendine yardım et de, nasıl yardım edersen et!" ilkesine uyularak ruhsal organın tüm gücüyle oluşturduğu tasarımlar sanrılara dönüşebilmektedir.

Yanılsama da (illüzyon) sanrının benzeri bir olaydır. Sanrıdan ayrıldığı nokta, kendisine yol açan somut nesnenin dış dünyada varlığıdır; ne var ki, bu nesnenin kişiye özgü biçimde yanlış değerlendirmelere konu yapıldığı görülür; örneğin Goethe'nin *Erilkönig* adlı şiirinde böyledir. Ne var ki, gerek sanrının, gerek yanılsamanın dayandığı temel, insanın ruhsal bakımdan içinde bulunduğu güç durumdur. Ruhsal organdaki yaratıcı gücün darda kalındığında nasıl bir sanrı ya da yanılsama oluşturabileceğini bir başka örnek üzerinde gösterelim:

Saygın bir aileden gelmesine karşın, doğru dürüst bir eğitimi görmediği için hayatta pek başarı sağlayamamış bir adam, bir yerde yazıcı olarak sıradan bir iş görmektedir. Kendisine bir gelecek ve saygınlık sağlama konusundaki tüm umudunu yitirmiştir. Bütün ağırlığıyla sırtına binen umutsuzluğa bir de çevrenin suçlamaları katılmakta, zaten içinde yaşadığı büyük ruhsal gerilimi daha da arttırmaktadır. Bu durumda her şeyi unutup, durumunu bağışlatacak bir neden ele geçirmek üzere içkiye verir kendini. Ne var ki, kısa bir süre sonra *hezeyanlarla* hastaneye yatırılır. Öz bakımından hezeyanlarla sanrılar arasında bir benzerlik vardır. Bilindiği üzere, içkiye bağlı hezeyanlardaki normal sanrı biçimi, farelerin ya da birtakım kara hayvancıkların göze görünmesidir. Bunun yanı sıra, hastanın işi gücüyle ilgili diğer bazı sanrılarla da karşılaşılabilir. Bizim hastanın tedavisini üstlenen hekimler, içkinin amansız düşmanı olduklarından hastamızın üzerinde çok sıkı bir perhiz uygulamış, içkiden vazgeçen hastamız bir süre sonra iyileşerek hastaneden çıkmış ve üç yıl ağzına içki koymamıştır. Ama derken, bu kez başka yakınmalarla hastaneye tekrar yatmak zorunda kalmıştır. Hastamızın açıkladığına göre, iş sırasında –o sıra toprak işlerinde çalışmaktadır kendisi– karşısında hep bir adam belirerek, pis pis sırıtıp onunla eğlenir. Adamın davranışına bir defasında iyice içerler hastamız, elindeki aleti üzerine fırlatır, karşısındaki gerçekten bir insan mı, yoksa bir hayal mi, anlamak ister. Ama karşısındaki bir insandır; alete hedef olmaktan kendini kurtarır bu insan. Sonra üzerine atılarak hastamızı iyice pataklar.

Bu durumda bir hayaletin, bir sanrının sözü edilemez kuşkusuz, çünkü karşısındakinin düpedüz gerçek yumrukları vardır ve olayı da açıklamak güç değildir: Hastamız o zamana kadar sanrı görmüş, ama tasarladığı sınamayı gerçek bir insan üzerinde yapmıştı. Anlaşıldığına göre, içkiden el çekmesine karşın, hastaneden taburcu edildikten sonra baş aşağı yuvarlanmaya devam etmiş, işinden olmuş, evinden kapı dışarı edilmiş, toprak işlerinde çalışarak geçimini sağlamaya koyulmuştu; ama gerek kendisinin, gerek ailesinin pek bayağı gözüyle baktığı bir işti bu. Kısaca, hastamızın yaşadığı ruhsal gerilim ortadan kalkmamıştı. İçkiden yakasını kurtarması kendisine alabildiğine büyük yarar sağlamasına karşın, elindeki avuntu kaynaklarından birini de alıp götürmüştü. Hasta ancak kendini içkiye vererek ilk mesleğinde çalışma gücünü gösterebilmişti. Hayatta başarı sağlayamamasıyla ilgili olarak evdekilerden işittiği suçlamalar karşısında beceriksizliğini değil, içkiye düşkünlüğünü buna neden olarak ileri sürmeyi kendisi için daha az üzücü görmüştü. Oysa iyileştikten sonra kendisini eskisinden daha az ağır ve sıkıcı sayılmayacak bir durumla karşı karşıya bulmuştu. Hayatta eskisi gibi başarı kazanamadı mı, elinde bunu bağışlatacak içkiye düşkünlük gibi bir neden yoktu artık. Böyle bir ruhsal bunalımda da yeniden sanrılar görmeye başlamıştı. Eski durumuyla özdeşleşerek hâlâ içkiye düşkün biri gibi davranmış, içkinin tüm yaşamını mahvettiğini, artık bir düzelmenin söz konusu olamayacağını dile getirmek istemişti. Hastalanırsa, pek saygın olmayan, gözüne çirkin görünen yeni işinden kurtulması ve kendi vereceği karara gerek kalmadan böyle bir durumun gerçekleşeceği umudunu artık besleyebilirdi içinde. Yukarıda sözü edilen hayali, hastaneye yatırılmasını sağlayacak kadar uzun süre karşısında görüp durmasının nedeni de işte buydu. İçki belası yine yakasına yapışmasa, hayatta elde edeceği başarının çok daha büyük olacağını artık rahatlıkla söyleyebilirdi. Bu yoldan kişisellik duygusunu ayakta tutabilmekteydi. Söz konusu duyguyu hep canlı kılmak, içkinin hışmına uğramamış olsa büyük işler başarabileceği inancını elden çıkarmamak, işin kendisinden çok daha önemliydi hastamız için. Böylece başkalarının kendisinden iyi sayılamayacağını, ancak onun yolunda giderilemeyecek bir engelin bulunduğunu kendi kendisine söyleyebilme olanağına kavuşmuştu. İçinde yaşadığı durum için bağışlatıcı bir bahane arayıp dururken, karşısında sırıtan adamın hayali bir kurtarıcı gibi imdadına yetişmişti.

Hayal Gücü

Ruhsal organın bir başka artistik işlevi de hayal gücüydü. Bunun izlerini şimdiye kadar ele aldığımız bütün olaylarda saptayabiliriz. Söz konusu işlev, ruhun öteki işlevlerinden farklı değildir, belirli anıların ön plana çıkarılmasına, belirli tasarımların kurulup çatılmasına benzer bir nitelik gösterir. Hayal gücünü oluşturan parçalardan önemli biri, devinim durumundaki bir organizmanın doğal bir zorunlulukla kendisinde bulundurması gereken öngörüdür. Hayal gücü de organizmanın devingenliğine bağlıdır ve bizzat söz konusu öngörünün belirli bir şeklinden başka bir şey değildir. Çocuklar ve erişkinlerdeki *"gündüz düşleri"* diye de nitelenen düşlemlerin [fantezilerin] tümü insanın kendine özgü bir öngörüyle kurmaya çalıştığı ve ulaşmak için çaba harcadığı geleceğe ilişkin tasarımlardır.

Çocukların kurduğu düşlemleri incelediğimiz zaman, bunlarda güçlülüğün önemli bir öğe olarak geniş bir yer tuttuğunu görürüz. Düşlemlerin çoğu, "Bir gün büyüyünce" gibi sözlerle başlar. Beri yandan, hâlâ ileride büyüyeceklermiş gibi yaşayan erişkinler vardır. Güç etkeninin kendini belirgin biçimde açığa vurması, ruhsal yaşamın ancak ulaşılmak istenen bir amacın saptanması durumunda gelişebileceğini göstermektedir. Uygarlığımızda ise söz konusu amaç *saygınlık*' tır. Nesnel amaçlar söz konusu değildir asla, çünkü insanların toplumsal yaşamı sürekli bir boy ölçüşmenin eşliğinde gerçekleşir, bu da insanlarda bir *üstünlük* isteğinin ve yarıştan zaferle çıkma özleminin uyanmasına yol açar. Dolayısıyla, çocukların düşlerinde rastladığımız öngörü biçimleri her zaman *güçlülük tasarımlarından* oluşur.

Bu tasarımların boyutları ve düşlemlerin kapsamı konusunda kurallar saptanamaz, bir başka deyişle ilgili konuda da genelleştirme hatasına düşmekten sakınmak gerekir. Yukarıda söylediklerimiz çok sayıda insan için söz konusudur; ancak bazı kişilerde durum değişik olabilir. Hayata düşman gözüyle bakan çocukların öbür çocuklardan daha gelişmiş bir hayal gücüne sahip olacağı düşüncesi akla yakın görünmektedir; böyle çocuklarda öngörü daha aktif durumdadır. Dolayısıyla, hayatta birçok kötü olayla karşılaşmış güçsüz çocukların hayal gücü üstün düzeydedir; böylesi çocuklar, düş kurup dururlar hep. Gelişimleri ileride öyle bir noktaya varır ki, hayal güçlerinin yardımıyla gerçek yaşamdan kendilerini sıyırıp almaya bakar, yaşamın mahkûm edilmesinde hayal güçlerinden adeta bir araç gibi yararlanırlar.

Ne var ki, düşlemlerde, güç etkenini saptamamızın yanı sıra, toplumsallık duygusunun da büyük rol oynadığını görürüz. Çocuk düşlemlerinde asla yalnız çocuğun güçlülük özlemi dile gelmez, aynı zamanda bu güçten başkaları da yararlandırılır. Çocuğun kendine bir kurtarıcı gözüyle baktığı, kendini başkalarının yardımına koşan, insanlara zararlı bir canavarın hakkından gelen biri olarak tasarladığı düşlemleri buna örnek verebiliriz. Sık rastlanan bir düşlemde de çocuklar kendilerini büyüten değil, bir başka ailenin çocukları olduklarını hayal ederler. Hayli çocuk vardır ki, aslında bir başka ailenin evladı olduğu düşüncesinden kolay kolay vazgeçemez, günün birinde gerçeğin gün ışığına çıkacağını ve asıl babasının (her zaman da yüksek mevkide biridir bu) çıkıp gelerek kendisini alıp götüreceğini düşleyip durur. Bunlar ruhlarında bir aşağılık duygusu barındıran, birtakım yoksunluklar içinde yaşayan, gerektiği gibi ilgi görmeyen ya da çevrelerinden gördüğü sevecenlikle yetinmeyen çocuklardır. Kafalarındaki büyüklük düşleri dışa karşı sergiledikleri davranışlarda kendini açığa vurur, artık büyümüşler de erişkin bir insan aşamasına yücelmişler gibi bir poz takınırlar. Beri yandan, çocuklarda adeta sayrısal [marazi] nitelikte düşlemlerle de karşılaşabiliriz; örneğin bir çocuğun sert kasketlerden ya da sigara uçlarından çok hoşlanması ya da kızların bir erkek olmayı hayal etmesi bu gibi düşlemler arasındadır. Oğlan çocuklarına yakışacak davranışlarda bulunan ya da giysiler giyen kız çocukları vardır.

Bazı çocuklar da vardır, yeteri kadar bir hayal gücüyle donatılmadıklarından yakınılır hep. Bu, doğru değildir. Böyleleri ya düşlemlerini dışa vurmamakta ya da söz konusu izlenimi uyandırmalarına yol açacak daha başka nedenler bulunmaktadır; hatta ilgili nedenler kendilerini öyle bir davranışa zorlayabilir ki, kafalarında doğabilecek her türlü düşleme karşı cephe alırlar. Bazen böyle bir davranış çocuğa güçlülük duygusu sağlayabilir. Gerçeğe uyum sağlamak için harcanacak yoğun çaba karşısında kimi çocuklar düşleme, erkeklikle bağdaşmaz ya da çocuksu bir şey gözüyle bakar, onları yanlarına yaklaştırmak istemezler. Düşlemlere sırt çevirme konusunda o kadar ileri giderler ki, sanki hayal gücü denen şeyden hiç nasiplerini almamışlardır.

Düşler (Genel Bilgi)

Yukarıda anlatılan 'gündüz düşleri'nin [daydream] dışında çocukluğun çok erken bir döneminde, gözlemlenen bir başka ruhsal olay vardır ki, büyük bir etki gücünü içerir. Uykuda görülen düşlerdir bunlar. Genellikle gündüz düşlerini yaratırken çocuk ruhunun başvurduğu yöntem, gece düşlerinde de karşımıza çıkar. Deneyim sahibi eski psikologlar, düşlerinden yola çıkılarak bir insanın karakterinin saptanabileceğine dikkati çekmişlerdir. Gerçekten de düş, insanları her çağda alabildiğine düşündürmüş bir konudur. Nasıl ki gündüz düşleri ileriyi görme isteğinin eşliğinde gerçekleşen olaylarsa, nasıl insanın geleceğe doğru kendine bir yol açma ve açılan yolu güvenle izleme uğraşı içinde bulunduğu zaman ortaya çıkıyorsa, uyurken görülen düşlerde de durum aynıdır. Arada dikkati çekecek bir ayrım varsa, gündüz düşlerinin zar zor da olsa anlaşılabilmesi, gece düşlerinde ise bunun seyrek başarılabilmesidir. Bu da doğrusu tuhaf bir özelliktir; ilgili özellik karşısında insan bu tür düşlerin gereksizliğini düşünebilir. Şunu belirtelim ki, düşlerin temelinde de yine geleceği ele geçirmek isteyen, bir sorun karşısında kalıp bunun altından kalkmaya uğraşan bir kişinin güç sahibi olma özlemi saklı yatar. Düşler, ruhsal yaşamı incelerken bize önemli ipuçları sağlar; bunların da neler olduğuna ileride değineceğiz.

Özdeşleşme

Hep geleceğin sorunlarıyla yüz yüze gelmelerinden ötürü devingen organizmalar için kaçınılmaz bir zorunluluk olan ileriyi görme işlevini yerine getirirken, ruhsal organ, yalnızca gerçekteki değil, gelecekte baş gösterecek bir şeyi de hissetme ve sezme gibi bir yetenekten yararlanır. Bunu *özdeşleş-*

me diye nitelemekteyiz. Söz konusu yetenek, insanlarda alabildiğine gelişmiş durumdadır. Beri yandan öylesine geniş kapsamlı bir olaydır ki, ruhsal yaşamın her köşe bucağında karşımıza çıkar. Bu yeteneğin oluşumunun da koşulu, yine ileriyi görme zorunluluğudur; çünkü ileride baş gösterecek bir sorun karşısında nasıl davranacağımı tasarlamam gerekiyorsa, henüz yeterli olgunluğa erişmemiş bir durumdan doğabilecek duygular konusunda da sağlam bir yargıya varma zorunluluğu karşısında bulunuyorum demektir. Ancak düşünme, duyulama ve hissetmenin bir araya gelmesiyledir ki, belirli bir davranış biçimi gelişip çıkar ortaya; örneğin belirli bir nokta vardır ve bütün güçle bu noktaya varılmaya çalışılacak ya da büyük bir dikkatle ondan kaçınılacaktır. Bir kimseyle konuştuğumuz zaman bile bir özdeşleşme söz konusudur. Kendimizi konuştuğumuz kimsenin yerine koyamıyorsak, başkalarıyla ilişki kurmamız düşünülemez. *Tiyatroda* özdeşleşme, özel bir sanatsal kılığa bürünür. Bazen insanların içinde tuhaf bir duygunun uyanması, bir başkasının başına gelecek bir felaketi önceden sezmeleri de yine özdeşleşmeyle açıklanacak olaylardandır. Son örnekte özdeşleşme öylesine güçlüdür ki, tehlikeyle karşılaşacak kimse kendisi olmamasına karşın, insan elinde olmayarak tehlikeyi savmak ister gibi birtakım devinimlerde bulunur. Bir bardak elimizden düştüğünde, nasıl elimizi hemen geriye çekip aldığımızı hepimiz biliriz. Sık sık bowling oyununda gözlemlediğimiz bir durum vardır; oyunculardan bazıları bowling toplarının devinimine adeta katılmak ister, bütün vücutlarına buna uygun bir konum verir, sanki topların izleyeceği seyri etkilemeyi amaçlarlar. Ayrıca, bir kimsenin yüksek bir apartman katında cam sildiğini ya da bir konuşmacının konuşmasının tam orta yerinde duraklamak gibi bir talihsizliğe uğradığını gördüğümüz zaman içimizde beliren duyguları da özdeşleşmenin örnekleri arasında sayabiliriz. Tiyatroya giden bir kimse sahnede geçenleri kendi içinde hissedecek, oyundaki çeşitli rolleri kendi içinde oynamadan duramayacaktır. Kısaca, tüm yaşantımızla, özdeşleşme arasında sıkı bir bağ vardır.

Bu işlevin nereden kaynaklandığını, kendini sanki bir başkasıymış gibi hissetme gücünün nasıl bir kökene dayandığını araştırırsak, bunu insanda doğuştan var olan toplumsallık duygusuyla açıklamak gerektiği sonucuna varırız. Özdeşleşme aslında evrensel bir duygudur; içimizde yaşayan, tümüyle asla kendisinden vazgeçmeyeceğimiz, bize kendi bedenimiz dışındaki nesnelerle aynı duyguları paylaşma gücünü kazandıran tüm evrensellikler arasındaki ilişkinin bir yansımasıdır.

Nasıl toplumsallık duygusunun çeşitli aşamaları varsa, özdeşleşme de çeşitli aşamaları içerir; bu aşamaları da yine çocukluk çağında gözlemleyebilmekteyiz. Öyle çocuklarla karşılaşırız ki, oyuncak bebeklere sanki canlıymış gibi davranırlar; bazı çocuklar da görürüz, bebeklere karşı duydukları bütün ilgi, içlerinde ne olduğunu anlamaktan öteye geçmez. Hatta toplumsal ilgisini insanlardan çelip cansız ya da önemsiz nesnelere yöneltmeye zorlayarak, bir insanı düpedüz yıkıma sürükleyebileceğimizi söyleyebiliriz. Kimi çocuklarda karşılaşılan hayvanlara eziyet etme gibi davranışların tek nedeni, kendileri dışındaki varlıkların duygularıyla en ufak bir özdeşleşme gücünden yoksunluklarıdır. İleride böylesi çocuklar, bir toplumun üyesi olmalarını sağlayacak gelişimleri açısından hiç önem taşımayan nesnelere ilgi gösterir, başkalarının çıkarlarını asla umursamaz, yalnızca kendilerini düşünen kişilere dönüşürler. Bütün bunlar da, özdeşleşmenin asla yeterli düzeyde olmayışının sonucudur. Nihayet özdeşleşme yetersizliği kişiyi öyle bir duruma sürükler ki, toplumsal işbölümünde üzerine düşeni yapmaya bir türlü yanaşmak istemez.

Bir İnsanın Bir Başkası Üzerindeki Etkisi: Hipnotizma ve Telkin

Bir insanın nasıl olup da bir başkasını etkileyebileceği sorusuna bireysel psikolojinin verdiği yanıt, burada da yine birbiriyle ilişkili durumların rol oynadığı yolundadır. Tüm yaşamımız, insanların birbirini karşılıklı etkileyebileceği varsayımına bağlı olarak akıp gitmektedir. Söz konusu etkileşim, bazı koşullarda, örneğin öğretmen ve öğrenci, anne baba ve çocuk, karı ve koca arasında gayet belirgin bir nitelik taşır. Toplumsallık duygusu, insanı belirli ölçüde bir başkasının etkisine açık duruma sokar. Ancak, etkilenebilirlik derecesini belirleyen bir etken de, etkileyen kişinin, etkilenmesi istenilen kişinin hak ve çıkarlarını ne ölçüde güvence altına aldığıdır. Kendisine haksızlık edilen bir kişiyi sürekli etkileyebilmek olanaksızdır. Bir başkasını etkilemenin en iyi yolu, o kişiyi, hak ve çıkarlarını garanti altına alınmış hissedeceği bir ruh durumuna sokmaktır. Bu, özellikle eğitim açısından önemli bir noktadır. Şimdikinden bir başka eğitim şeklini önermek, hatta uygulamak mümkündür. Böyle bir görüş açısını göz önünde tutan bir eğitim, insandaki toplumsallık duygusundan yola koyulacağı için etkili olacaktır. Böyle bir eğitimin başarısız kalacağı bir tek durum vardır ki, o da eğitilecek kişilerin toplumun etkisinden kendilerini uzak tutmayı amaçlayan kimseler olmasıdır. Toplumun etkisinden kaçmak da, insanların durup dururken başvurduğu bir davranış değildir; önce ilgili kişilerin uzunca bir savaşımı sürdürmesi ve bu arada çevreyle ilişkilerinin giderek kopması, dolayısıyla toplumsallık duygusunun tamamen karşısında yer almaları gerekir. Bu tür kimseleri etkilemek güç ya da olanaksızdır. Her etkileme girişimi böyle kimselerce bir karşıt girişimle yanıtlandırılır, dolayısıyla komik bir durum çıkar ortaya (muhalefet ruhu).

Kendilerini çevrelerinin baskısı altında hisseden çocukların eğitici kişilerin etkilerini benimseme bakımından pek bir yetenek sahibi olamayacaklarını, bu konuda pek bir eğilim göstermeyeceklerini düşünebiliriz. Dışarıdan gelecek baskının çocuktaki tüm diretmeleri silip götürdüğüne, dolayısıyla görünürde bütün etkilerin çocuk tarafından benimsenip, onların gösterdiği doğrultuda davranıldığına tanık olduğumuz pek çok vaka vardır. Ne var ki, böyle bir uysallığın hiçbir değer taşımayıp, verimli bir sonuç sağlamadığı çok geçmeden kendini açığa vurur. Bazen söz konusu uysallık o kadar tuhaf bir şekil alır ki, yaşama gücünden yoksun bırakır insanı (körü körüne söz dinleme); adeta ortada biri vardır da hangi davranışlarda bulunması, hangi adımları atması gerektiği kendisine emredilsin diye bekler durur hep. Bu tür çocuklar arasından ileride öyle insanlar çıkar ki, kendilerini otoriteleri altına alan herkesin sözünü dinler, hatta emir üzerine suç ve cinayet bile işleyebilirler; tek başına bu durum, aşırı derecede itaatin ne gibi bir tehlikeyi içerdiğini ortaya koyar. Böyleleri, özellikle *haydut çetelerinde* son derece önemli bir rol oynar, çetenin başı olaylara karışmayıp bir kenarda kalırken, onlar eylemleri gerçekleştirme görevini üstlenirler. Bir çete tarafından işlenen hemen her suçta söz konusu kişilerden birinin ilgili eylemi gerçekleştirdiği görülür. Söz konusu insanlar inanılmayacak ölçüde büyük bir itaat sergiler, hatta bu yoldan hırslarına bir doyum sağlarlar.

Ama yalnızca normal etkileme durumlarını göz önünde tutarsak diyebiliriz ki, etkilenmeye ve kendileriyle bir anlaşma zemininin kurulmasına en elverişli kimseler, toplumsallık duyguları en az baskı altına alınanlar, en elverişsizleri ise yükselme eğilimleri ve üstünlük özlemleri gayet yüksek bir düzeye ulaşanlardır. Bu durumu, her Allah'ın günü gözlemleyebiliriz. Anne ve babalar körü körüne itaatten ötürü çocuklarından alabildiğine seyrek dert yanar, oysa çocuklarının itaatsizliğinden sürekli yakınırlar. İlgili çocukları inceledik mi görürüz ki, çevrelerini hep aşma çabası içinde yaşarlar, bu arada küçük yaşamlarının normlarını delip çıkarlar dışarı, çünkü hatalı davranışlara konu edilmelerinin sonucunda her türlü eğitim girişimlerine kapalı duruma gelmişlerdir. Dolayısıyla, bir kişinin eğitilebilirlik derecesi, o kişinin güçlülük için harcayacağı çabayla ters orantılıdır. Durum böyleyken, bizim aile çevresinde çocuklar üzerinde uyguladığımız eğitim, çocuktaki hırs duygusunu özellikle kamçılamaya ve kafasında büyüklük düşünceleri uyandırmaya yönelik bir nitelik taşır. Bu durum, bir düşüncesizliğin eseri değildir; büyüklük eğilimini içinde barındıran uygarlığımız, aileleri söz konusu davranışa iter; dolayısıyla uygarlığımız gibi aile için de önemli olan, bireyin son derece büyük bir görkem içinde hayatta yerini alması ve elden geldiği kadar başkalarının önüne geçmesidir. Hırs ve açgözlülük duygusunu çocuğa aşılamayı amaçlayan böyle bir eğitimin ne denli elverişsiz nitelik taşıyacağını, böyle bir yöntemin uygulanması durumunda ruhsal gelişimin ne gibi güçlüklere çarparak amacına ulaşmadan kalacağını, kibir ve büyüklenme bölümünde yine ele alacağız.

İçlerindeki mutlak itaat eğilimine uyarak, çevresinden kendilerine yöneltilen istekleri geniş ölçüde karşılayan kimseler ne durumda bulunuyorsa, hiptonize edilen deneğin de durumu ondan farksızdır. Belirli bir süre bir başkasının istediği her şeyi yapmak gibi bir davranışı sergilemek, hipnotize edilen deneğin durumunu anlamak için yeterlidir. *Hipnotizma*nın temelinde de işte böyle bir olay saklı yatar. Bir kimse hipnotize edilmeye karşı bir eğilim taşıdığını söyleyebilir ya da buna inanabilir, ama o ruhsal itaat eğilimi yine de bulunmayabilir kendisinde. Beri yandan, öyleleri vardır ki, hipnotize olmamak için direnir, gelgelelim ruhunda gizliden gizliye bir itaat eğilimi yaşar. Yani hipnotizmada bütün iş yalnızca deneğin *ruhsal* tutumuna bağlıdır. Hipnotizmaya inanıp inanmamasıyla ilgili sözleri hiçbir önem taşımaz. Bu gerçeğin göz önünde tutulmayışı büyük karışıklıklara yol açmıştır; çünkü görünürde, hipnotizmada çokluk hipnotize olmaya direnir ama sonunda hipnotizörün isteklerini yapmaya eğilimli insanlar buluruz karşımızda. Söz konusu eğilimin sınırları insandan insana değişir, dolayısıyla hipnotizmadan elde edilecek sonuçlar da her insanda değişik olacaktır. Ama bir kişinin hipnotize edilebilirlik sınırı hiçbir zaman *hipnotizörün* iradesine bağlı değildir, söz konusu sınırı sadece ve sadece *deneğin ruhsal tutumu* belirler.

Hipnotizmanın kendisine gelince, bunu bir uyku durumu olarak gösterebiliriz. Hipnotizmanın bilmecemsi bir yanı varsa, söz konusu uykunun kendiliğinden ortaya çıkmayıp bir başkası tarafından oluşturulması, bir başkasının isteği uyarınca denekte kendini açığa vurmasıdır. Böyle bir isteğin etkisini gösterebilmesi için, onu benimsemeye hazır bir kimseye yöneltilmesi zorunludur. Bu konuda belirleyici rolü oynayan, daha önce belirttiğimiz gibi, deneğin kişilik yapısı ve o zamana değin izlediği gelişim çizgisidir. Ancak bir kimsenin bir başkasının etkisini eleştirisiz benimsemeye eğilim göstermesi durumunda, hipnotizma gibi kendine özgü bir uyku durumu ortaya çıkar; öyle bir uyku ki, kişideki devinim gücünü normal uykudan daha büyük ölçüde saf dışı bırakır ve sonunda hipnotizöre deneğin devinim merkezlerini harekete geçirme olanağı sağlar. Hipnoz uykusundan yalnızca bir alacakaranlık durumu kalır geriye ve bu da, kuşkusuz hipnotizörün istemesi halinde, deneğin hipnoz sırasında olup bitenleri sonradan anımsamasını mümkün kılar. Hipnotizmada en çok saf dışı bırakılan yetenek, ruhsal organın uygarlığımız açısından alabildiğine önemli bir işlevi olan eleştiridir. Eleştirinin tümüyle saf dışı bırakılması, hipnotizörün adeta uzanmış kolu durumuna sokar deneği, onu hipnotizör adına çalışıp iş gören biri yapar.

Başkalarını etkileme eğilimini içlerinde taşıyan insanların çoğu, etkilemenin her türü gibi hipnotize etme yeteneklerinin de kendilerine özgü bir güçten kaynaklandığını ileri sürer. Bu da telepati ve hipnozla uğraşanlar arasında dehşet verici rezaletlere, soysuz davranışlara, iğrenç taşkınlıklara yol açmıştır. Gerçekte bu gibi kişilerin insan onurunu görülmemiş derecede ayaklar altına aldığını, zararlı etkinliklerinin önüne geçmek için her çareye başvurmanın haklı sayılacağını belirtmek gerekir. Bununla, sergiledikleri olayların bir aldatmacaya dayandığını söylemek istiyor değiliz. İnsanoğlu başkalarının boyunduruğu altına girmek konusunda, içinde öylesine büyük bir eğilimi barındırıyor ki, hipnotizör pozuyla ortaya çıkan bir kişinin kurbanı olabiliyor; bunun da tek nedeni, insanların çoğunun körü körüne itaat etme, otorite karşısında boyun eğme, blöflere kapılma, istenen yöne çekilip götürülme, eleştirisiz teslimiyet gösterme gibi ruh durumlarını şimdiye kadar sık sık yaşamış olmalarıdır. Kuşkusuz yukarıda sayılan özellikler, insanların toplumsal yaşamına hiçbir düzen getiremediği gibi, boyunduruk altına girenlerin sonradan ikide bir ayaklanıp başkaldırmasına yol açmıştır. Telepati ve hipnozla uğraşan hiç kimse yoktur ki, çalışmalarında şansları uzun süre yaver gitmiş olsun. Hepsi de eninde sonunda öyle bir deneğe toslamıştır ki, bu denek tarafından düpedüz bozguna uğratılmışlardır. Etki güçlerini denekler üzerinde denemek isteyen birçok ünlü bilim insanı böyle bir durumla karşılaşmıştır. Bazı karmaşık vakalarda ise denek, dolandırılan dolandırıcı durumunda karşımıza çıkmakta, hipnotizörü kısmen yanılmakta, kısmen onun boyunduruğu altına girmektedir. Ne var ki, hipnotizmada rol oynadığını gördüğümüz güç asla hipnotizörün kendi gücü olmayıp, denekteki hipnotizörün boyunduruğu altına girme eğiliminden kaynaklanmaktadır. Denek üzerine etki yapan sihirli bir güç yoktur, bütün olup biten hipnotizörün blöf yapma hünerinden başka bir şey değildir. Ama bir kimse her şeyi kendisi düşünüp taşınıyor, alacağı kararları bir başkasının kendisine dikte ettirmesine pek yanaşmıyorsa, kuşkusuz böyle bir kimse asla hipnotize edilemeyeceği gibi, telepati denilen fenomene de asla konu olmayacaktır. Çünkü gerek hipnotize edilebilirlik, gerek telepati, körü körüne itaatten kaynaklanan olaylardır.

Sırası gelmişken *telkin* olayına da değinmek yerinde olacaktır. Telkini anlamanın tek yolu, onu sözcüğün en geniş anlamıyla izlenimler arasına katmaktır. Pek doğal olarak insan dışarıdan yalnızca izlenimler edinmez, bunların etkisinde de kalır. İzlenimlerin dışarıdan alınması pek önemsenmeden geçilecek bir olay değildir, alınan izlenimlerin daha sonra insanda etkilerini sürdürdüğü görülür. Söz konusu izlenimler bir başkasının bir kişiyi belirli bir şeye inandırma, onu bir konuda ikna etme girişimleri ise, bu durumda bir telkinden söz açabiliriz. Söz konusu izlenimler, bir kimsede açık seçik öne çıkan bir görüşü değiştirmeye ya da pekiştirmeye yöneliktir. İşin güç yanı, dışarıdan gelen izlenimlere insanların değişik yanıtlar vermesidir. Telkin yoluyla sağlanacak etkinin büyüklüğü de yine ilgili kişinin özgürlük derecesine bağlıdır. Bu konuda özellikle dikkati çeken iki tip insan vardır. Birinci tiptekiler başkalarının görüşüne gereğinden çok değer verme eğilimi gösterir, yani doğru olsun, yanlış olsun kendi görüşlerini pek önemsemezler. Başkalarının değerini gözlerinde büyütür, dolayısıyla onların görüşlerini kolayca benimserler. Ayık durumda telkin ve hipnoza son derece elverişli insanlardır bunlar. İkinci gruptakiler ise dışarıdan gelen her telkini kendilerine yapılmış bir aşağılama gibi görür, yalnızca kendi görüş ve düşüncelerini doğru bilir, bir başkasının önlerine çıkardıkları görüşleri horlar, bunlara kapılarını kaparlar. Her iki gruptakilerin de ruhlarında bir güçsüzlük duygusu yaşar; ikinci gruptakilerde başkalarından bir şey alıp benimsemeye katlanma güçsüzlüğüdür bu. Bu gruba giren kişiler arasında öylelerine rastlarız ki, başkalarıyla kolay çatışma durumuna girer ve bir başkasının telkinine gayet çabuk kapılabilirlermiş gibi bir görüşe kafalarında yer verirler; ne var ki, içlerinde böyle bir görüşü besleyip onu güçlendirmeye çalışmalarının tek amacı, telkine karşı kendilerini *kapalı* tutmaktır; dolayısıyla, böylelerinden başka bakımdan da pek hayır çıkacak gibi değildir.

5.
AŞAĞILIK DUYGUSU ve SAYGINLIK ÇABASI

Erken Çocukluk Dönemindeki Durum

Bugün artık, doğadan üvey evlat davranışı görmüş çocukların yaşam ve insanlar karşısında, hayatın haz ve kıvançlarını erken yaşta tatmaya başlamış çocuklardan ayrı bir tutum takındığını biliyoruz. Şunu bir temel ilke olarak öne sürebiliriz ki, *yetersiz organlara* sahip çocuklar yaşamla kolaycacık bir savaşa tutulmakta, bu da onları toplumsallık duygularını sınırlandırmak gibi doğru olmayan bir davranışa zorlamaktadır; dolayısıyla bu gibilerin rahatlıkla benimsediği bir yaşam modeli vardır: Kendileriyle ve çevre üzerine yapacakları etkiyle günden güne daha çok meşgul olur, başkalarının çıkarlarını pek düşünmezler. Yetersiz organların yol açtığı bu sonuç, dıştan etkilenmeleri çocuğun ağır bir yük gibi üzerinde hissetmesi durumunda yine karşımıza çıkar ve çocuk sık olarak çevreye karşı düşmanca bir tutum takınabilir, çocuğun yaşamındaki bu dönüm noktası, henüz çok erken bir zamanda açığa vurur kendini. Daha iki yaşındayken sözü geçen çocuklar kendilerini başkaları gibi aynı yeteneklerle donatılmış, başkalarıyla eşdeğer kimseler gibi hissetmez, başka çocukların arasına karışmaz, onlarla kimi ortak girişimlerde bulunmaya pek eğilim göstermez, çeşitli yoksunluklardan kaynaklanan aşağılık duygusuyla içlerinde öbür çocuklardan daha çok beklentilere yer verir, çevrelerine çeşitli istekler yöneltmekte hak sahibi oldukları gibi bir duyguya kapılırlar. Gerçekte her çocuğun yaşam karşısında yetersiz sayılacağı ve yakınlarının önemli ölçüdeki toplumsallık duygusu olmasa hiç de ayakta kalamayacağı düşünülür, beri yandan çocuğun küçüklüğü ve çaresizliği, bu çaresizliğin uzun süre kaybolmayarak çocukta hayatla kolay başa çıkamayacağı gibi bir duygunun uyanmasına yol açtığı göz önünde tutulursa, her ruhsal yaşamın başında az çok bir *aşağılık duygusunun* yer aldığını kabul etmek gerekecektir. Söz konusu duygu da öyle bir itici güç oluşturur ki, çocuğun, gelecekte kendisine huzur ve güvenlik sağlayacağını umduğu bir amaç belirlemesine ve böyle bir amaca götürecek elverişli bir yol izlemesine yönelik tüm çabaları buradan kaynaklanır.

Organsal yeteneklerle sıkı sıkıya ilişkili bulunan ve söz konusu yeteneklerin de rol oynadığı bu kendine özgü tutum, çocuğun *eğitilebilirliğinin* temelini oluşturur. Her ne kadar bütün çocuklarda bulunursa bulunsun, ilgili temeli sarsacak özellikle iki etken vardır. Bunlardan biri normalden daha güçlü, daha yoğun ve daha uzun süreli aşağılık duygusu, ötekisiyse çocuğa yalnızca huzur, güvenlik ve eşdeğerlilik sağlamakla kalmayıp, çocuğun içinde bir *güçlülük eğiliminin* doğmasına yol açacak ve onu çevresi üzerinde bir üstünlük kurmaya yöneltecek türden bir amacın varlığıdır. Bu yoldan, söz konusu kimseleri ileride de her zaman tanıyabiliriz. Eğitilebilmeleri güçtür böylelerinin, çünkü kendilerini her zaman ihmal edilmiş hisseder, doğa tarafından haklarının yenildiğine ve insanlardan da gereken ilgiyi görmediklerine haklı ya da haksız inanırlar. Bütün bunları daha bir dikkatle incelediğimizde, bazen her türlü yanlışlığı içeren çarpık bir ruhsal gelişimle karşılaşabileceğimizi anlayabiliriz.

Aslında her çocuk böyle bir tehlikenin kucağına yuvarlanabilir, çünkü benzeri bir durumu yaşamayan çocuk yoktur. Erişkinlerin oluşturduğu bir çevre içinde dünyaya gözlerini açması, her çocuğu kendisini küçük, güçsüz, eksikliklerle dolu ve yetersiz görmeye iter. Böyle bir ruh durumunda da önüne çıkarılacak ödevleri kendisinden beklendiği gibi kolay ve hatasız yapıp çıkarabileceğine güvenemez. Bir kez, bu noktada eğitimcilerin çoklukla yanlış davrandığı görülür. Çocuktan gereğinden fazla şey istemek, onu zaten içinde yaşayan hiçlik duygusuyla daha bir yakından yüz yüze getirir. Hatta bazı çocukların pek bir önem taşımadıkları ve küçüklükleri üzerine sürekli dikkatleri çekilir. Kimi çocuklardan da oyun topları gibi yararlanılır, bu çocuklar bir eğlence aracı gibi görülür, büyük bir titizlikle kollanıp gözetilmesi gereken bir mülk sayılır ya da bıkkınlık verici bir yük bilinirler. Bazen de bütün bu değişik davranışlara toplu olarak rastlanır; büyüklerin bir eğlencesi ya da onların bir baş belası olduğuna çocuğun dikkati çekilir. Bu şekilde çocukların içinde uyanacak aşağılık duygusuna yaşamımızın bazı özellikleri daha bir güçlülük kazandırır. İlgili özelliklerden biri, çocukları adam yerine koymamamız, aslında bir hiç sayılacaklarını, bir hak ve hukuka sahip olmadıklarını, büyüklerle hiçbir zaman yarışamayacaklarını kendilerine tekrarlayıp durmamızdır. Bunlar arasında doğru sayılacak kimi şeyler öylesine tatsız bir biçimde çocukların karşısına çıkarılır ki, bunları işiten çocukların telaşa kapılmalarında anlaşılmayacak bir yan yoktur. Ayrıca, bir hayli çocuk vardır ki, ne yapsalar *alay konusu edilecekleri* korkusunu sürekli içlerinde taşırlar. Çocukları alaya almak gibi yakışıksız bir davranış, onların gelişimi için son derece sakıncalıdır. Alay edilme korkusunun bazen bu çocukların yaşamlarının çok ileri bir dönemine kadar kaybolmayarak sürüp gittiğini görebiliriz. Bu çocuklar büyür, erişkin insanlar olur, yine de bu korkuyu üzerlerinden sıyırıp atamazlar. Kendilerine doğruyu söylemeyerek onları insan yerine koymamak da, çocuklar için çok zararlı sonuçlar doğurabilir; böylesi bir davranış, çevrelerinin ve yaşamın ciddiliğinden kolaycacık kuşku duymaya iter onları. Öyle durumlarla karşılaşılmıştır ki, okula başladıkları ilk günlerde kimi çocuklar sıraların üzerinde oturmuş ve okul işini anne ve babalarının bir şakası olarak gördüklerini, dolayısıyla hiç önemsemediklerini açıklamışlardır.

Aşağılık Duygusunun Dengelenmesi, Saygınlık ve Üstünlük Çabası

Aşağılık, güvensizlik ve yetersizlik duyguları yaşamda bir amacın saptanmasını ve biçimlendirilmesini sağlar. Daha yaşamının ilk günlerinde ön plana çıkmak, anne ve babasının dikkatini üzerine çekmek, onları buna zorlamak özelliği kendini açığa vurur çocukta. Bu tür davranışlar insandaki saygınlığa kavuşma eğiliminin ilk belirtileridir, aşağılık duygusunun etkisiyle oluşur ve çocuğu çevresine karşı bir üstünlük duygusuyla donatacak bir amaç saptamaya iter.

Üstünlük amacının belirlenmesinde rol oynayan etkenlerden biri de, toplumsallık duygusunun boyutlarıdır. İçlerindeki toplumsallık duygusunun büyüklüğüyle üstünlük ve güçlülük eğiliminin büyüklüğünü birbiriyle karşılaştırmadıkça, ne bir çocuk, ne bir erişkin konusunda bir yargıya varabiliriz. Amaç, normalde o şekilde belirlenir ki, kendisine ulaşılması durumunda insana başkaları karşısında bir üstünlük duygusu sağlayabilsin ya da insanın kişiliği o denli yüce bir aşamaya çıkarılabilsin ki, hayat yaşanmaya değer görülsün. Yine aynı amaç, duyguları taşıdıkları değerlerle donatır, algıları yönetip etkiler, tasarımlara bir biçim verir, tasarımları oluşturan yaratıcı güce yol gösterir, anıları kotarır, ya da bir kenara itip uzaklaştırır onları. Duyguların bile mutlak büyüklükler sayılamayacağını, tersine onların da ruhsal yaşamı dolduran amacın etkisi altında bulunduğunu düşünür ve ayrıca algılarımızın her zaman bir seçilmişlik özelliği taşıdığını, belirli bir gizli niyete uyarak ortaya çıktığını, tasarımların da mutlak değerleri içermeyip, söz konusu amaç tarafından etki altında tutulduğunu, öte yandan her yaşantının amacımızı gözden yitirmememiz, elverişli yanını alıp diğer yanlarını bıraktığımızı dikkate alırsak, bu noktada da her şeyin göreceli olduğu, değişmeyen ve sağlam değerlerin ancak görünürde var olduğu anlaşılacaktır. Bir *kurgu* gibi, gerçekten yaratıcı bir güçle aslında var olmayan değişmez bir noktaya sarılır, bu noktayı elden bırakmayız. Gerçekte insanın ruhsal yaşamının yetersizliğinden kaynaklanan bu varsayım, bilime ve yaşamdaki bir sürü deneyime benzer. Örneğin yerküreyi meridyenlere böleriz; oysa meridyen dediğimiz şeyler bir gerçekliği içermez, ama varsayım olarak büyük bir değer taşırlar. Ruhsal kökenli bütün kurgularda yapılan şey, durağan bir noktayı varsaymaktır; oysa daha yakından baktığımızda böyle bir noktanın gerçekte bulunmadığından emin olabiliriz. Ne var ki, yaşam karmaşasında kendimize bir *yön* belirleyebilmek, bir hesap işlemine başvurabilmek için yaparız bunu. Duygulardan başlayarak her şeyi hesap kitaba gelebilen bir alan içine tıkıştırırız; içinde rahatlıkla devinebileceğimiz bir alandır bu. İnsan ruhunu incelerken durağan bir amacın varsayımı, bize işte böyle bir yarar sağlar.

Böylece bireysel psikolojinin tasarımlarından belirli bir *yöntemin* geliştiği görülür: İnsan ruhunu, insanda doğuştan var olan güçlerden doğup, bireyin belirlediği amacın etkisi altında bir gelişim sürecinden geçerek o anki niteliğini kazanmış bir nesne gibi görüp anlamak. Ne var ki, edindiğimiz deneyim ve izlenimler bu yöntemin bilimin yardımcı bir aracını oluşturmakla kalmayıp temelleri bakımından, ruhsal gelişimin kısmen bilinçli yaşanıp, kısmen bilinçaltında kalan gerçek olaylarla alabildiğine geniş ölçüde çakıştığı inancımızı pekiştirmektedir. Dolayısıyla, ruhun amaca yönelikliği, salt bizim görüşümüz sayılmayıp temel bir gerçeği yansıtır.

Güçlülük eğilimine, uygarlığımızın bu en göze çarpan sakıncalarından birine karşı çıkıp bunu önlemede çarptığımız bir engel var ki, o da söz konusu eğilimin doğduğu dönemde çocukla anlaşabilmenin zorluğudur. Durumu açık seçik görebilmemiz ve gelişim hatalarını düzeltme amacıyla işe el atabilmemiz ancak çok sonraları mümkün olabilmektedir. Ne var ki, ilgili dönemde çocukla bir arada yaşamamız, çocukta zaten var olan toplumsallık duygusunu doğru dürüst geliştirerek, güçlülük eğiliminin aşırı güç kazanmasını önlememizi sağlar. Güçlülük eğilimini önleme konusunda karşılaşılan bir başka zorluk da çocukların kendilerinde yaşayan böyle bir eğilimden açıkça söz etmemeleri, bunu saklamaları, yakınlık ve sevgi duygularının arkasına sığınarak söz konusu eğilimlerini el altından gerçekleştirmeye çalışmalarıdır. Başkalarının kendilerini böyle bir eğilim içinde yakalamalarından utançla kaçar çocuklar. Bir engelle karşılaşmayıp sürekli büyüyen güçlülük eğilimi, çocuğun ruhsal yaşamında yozlaşmalara yol açar; öyle ki, çocuğu güvenlik ve güçlülük sağlamaya iten aşırı içgüdünün etkisiyle cesaret küstahlığa, itaat korkaklığa dönüşür, sevgi başkalarını boyun eğmeye, itaate ve teslimiyete zorlamada başvurulan bir hile olup çıkar ve bütün karakter özellikleri, kurnazlık dolu bir üstünlük arzusunu içerir.

Çocuk üzerinde uygulanacak bilinçli bir eğitim, onu, yaşadığı güvensizlik duygusunun elinden kurtarmak, yaşam için beceri, bilgi, üstün bir anlayış ve başkalarına karşı ilgiyle donatmak amacını güder. Nereden kaynaklanırsa kaynaklansın bu önlemlere, büyüyüp gelişen çocuğun önünde yeni yolların açılmasını, onun bu yollardan yürüyerek içindeki güvensizlik ve aşağılık duygusundan yakasını kurtarabilmesini sağlamaya yönelik girişimler gözüyle bakmak gerekir. Çocuğun kendisinde olup bitecekler ise, karakter özelliklerinin oluşumuyla açığa vurur kendini ve bu özellikler çocuğun ruhunda geçen olayları dışa yansıtır.

Güvensizlik ve aşağılık duygusunun etkinlik derecesi, en başta çocuğun *görüşüne* bağlıdır. Kuşkusuz, aşağılık duygusunun nesnel düzeyi önem taşır ve kendisini çocuğa açıkça hissettirir. Ne var ki, çocuğun bu konuda doğru dürüst değerlendirmelere başvurmasını beklemek yanlıştır; nitekim büyüklerde de aynı hatalı değerlendirmelerle karşılaşılmaktadır. Bu nedenle, güçlükler olağanüstü boyutlar kazanır. Bazı çocuklar vardır, öyle karmaşık koşullarda büyürler ki, kendilerindeki aşağılık duygusunun ve güvensizliğin derecesi konusunda yanılgıya düşmeleri adeta doğaldır. Bazı çocuklarsa durumunu daha iyi görüp değerlendirebilir. Ama genel olarak her zaman çocuğun *duygusunu* göz önünde tutmak gerekir; her gün bir dalgalanma gösterir bu duygu; neden sonra şu ya da bu biçimde bir oturmuşluk kazanır ve bir *kendini takdir* duygusu niteliğiyle işlev görür. Bu öz takdir duygusuna göre, çocuğun aşağılık duygusu için aradığı denge öğesi [kompansasyon] belirlenecek, yani buna göre bir amaç saptanabilecektir.

Bir aşağılık duygusu karşısında ruhun her zaman bu duyguyu ortadan kaldırmaya yönelik bir yanıt vermesini sağlayan ruhsal denge mekanizmasının bir benzerini de organik yaşamın kendisinde buluruz. Herhangi bir yetersizlik durumunda, yaşamsal önem taşıyan organların çalışmalarını alabildiğine arttırarak durumu dengelemeye çalıştığı kanıtlanmıştır. Örneğin bir dolaşım güçlüğünün baş göstermesi durumunda kalp, artan bir güçle çalışmaya koyularak, gereken gücü organizmanın bütününden çekip almakta, büyümekte ve sonunda normal bir kalpten daha geniş boyutlara ulaşmaktadır. Bunun gibi ruhsal organ da küçüklüğün, güçsüzlüğün, aşağılık duygusunun baskısı altında söz konusu duyguyu denetim altına almak ve ortadan kaldırmak için alabildiğine yoğun bir çaba harcamaktadır.

Ne var ki, aşağılık duygusu çok güçlüyse, çocuğun ileride pek istediği gibi yaşayamayacağından korkarak normal bir dengelemeyle [kompensasyon] yetinmeyip, işi daha ileriye götürme ve *aşırı ölçüde bir dengelemeye* başvurma tehlikesi ortaya çıkabilir. Güçlülük ve üstünlük eğilimi oldukça aşırılığa vardırılarak hastalık derecesinde bir düzeye çıkarılır. Bu gibi çocuklar, yaşamlarındaki normal ilişkilerle yetinmez, çok yüksekte saptadıkları amaçlara uygun olarak dikkati çeken büyük eylemlere girişir. Acele ve telaş içindedirler hep; normal ölçünün oldukça dışına taşan güçlü içtepilerle, çevrelerini umursamaksızın, kendi konumlarını sağlama almaya bakarlar. Böyle davranarak herkesin dikkatini çeker, yaşamlarına burunlarını sokup başkalarını tedirgin ederek onları, kendilerini savunmak zorunda bırakırlar. Onlar herkese karşı, herkes de onlara karşıdır. Ancak, söz konusu davranışın tüm kötü sonuçları hemen kendini açığa vuracak diye de bir şey söylenemez. Böyle bir çocuk dıştan normal görünen bir yolu uzun süre izleyebilir, bu yolda ilk edineceği karakter özelliği olan açgözlülüğü, henüz başkalarıyla belirgin bir çatışma durumuna girmeden uzun süre kendisinde besleyip barındırabilir. Ne var ki, söz konusu yolda attığı adımların hiç kimseyi memnun bırakmadığını her zaman gözlemlemek mümkündür; kaldı ki, sahibine gerçekten yararlı sayılabilecek bir sonuç sağlamayan bu adımlar, uygarlığımızda pek beğenilecek gibi değildir. Böyleleleri, çocukluklarında asla verimli olacak gibi çalıştırılmayıp sürekli aşırılığa vardırılan açgözlülükleriyle hep başkalarının karşılarına dikilerek onların rahatını kaçırırlar. Sonradan açgözlülüğe başka özellikler de gelip katılır. İnsan toplumunun oluşturduğu sosyal organizma açısından düşmanlık gibi görülecek özelliklerdir bunlar. En başta kendini beğenmişlik, büyüklenme, her ne pahasına olursa olsun başkalarını egemenlik altına alma, ilgili özellikler arasında yer alır. Adı geçen özelliklerden sonuncusu öyle bir süs altında kendini açığa vurabilir ki, sanki onu taşıyanlar başkalarından üstün bir düzeye çıkmak için kendileri asla bir çaba harcamaz, başkalarının, bulundukları düzeyden aşağı düşmeleriyle yetinirler. Bundan böyle kendileriyle başkaları arasına bir uzaklık koyar, bu uzaklığı korumaya hepsinden çok önem verirler. Ne var ki, yaşam karşısında takınılan böyle bir tutum yalnızca çevreyi rahatsız etmekle kalmaz, ilgili tutumun sahipleri için de birtakım tatsız sonuçlar doğurur. Onları hayatın gölge taraflarıyla öylesine donatır ki, bu kişiler yaşamın doğru dürüst tadına varamazlar.

Çevrelerini aşmak amacıyla harcayacakları büyük çaba, çocukları, toplumda yapılması gereken ortak ödevlerle çelişki içine sürükler. Güçlülük isteğiyle yanıp tutuşan böylesi çocukların ideal bir toplumsal insanla karşılaştırılması, onların toplumsallık duygusundan ne denli uzaklaştıklarını biraz deneyimli kimselerin az buçuk belirlemesini sağlar.

Bu durumda insanı tanıyan birinin dikkati, büyük bir ihtiyatla da olsa söz konusu kişilerdeki bedensel ve ruhsal yetersizliklere yönelecek, söz konusu yetersizlikler ruhsal gelişimde çetin bir sürecin geride bırakıldığını ortaya koyacaktır. Bunu göz önünde tuttuk mu, toplumsallık duygumuzu yeterince geliştirmişsek, karşımızdakine hiç zarar vermememiz, tersine ona yardım eli uzatmamız gerektiğini hiçbir zaman aklımızdan çıkarmayız. Diyelim ki karşımızdaki kişide bedensel bir kusur saptadık ya da hoş olmayan bir karakter özelliğine rastladık, bu sevilmeyen özelliğini en son sınıra dek kendisinde alıkoyma hakkını ona tanır, ilgili konuda hepimizin suçlu sayılacağımızı, çünkü gerekli önlemleri zamanında almayıp, gerekli özen ve dikkati göstermediğimizi, dolayısıyla toplumsal sefaletin ortaya çıkışına bizim de katkıda bulunduğumuzu biliriz. Duruma böyle bir açıdan baktık mı, karşımızdaki kişi için bazı kolaylıklar sağlayabiliriz. Örneğin bu tür kimseleri bir süprüntü saymaz, insanlığın soysuzlaşmasının bir ürünü olarak görmeyiz. Karşımızdakini daha özgür bir gelişim olanağına kavuşturacak ve çevreyle ilişkisinde kendisine başkalarıyla eşdeğer gözüyle bakmasını sağlayacak bir ortam yaratmaya bakarız. Doğuştan yetersizliği daha dıştan bakıldığında kendini açığa vuran bir insanla karşılaşmanın çoğunlukla bizi ne denli duygulandırdığını düşündük mü, toplumsallık duygusunun mutlak gerçeğiyle uyum içinde yaşamak istiyorsak, kendimizi ne denli eğitmemiz gerektiğini, beri yandan uygarlığın sözü geçen kimselere neler borçlu olduğunu kestirebiliriz. Yetersiz organlarla dünyaya gelenler, hayatı ağır bir yük gibi omuzlarında hissetmekle ötekilerden ayrılır, kolaylıkla kötümser bir dünya görüşünün kucağına yuvarlanırlar. Kendilerinde bir organ yetersizliğinin açık seçik fark edilmemesine karşın, haklı ya da haksız olarak içlerinde bir aşağılık duygusunu barındıran çocukların durumunun da bundan pek geri kalır yeri yoktur. Çünkü bu tür çocuklarda aşağılık duygusu özel birtakım koşulların, örneğin sıkı bir eğitimin olumsuz katkısıyla öylesine güçlülük kazanır ki, bundan doğacak sonuç açık seçik bir organ yetersizliğine sahip çocuklardakini hiç de aratmaz. Böyleleri, çocukluklarının ilk günlerinde içlerine yerleştirilen dikenden bir türlü yakalarını kurtaramaz, çocukluklarında gördükleri soğuk davranış, çevrelerine karşı her türlü yaklaşım girişiminden onları alıkoyar, sonunda sevgisiz bir dünya karşısında bulunduklarına ve bu dünyayla bir ilişki kurmanın düşünülemeyeceğine inanırlar.

Bir örnek verelim: Sanki sırtında bir yük taşıyormuş gibi yürümesiyle dikkati çeken bir hastamız, yüreğinin görev bilinci ve yaptığı işlerin önemiyle dolup taştığını belirtiyor sürekli. Karısıyla ilişkisi berbat mı berbat. Her iki taraf da tıpatıp aynı çizgi üzerinde deviniyor, çizginin son noktasında da birinin ötekisi üzerinde elde edeceği üstünlük duygusu yer alıyor. Bu da iki taraf arasında kırılıp gücenmelere, kavga ve gürültülere yol açıyor; nihayet karı koca arasındaki bağ kopuyor ve birbirleriyle artık bir türlü ilişki kuramıyorlar. Hastamızın toplumsallık duygusunu tümüyle yitirmediği, bir bölümünü hâlâ kendisinde saklı tuttuğu kuşkusuzdur. Ne var ki, başkalarından üstün kişi rolünü oynama eğilimi, karısına, dostlarına ve çevresindeki diğer kişilere karşı davranışını baskı altında tutmaktaydı.

Yaşamöyküsüyle ilgili olarak bize şunları anlatmıştı hastamız: On yedi yaşına kadar fiziksel bakımdan pek gelişmemişti, gereği gibi büyümemişti, sesi hâlâ bir çocuğun sesini andırıyordu, sakalı çıkmamıştı henüz, boyu da kısa mı kısaydı. Bugün ise kendisi otuz altı yaşında. Göze batan hiçbir yanı yok. Dışarıdan bakınca bir erkek olarak görünümünde hiçbir noksan yok. Doğa on yedi yaşına kadar hastamızdan esirgediklerini sonradan tümüyle buyur edip vermiş kendisine. Ne var ki, hastamız sekiz yıl gibi bir süre, gelişimindeki bu kesintinin tasasıyla kahrolmuş, bunun sonradan yine kendiliğinden kaybolacak bir belirti sayılacağını bilememişti. Bütün bu zaman zarfında bedensel gelişiminin gerekli düzeye ulaşamayacağı ve "tüm yaşamını" çocuk olarak geçireceği düşüncesiyle yiyip bitirmişti kendini. Daha o zamanlar sonradan yakalanacağı hastalığın ilk belirtileri kendini açığa vurmuştu. Kiminle bir araya gelip konuşsa, ona hep göründüğü gibi "çocuk" sayılmayacağını anlatma gereksinimini duymuştu. Kendisine büyük bir adam gibi bakarak, karşısındakinde de böyle bir izlenim uyandırmaya çalışmış, tüm devinim ve davranışlarını ön plana çıkma istek ve çabasının hizmetine vermişti. Böyle bir davranış da, bugün kendisinde görülen belirtilerin ortaya çıkmasına yol açmıştı. Ayrıca sandığından büyük sayılacağını, dolayısıyla kendisini daha çok önemsemesini karısının da sürekli kafasına sokmaya çalışmış, durumu kendisininkinden farksız olan karısı da gerçekte sandığından küçük sayılacağına kocasının dikkatini çekip durmuştu. Böylece karı koca arasında iç açıcı bir ilişki bir türlü kurulamamış, daha nişanlılık döneminde açık seçik yıkılma belirtileri gösteren evlilik yaşamları sonradan iyiden iyiye parçalanıp dağılmıştı. Ancak, evlilik dağılmakla kalmamış, hastamızın zaten hayli hırpalanmış özgüveni de ağır bir darbe yemişti. Bir hekime başvuran hastamız, hekimden insanı tanıma sanatını öğrenmiş ve o zamana kadar ne gibi hatalar yaptığını anlamaya çalışmıştı. Sözde yetersizlik duygusuna kapılmakla düştüğü yanılgı, tüm yaşamı boyunca yakasını bırakmamıştı.

Ana Çizgi ve Dünya Görüşü

Bu konuda araştırmalara girişilmek isteniyorsa, bir çocukluk izlenimini başlangıç noktası yapıp ortadaki duruma kadar bir çizgi çekecekmiş gibi davranmak, dünya görüşüyle kişi arasındaki ilişkiyi bu yoldan ele geçirmeye çalışmak yerinde olacaktır. Böyle davrandık mı, bir insanın şimdiye kadar izlediği ruhsal çizgiyi pek çok durumda başarıyla belirlebiliriz. Öyle bir çizgi ki, insanın yaşamı çocukluğundan başlayarak bu çizgi üzerinde belirli bir şemaya uygun olarak devinip durur. Bazı kimseler belki böyle söylemekle yazgı denilen şeyi güzel göstermeye çalıştığımız, sanki insanın yazgısını kendisinin belirlemesini sağlayan özgür bir iradeyle donatıldığını yadsımak istediğimiz gibi bir izlenime kapılacaktır. Böyle bir izlenim, son bölümüyle gerçekten de doğrudur; çünkü söz konusu eğilimi hakikaten içimizde taşırız. Gerçekten etkili olan bir şey varsa, her zaman insanın devinim çizgisidir; bu çizginin biçiminde zamanla kimi değişiklikler gözlemleyebiliriz; ama içeriği, dinamizmi, anlam ve amacı çocukluktan başlayarak değişmeden kalır; çocuğun, sonradan yerini daha geniş çaptaki insan topluluğuna bırakacak çevresiyle de kuşkusuz ilişki içindedir. Bir insanın yaşamöyküsünü çocukluğunun ta başlarına kadar izleme yöntemi hiçbir zaman elden bırakılmamalıdır; çünkü daha süt çocukluğu dönemindeki izlenimler kişiyi belirli bir amaca yöneltir ve onu yaşamın sorunlarına belirli yanıtlar vermeye zorlar. Bu yanıtlarda çocuğun doğarken beraberinde getirdiği tüm gelişim olanaklarından yararlanılır ve daha süt çocukluğu döneminde gördüğü baskı, hayata bakış tarzını ve *dünya görüşünü* ilkel biçimde etkiler.

Dolayısıyla, insanların yaşam karşısındaki tutumu, ilk yaşam döneminde pek değişik biçimlerde kendini açığa vursa da, ilgili tutumun süt çocukluğu döneminden bu yana pek değişmeden kalması şaşırtıcı bir şey sayılmaz. Bu yüzden, bir insanın daha süt çocukluğunda kolay kolay olumsuz bir dünya görüşü edinemeyeceği koşullar içinde bulunmasına dikkat etmek gerekir. İlgili konuda kesin rol oynayan etkenler, çocuğun organizmasının güç ve dayanıklılığı, çocuğun toplumsal konumu ve eğiticilerin özelliğidir. Başlangıçta yanıtlar otomatik olarak adeta refleks biçiminde verilse bile, çok geçmeden amaca uygunluk açısından çocuğun tutumunda öyle bir değişiklik baş gösterir ki, bundan böyle yardım gereksinimi çocuğun mutluluk ve sefaletini belirleyen etkenler olma niteliğini yitirir ve çocuk ilgili etkenlerin baskısından kendi gücüyle yakayı sıyıracak düzeye gelir. İçindeki saygınlık eğilimiyle çocuk, eğiticilerin baskısından kendisini kurtarmaya çalışarak onların karşısında yer alır. Bu olay, çocuğun *kendi 'ben'ini ele geçirdiği*, yani kendisinden söz açmaya ya da 'ben' zamiriyle konuşmaya başladığı döneme rastlar. Bu dönemde çocuk, çevreyle değişmez bir ilişki içerisinde bulunduğunu anlar, hiç de nesnel sayılamayacak çevrenin, kendisini bir tavır takınmaya ve çevreyle ilişkilerini, dünya görüşünün doğrultusunda aradığı rahatlığın gerektirdiği gibi düzenlemeye zorladığını bilir.

İnsan ruhunun amaca yönelik oluşu konusunda şimdiye kadar söylediklerimizi bir kez daha düşünürsek, söz konusu devinim çizgisinin ayırıcı bir özellik olarak yok edilmez bir tutarlılığı içereceği kendiliğinden anlaşılacaktır. Beri yandan, böyle bir tutarlı çizgi, bizim bir insana tutarlı bir gözle bakabilmemizi sağlar. Bu da, bir insanın birbiriyle çelişir görünen davranışlarda bulunması durumunda özellikle önem taşır. Öyle çocuklar vardır ki, okulda aile çevrelerindekine düpedüz karşıt bir davranış sergiler. Yine öyle insanlara rastlarız ki, karakter özellikleri görünürde alabildiğine çelişik biçimde kendilerini açığa vurur, dolayısıyla söz konusu insanların gerçek karakterleri konusunda bizi yanılgıya sürüklerler. Ayrıca, iki insanın davranışları birbirine tam bir benzerlik gösterebilir; ama yine de, biraz alıcı gözüyle bakıldı mı, ilgili davranışların temelindeki devinim çizgileri birbirine düpedüz karşıt nitelik taşıyabilir. İki kişinin aynı şeyi yapması, aynı şey değildir; ama aynı şeyi yapmasalar da, yaptıkları aynı şey olabilir.

Yani önemli olan, ruhsal olayları *çok anlamlılıkları* dolayısıyla tek tek, yani birbirinden soyutlayarak değil, bunun tam karşıtı bir yol izleyerek birbirleriyle ilişkili durumda, tümünü ortak bir amaca yönelik olarak ele alıp incelemektir. Bir olay yaşamın tüm ilişkiler örgüsü içinde insan açısından nasıl bir anlam taşıyor, bütün iş bunu saptamadadır. Bir insanda kendini açığa vuran her şeyin tutarlı bir doğrultu dışına çıkamayacağı düşüncesidir ki, onun ruhsal yaşamını anlamamızı sağlayacak kapıları bize aralar.

Bir insanın düşünce ve davranışlarının belirli bir amaca yönelik olduğunu, bir amaçtan kaynaklanıp bu amaç doğrultusunda bir seyir izleyeceğini kavradık mı, insan için en büyük hata kaynağının ne olduğunu da anlarız; ilgili kaynak da, insanın, ele geçireceği tüm başarı ve kazanımlarla kendine özgülüğü arasında ilişkiler kurması ve bunlardan bireysel davranış modelini, davranışının bu ana doğrultusunu pekiştirmede yararlanmasıdır. Böyle bir şey olabiliyorsa tek nedeni, bireyin tüm elde ettiklerini asla sınamadan geçirmeyerek bilincinin karanlığında ya da bilinçaltında saklı tutup bunları yönetmesidir. Ancak insanı tanıma sanatıdır ki, bu konuya ışık tutarak olayı tümüyle saptayıp kavramamızı ve nihayet onda değişikliklere gidebilmemizi sağlar.

Bu noktaya yönelik konuşmalarımızı bir örnekle kapayalım; bu arada bütün olayları şimdiye kadar edindiğimiz bireysel psikolojik bilgilerden yararlanarak tek tek ele alıp çözümlemeye ve açıklamaya çalışacağız.

Günün birinde bir kadın, hekime başvurur ve içinden bir türlü söküp atamadığı bir hoşnutsuzluk duygusundan yakınır; bu duygunun nedeni de, kendisine sorarsanız her çeşitinden bir yığın uğraşla tüm gününün harcanıp gitmesidir. Dışarıdan bakınca kadında gözlemleyebileceğimiz tek şey, bir acelecilik ve telaş, gözlerini bürüyen bir tedirginliktir. Bir yere gitmeye kalktığında ya da herhangi bir işe el atmak istediğinde üzerine çullanan aşırı huzursuzluktan dert yanar. Çevresinden duyup işittiğimize bakılırsa, gerçek neden, her şeyi gözünde büyütmesi ve yaptığı işlerin yükü altında neredeyse yığılıp kalacak olmasıdır. Üzerimizde bıraktığı ilk izlenime göre, her şeyi aşırı derecede önemseyen biridir kadın; bu da pek çok insana özgü bir durumdur. Çevresindekilerden biri "kadının hep olay çıkardığı gibi" ilginç bir açıklamada bulunmuştur.

Bir kimsenin üzerine düşen işleri gözünde büyütme ve fazla önemseme eğilimini önem ve ağırlık bakımından yoklayıp, böyle bir davranışın toplum içinde ya da evlilik yaşamında ne anlama geleceğini kafamızda canlandırmaya çalıştık mı, onun en gerekli işlerin bile doğru dürüst altından kalkamadığını ileri sürüp, daha fazla yük yüklenemeyeceğini çevreye duyurmayı amaçladığı izlenimine kapılmaktan kendimizi alamayız.

Buraya kadar hasta hakkında öğrendiklerimiz henüz yeterli değildir. Onun bize daha başka açıklamalarda bulunmasını sağlamak zorundayız. Bu gibi çalışmalarda uygun bir incelikle davranmak şarttır; kendine bir paye vermek ve büyüklük taslamak hastanın hemen bir savunma durumuna geçmesine yol açar; dolayısıyla tahminler yürüterek, ayrıca hastanın sorular sormasını bekleyerek böyle bir çalışmayı yürütmek durumundayız. Diyelim ki hastayla bir söyleşi olanağı ele geçirildi, o zaman –bizim vakadaki gibi– davranışıyla belki kocası olabilecek bir başkasına daha fazla yük kaldıramayacağını, kendisine kollayışla ve sevecenlikle davranılmasını istediğini anlatmayı amaçladığı, acele etmeden ve ima yollu açıklanmaya çalışılır. Derken ihtiyatı elden bırakmadan biraz daha ileriye gidilip, işin bir başlangıcı olması gerektiği ve kimi koşulların hastalığı kamçılayıcı etken rolü oynadığı yine üstü kapalı belirtilir. Bunun üzerine kadın yıllar önce kötü bir dönem yaşadığını, ilgili dönemde sevecenlik yüzü görmediğini doğrular. Artık kadının davranışını biraz daha iyi anlarız, kollanıp gözetilme isteğini destekleyici bir rol oynar bu davranış, yine sevecenlik gereksiniminin umursanmayacağı bir dönemin çıkıp gelmesini önleme isteğini açığa vurur.

Bu bulgumuz, kadının bir başka açıklamasıyla sağlamlığa kavuşur. Kadın, bir hanım arkadaşından söz açar bize; arkadaşı pek çok bakımdan kendisine karşıt bir tiptir, mutsuz bir evlilik hayatı sürmekte ve tam o sırada bu evlilik hayatından yakayı kurtarmak istemektedir. Bir gün hastamız arkadaşını elinde bir kitapla görür; kocasına, o gün öğle yemeğini zamanında hazırlayabileceğini pek sanmadığını söyler arkadaşı ve bu davranışıyla kocasını öyle kızdırır ki, adam sert bir dille karısını eleştirmeye koyulur. Bu olay konusunda hastamız şöyle der: "Durumu biraz dikkatle gözden geçirdim mi, benim yöntemimin daha iyi sayılacağı sonucuna varıyorum. Benim, arkadaşım gibi suçlama ve eleştirilere konu yapılmam düşünülemez; çünkü sabahtan akşama kadar işten göz açtığım yok. Öğle yemeğini zamanında hazırlayamadım diye, benim gibi bütün gün koşturup duran, telaştan göz açamayan birine hiç kimse bir şey söyleyemez. Şimdi bu yöntemden el mi çekeceğiz?"

Kadının ruhunda neler olup bittiği görülmektedir! Görece masum bir yoldan üstünlüğe kavuşmaya, her türlü suçlamaya karşı kendini bağışık kılmaya ve kendisine hep sevecenlikle davranılmasını sağlamaya çalışır hastamız. Bunu da izlediği yöntemle ele geçirdiğine göre, ilgili yöntemden el çekmesinin istenmesine pek akıl erdiremez. Ancak hastamızın davranışının gerisinde daha başka şeyler de saklıdır. Nihayet aynı şekilde başkaları üzerinde üstünlük sağlamaya yönelik sevecenlik çağrısı, kadının kendi açısından gereği kadar etkili şekilde yapılamamaktadır. Dolayısıyla, birbirinden değişik terslikler gelip kadını bulur. Bakarsın bir şeyi kaybeder, ara ara bulamaz, bir hay huydur sürüp gider evde, işlerin bir türlü altından kalkamaz, başına ağrılar girer sürekli, rahat bir uyku uyuyamaz, çünkü tasa içindedir hep, uğraşıp didinmesine haklılık kazandırabilmek için olağanüstü bir gözle bakar bu tasaya, onu abarttıkça abartır. Bir yere gitmesini gerektiren bir davet bile, çetin bir iş olup çıkar gözünde; davete ancak büyük hazırlıklardan sonra katılabilir. Habbeyi kubbe yapar hep. Dolayısıyla, birini dolaşmak, bir yere misafirliğe gitmek, saatlerce, hatta günlerce sürecek bir hazırlığı gerektirir. Bir davet durumunda bazen gelemeyeceğini bildirir karşı tarafa ya da en azından geç gider. Toplum yaşamı, böyle bir kişinin yaşamında belirli sınırları aşmaz.

Kuşkusuz iki insanın arasındaki evlilik gibi bir ilişkide, sevecenlik çağrısının özel bir ışık altında gösterdiği birçok durum vardır. Öyle olabilir ki, erkek, iş gereği bir yere gitmek zorunluluğunu duyar, bir dost çevresi vardır da tek başına şu ya da bu kimseye gitmesi ya da üyesi bulunduğu bir derneğin toplantısına katılması gerekir. Peki böyle durumlarda karısını evde tek başına bırakması, onun sevecenlik isteğine aykırı düşmeyecek midir? İlk anda evliliğin taraflara, birbirlerini elden geldiğince eve bağlama hakkını verdiğini kabul etmeye eğilim göstereceğiz belki; bu da pratikte sık karşılaşılan bir durumdur. Taraflardan birinin bu yolda duyacağı istek ne denli sevimli görünürse görünsün, iş sahibi biri için gerçekte altından kalkılamaz bir güçlük oluşturur. Karşı tarafı ister istemez rahatsız edici durumlar ortaya çıkacak, örneğin, bizim vakadaki gibi, cümle kapısının kapanma saatinden sonra kimseyi rahatsız etmemeye çalışarak süklüm püklüm yatağına girmeye çalışan erkek, karısını hâlâ uyanık bulup şaşıracak, karısının sitem dolu bir edayla kendisini karşılamasını sineye çekecektir. Herkesin yeterince bildiği böylesi durumların üzerinde daha fazla durmanın gereği yok. Beri yanda, gözden kaçırılmaması gereken bir nokta varsa, burada yalnızca kadının hatalarının söz konusu olmaması, aynı davranışı sergileyecek erkeklerin de sayıca kadınlar kadar çokluğudur. Ancak, bizim için asıl önemlisi, geniş ölçüdeki sevecenlik isteğinin bazen bir başka yoldan kendini açığa vurabileceğidir. Bizim vakada ise böyle bir olayın aşağıdaki seyri izlediğini görmekteyiz: Kadın, bir akşamı ev dışında geçirmesi gereken kocasına, insan arasına pek seyrek çıktığını, dolayısıyla bu kez rahatlıkla eve geç dönebileceğini açıklar. Her ne kadar bunu şakayla karışık bir edayla dile getirirse de, sözleri pek ciddi bir özü içermekte ve şimdiye kadar kadınla ilgili belirlemelerimizle bağdaşmaz görünmektedir. Ne var ki, daha bir yakından bakıldığında, aradaki uygunluk hemen fark edilir. Kadın o kadar akıllıdır ki, kocasına karşı bilinçli olmasa bile fazla sert davranmak istemez. Ayrıca, dıştan bakıldı mı, her yönden son derece sevimli bir izlenim bırakır insanın üzerinde. Ele aldığımız bu vaka öyle iler tutar yeri olmayan bir nitelik taşımaz; üzerinde durmamız, salt psikolojik bakımdan ilgimizi çektiği içindir. Kadının kocasına söylediği sözlerle gerçekte ulaşmak istediği, yapacağı şeyin kocasına, tarafından dikte edilmesidir. Kocasının eve geç gelmesine kendisi izin vermiştir, dolayısıyla kocası eve geç gelebilir, oysa adamın kendiliğinden eve geç gelmesi kadını incitecek, küstürecektir. Yani kadının sözleri gerçek durumu kamufle edici bir rol oynar. Kadın, kocasına ilgili sözleri söyleyerek kocasının yapacağı davranışı ona kendisi dikte eden biri aşamasına yükselmekte, kocası ise salt toplum içindeki bir yükümlülüğü yerine getirmek için evden ayrılıp gitmesine karşın, kadının istek ve iradesine bağlı bir aşamaya indirgenmektedir.

İçindeki aşırı sevgi isteğini, hakkında edindiğimiz bu yeni bilgiyle birleştirirsek, hemen şunu anlarız ki, bu kadının tüm yaşamı her zaman başrolü oynamak, başkalarına karşı hep üstünlüğü elde tutmak, hiçbir sitem ve suçlamayla bulunduğu konumdan alaşağı edilmemek, çevresinin hep odak noktasında yer almak gibi görülmedik derecede güçlü bir içgüdüyle yoğurulmuştur. Hangi durumda olursa olsun, kadının yukarıda belirtilen çizgi dışına çıkmadığını görürüz. Diyelim ev işlerinde kendisine yardım eden hizmetçi işten atılıp yerine bir başkası alınacaktır; son derece büyük bir tedirginliğe sürüklenir kadın; tedirginliğinin de nedeni, yeni hizmetçi karşısında belki o zamana kadar alıştığı gibi diktatörce davranamayacağı düşüncesidir; bu düşünce, açıkça tasalara sürükler kadını. Diyelim sokağa çıkacak oldu, yine benzeri bir durum söz konusudur. Otoritesi kayıtsız şartsız güvence altına alınmış bir ortamda yaşamak başka, evden çıkıp "yabancı" bir bölgeden içeriye adım atmak, kimsenin kendi iradesine bağlı olmadığı, yoldan geçen arabaların önünden bir kenara kaçması gerektiği, kısaca küçük bir rolle yetinmek zorunda olduğu sokağa çıkmak başkadır. Demek oluyor ki, ancak bu kadının evde ele geçirmeyi arzuladığı olağanüstü otorite ve güç düşünüldüğü zaman, yaşadığı gerilimin neden ve anlamı ele geçirilebilecektir.

Söz konusu belirtiler çoğunlukla o kadar sevimli bir şema içinde kendini açığa vurur ki, ilk anda bir insanın bu şekilde kendini kahredip duracağı hiç akla gelmez. Çekilen sıkıntı ve kahır, bazı vakalarda çok daha büyük boyutlara ulaşabilir. Bizim vakadaki gibi gerilimleri daha geniş çapta zihinde tasarlamak, bunu anlamak için yeterlidir. Öyle insanlar vardır ki, toplu ulaşım araçlarına binmekten ürker, çünkü orada kendi sözlerinin geçmeyeceğini bilirler. Ürkeklik öylesine ileri bir noktaya ulaşabilir ki, bundan böyle evden hiç ayrılmak istemezler.

Sonradan izlediği gelişimi dikkate alırsak, bizim vaka, çocukluk izlenimlerinin insanın yaşamında hiçbir zaman etkisini yitirmediğini göstermesi bakımından oldukça öğretici bir örnektir. Bizim vakadaki kadının *kendi* açısından haklı sayılacağı yadsınamaz. Çünkü bir kimse görülmedik bir diretişle çevresinden yakınlık, sıcaklık, saygınlık ve sevgi bekleyip kendini buna göre ayarlayıp da, tüm yaşamını buna göre yönlendirdi mi, isteklerine kavuşabilmek için kendini aşırı yük altında eziliyor göstermesi, telaşlı ve tedirgin bir davranışı sergilemesi pek fena bir yol sayılmaz; böylelikle her türlü eleştiriden yakasını kurtarabileceği gibi, durmadan yapacağı yumuşak uyarılarla çevresindekilerin de kendisine yardım etmesini, ruhsal dengesini bozabilecek her türlü davranıştan kaçınmalarını sağlayabilecektir.

Yaşamöyküsünde biraz daha gerilere gidersek, hastamızın henüz okuldayken ödevlerini yapamadığı zaman, alabildiğine telaşa kapıldığını ve bu yoldan öğretmenlerini kendisine pek nazik davranmaya zorladığını öğreniriz. Ayrıca hastamız bu konuda bize şu bilgiyi verir: Üç kardeşten en büyüğüdür; kendisinden sonra erkek kardeşi dünyaya gelmiş, onu da bir kız kardeş izlemiştir. Erkek kardeşiyle bir türlü geçinememiş, kavga edip durmuş, aile içinde onun el üstünde tutulduğunu görmüştür hep. Özellikle kızıp içerlediği bir şey vardır ki, kardeşinin okulda kazandığı başarıların evdekiler tarafından dikkatle izlenmesidir; oysa başlangıçta iyi bir öğrenci sayılacak kendisinin elde ettiği başarılar, öylesine bir ilgisizlikle karşılanmıştır ki, sonunda bu duruma pek katlanamaz olmuş, niçin kardeşiyle kendi başarılarının ayrı terazilerde tartıldığını kötü kötü düşünmeye başlamıştır.

Bu durumda hastamızın çevresindekilerden eşit davranış görmek istediğini, çocukluğundan beri güçlü bir aşağılık duygusunu içinde taşıdığını ve bunu dengelemeye çalıştığını anlamaktayız. Söz konusu amaca da okulda iyiyken kötü bir öğrenciye dönüşerek ulaşmaya çalışmış, okuldan eve kötü karneler getirerek kardeşini aşmayı arzulamıştır. Anne ve babasının dikkatini özellikle kendi üzerine çekmek gibi çocuksu bir düşünceyle söz konusu yola başvurmuştur. Hastamızın bugün açıkladığına göre, o zamanlar gerçekten kötü bir öğrenci sayılmayı açık seçik *istemiştir*. Ne var ki, anne ve babası okuldaki başarısızlıklarıyla da en ufak bir şekilde ilgilenmemiştir. Derken hastamız yine ilginç bir davranışa başvurmuş, okulda tekrar başarılı bir öğrenci aşamasına yükselmiştir. Ama işte bu sırada küçük kız kardeşi, kardeşlerden en küçüğü sahnede boy göstererek dikkatleri üzerine çekmiştir. Kız kardeşi de kendisi gibi okuldan kötü karneler, kırık notlar getirmiştir eve. Gelgelelim, annesi erkek kardeşinin başarılarına nasıl ilgi göstermişse, kız kardeşinin başarısızlıklarıyla da aynı şekilde ilgilenmiş, bu ilgi de tuhaf bir nedenden kaynaklanmıştır: Hastamız normal derslerden kötü not alırken kız kardeşi ahlak dersinden kötü not almış, böylelikle evdekilerin dikkatini kendi üzerine çekmeyi çok daha iyi başarmıştır; nedeni de, ahlak dersinden kötü not almanın öteki derslerden alınacak kötü notlarla kıyaslanamayacak kadar ayrı bir toplumsal önem taşımasıdır. Bu durum okulca özel birtakım önlemlere başvurulmasına yol açabileceğinden anne ve babayı ister istemez çocukla daha çok ilgilenmek zorunda bırakır.

Bu durumda, hastamızın eşitlik uğruna savaşı geçici bir süre için başarısızlıkla sonuçlanmış olmaktaydı. Ancak, şurası unutulmamalıdır ki, böyle bir başarısızlık ilgili süreçte asla bir duraklama anlamına gelmez. Çünkü hastamızınki gibi bir duruma katlanabilecek kimse yoktur. Söz konusu durumdan aralıksız yeni duygular fışkırıp yeni çabalar kaynaklanacak ve tümü de ilgili kişinin karakterinin alacağı biçime katkıda bulunacaktır. Hastamızın telaşının, başkalarının önünde kendini yük altında ezilmiş ve bunalmış gösterme eğiliminin nedenini de artık daha iyi anlamaktayız. Başlangıçta hastamızın sergilediği davranışlar anneyi hedef almıştır; anne ve babasını zorlamak, kız kardeşi gibi kendisine de aynı ilgiyi göstermelerini sağlamak, beri yandan kendisine kız kardeşinden daha kötü davrandıkları için onları suçlamak istemişti. Hastamızın o zamanki ruh durumunun temel öğeleri, bugüne kadar kaybolmadan varlığını sürdürmüştür.

Hastamızın yaşamında daha da gerilere uzanabiliriz. Çocukluğunun özellikle kendisini etkilemiş bir yaşantısı olarak açıkladığına göre, üç yaşındayken henüz kısa süre önce doğan erkek kardeşine bir ara bir odun parçasıyla vurmak istemiş, annesinin uyanık davranışıyla olay büyük bir kazaya yol açılmadan atlatılmıştır. Demek oluyor ki, hastamız kendisini ihmal etmelerinin ve kendisine gereken değeri vermemelerinin salt bir kız olmasından kaynaklandığını son derece ince bir sezgiyle daha çocukken anlamış bulunuyordu. O zamanlar belki binlerce kez keşke bir kız olmasaydım sözlerinin dilinin ucuna geldiğini anımsıyor hastamız. Yani erkek kardeşinin dünyaya gelmesiyle sıcak yuvasını elinden alınmış gördüğü gibi, kardeşine erkek olduğu için kendisinden daha çok ilgi göstermelerine çok üzülmüştür. Söz konusu eksikliği gidermek için de zamanla bir yol bulmuş, başkalarına karşı kendini hep aşırı yük altında göstermiştir.

Bir insanın devinim çizgisinin ruhsal yaşamının ne kadar derinliklerine kök salabileceğini şu düş de yine açıkça ortaya koymaktadır. Hastamız düşlerinin birinde kocasıyla konuşur. Ama kocasında hiç de bir erkek hali yoktur, bir kadına benzer daha çok. İlgili ayrıntı, tıpkı bir simge gibi, hastamızın yaşantı ve ilişkilere yaklaşımda başvurduğu şemayı ortaya koyar. Düşün içerdiği anlama göre, hastamız kocasıyla kendisi arasında amaçladığı eşitliğe kavuşmuştur. Kocası, bir zaman erkek kardeşinin olduğunu düşündüğü gibi, kendisinden üstün bir erkek değildir artık, neredeyse bir kadına dönüşmüştür. Kocasıyla bundan böyle aynı aşamada yer alır.

Aslında çocukken elde etmek için can atıp durduğu şeyi düşünde ele geçirir.

Böylece, ruhundaki iki noktayı birleştirerek bir insanın yaşam çizgisini ve ana doğrultusunu saptamış olduk ve kendisi hakkında tutarlı bir izlenim edindik; ilgili izlenimi de: "Sevimli birtakım çarelerden yararlanarak üstün kişi rolünü oynamak isteyen bir kimse karşısında bulunuyoruz" cümlesiyle özetleyebiliriz.

6.
YAŞAMA HAZIRLIK

Bireysel psikolojinin dayandığı *ilkelerden biri* şöyledir: *Ruhsal yaşamda geçen bütün olaylar, birey tarafından saptanan bir amaca hazırlık niteliği taşır.* Ruhsal yaşamın, buraya kadar anlattığımız gelişim sürecinin amacı, bireyin isteklerinin gerçekleşeceği bir geleceğe hazırlık oluşturmaktır. Tüm insanlara özgü bir durumdur bu; bütün insanlar böyle bir süreçten geçer. Eski mitler, destanlar ve söylencelerde de aynı durum görülür; hepsinde de ileride gerçekleşecek olan ya da zamanında yaşanan ideal bir durumdan hayranlıkla söz açılır. Geçmişte bir cennetin yaşandığına ilişkin olarak bütün kavimlerde rastladığımız inancı da yine buraya katmak gerekir. Ayrıca, insanlığın içinde barındırdığı bu özlemin bir yansıması, her türlü güçlüğün altedildiği bir gelecek düşüncesine yer veren bütün dinlerde karşımıza çıkar. Öldükten sonra insanın kavuşacağı mutluluk, o ezeli yinelenme, ruhun aralıksız bir gelişim süreci geçireceği inancı da başka türlü yorumlanacak gibi değildir. Elimizdeki bütün masallar, insanların mutlu bir geleceğe kavuşma umudunu gönüllerinde sürekli yaşattığını kanıtlamaktadır.

Oyun

Çocukların yaşamında bir olay vardır ki, geleceğe açık seçik hazırlık niteliği taşır, bu da oyundur. Kimi anne ve babalar ya da eğiticiler gibi oyunlara asla bir kapris ürünü gözüyle bakamayız; bunları eğitimin yardımcı araçları saymak, çocuğun ruhunun, hayal gücünün ve becerisinin gelişimine katkıda bulunan uyarı kaynakları olarak görmek gerekir. Bütün oyunlarda gelecek için hazırlık özelliği açığa vurur kendini. Örneğin çocuğun oyun karşısındaki tutumunda, oynayacağı oyunun seçiminde ve ona verdiği önemde bu durumu gözlemleyebiliriz. Ayrıca, oyunda bir şey daha açığa vurur kendini; bu da, çocuğun çevreyle ilişkisinin ne durumda olduğu, insan soydaşları karşısında nasıl bir tutum takındığı, ilgili tutumun dostça mı, yoksa düşmanca mı nitelik taşıdığı, tahakküm eğiliminin söz konusu tutumda özellikle yer alıp almadığıdır. Bunun dışında oyun, çocuğun yaşam karşısındaki tavrını da ele verir, kısaca çocuk için alabildiğine önem taşır. İlgili gerçekleri bulup ortaya çıkaran bilgin, pedagoji profesörü Gross olmuş, çocukların oyunlarına gelecek için yapılan hazırlıklar gözüyle bakılması gerektiğini bize öğreten Prof. Gross, ayrıca hayvanların oyunlarının da aynı amaca yönelik olduğunu kanıtlamıştır.

Ancak oyunun işlevi konusunda söyleyeceklerimiz bu kadar değildir. Her şeyden önce oyunda bir toplumsallık duygusunun da etkinliğini saptarız. Bu toplumsallık duygusu çocukta öylesine büyüktür ki, ne olursa olsun oyun oynayarak ilgili duyguya doyum sağlamaya çalışır ve oyun oynamaya karşı içinde güçlü bir eğilim duyar. Oyun oynamaktan kaçan çocukların ruhsal gelişimlerinde her zaman bir aksaklık söz konusudur. Böylesi çocuklar başkalarına pek sokulmak istemez, başkalarıyla bir araya geldiler mi, genellikle oyunbozanlıktan başka bir şey yapmazlar. Bunun da başlıca nedeni, büyüklük taslama, öz değerini gereği gibi saptayamama, dolayısıyla rolünü doğru dürüst oynayamama korkusudur. Normalde çocuklardaki toplumsallık duygusunun kapsamını büyük bir kesinlikle belirlememizi sağlayacak tek şey oyunlardır.

Oyunda pek belirgin gözlemleyeceğimiz bir diğer etken de üstünlük amacı olup, çocuğun sağa sola emirler yağdırması ve ona buna hükmetmek istemesiyle ele verir kendini. Başkalarından öne çıkmaya çalışıp çalışmadığına, egemen biri gibi davranmasını sağlayacak oyunlara öncelik tanıyıp tanımadığına bakarak, çocuğun böyle bir üstünlük amacını ruhunda taşıyıp taşımadığını anlayabiliriz.

Çok az oyun vardır ki, yaşama hazırlık, toplumsallık duygusu ve hükmetme isteğinden oluşan bu üç etkenin en azından birini kendi içinde barındırmasın.

Ancak, oyunda rol oynayan bir başka etken daha var ki, o da çocuğun oyun sayesinde bir eylemsellik içinde bulunmasıdır. Oyun oynayan çocuk, az çok kendi güçleriyle yalnız kalır, başarılarını diğer çocuklarla ilişkiyi koruyarak oyun aracılığıyla gerçekleştirir.

Çok sayıda oyun vardır ki, çocuğun en başta yaratıcılık özelliğini ön plana çıkarır. İçlerindeki yaratıcılık eğiliminin at koşturacağı kadar büyük bir alanı buyur edip çocuklara sunan oyunlar, ileride seçilecek meslek açısından da büyük önem taşırlar. Diyelim ki, çocukken bebekleri için giysiler diken kimilerinin sonradan aynı işi büyük insanlar için yaptıklarını o kimselerin yaşamöykülerinden bilmekteyiz.

Oyun, çocuğun ruhsal gelişimine ayrılmaz biçimde bağlıdır. Adeta mesleki uğraşıdır çocuğun ve gerçekten bu gözle görülmesi gerekir. Dolayısıyla, çocuğu oyun oynarken rahatsız etmek, hiç de bağışlanacak bir davranış değildir. Oyunla harcanan zamana, hiç de boşa gitmiş bir zaman gözüyle bakılmamalıdır. Gelecek için hazırlanma amacı dikkate alınırsa, her çocuğun daha çocuk yaşta, ileride sergileyeceği büyük insanın kimi özelliklerini içerdiğini söyleyebiliriz. Bu yüzden, üzerinde bir yargıya varmak istediğimiz kimsenin çocukluğunu öğrenmemiz, işimizi büyük ölçüde kolaylaştırır.

Dikkat ve Dalgınlık

Ruhsal organda bulunup, insanın çalışma gücünün ön planında yer alan bir yetenek de dikkattir. Duyu organlarımızla içimizde ya da dışımızdaki bir olay arasında yoğun bir ilişki kurmaya kalktık mı, ruhumuzda özel bir gerilim duygusu uyanır; öyle bir gerilim ki, bedenimizin tümünde kendini açığa vurmayarak, ancak belirli bir alanla, örneğin gözle sınırlı kalır ve ilgili alanda sanki bir şeyler hazırlanıyormuş duygusuna kapılırız. Bizde bu gerilim duygusunu veren nesnenin devingen organlar olduğunu (göz örneğinde göz eksenlerinin belirli bir yöne yönelmesi) gerçekten de saptayabiliriz.

Dikkatin, ruhsal organımızın ve devinim sistemimizin belirli bir bölgesinde bir gerilime yol açtığını söylemekle şunu da belirtmiş oluyoruz ki, ilgili gerilimle daha başka gerilimlerin organizmanın ortaya çıkması önlenmektedir. Bunun için de, dikkatimizi belirli bir şeye yöneltmeye kalktık mı, hemen onu dağıtabilecek etkenleri tümüyle bir kenara itmeye çalışırız. Yani dikkat, ruhsal organın alarma geçişi, olaylarla ruhsal organ arasında tamamen kendine özgü bir bağlantının kuruluşudur, tüm gücümüzü belirli bir amacın hizmetine vermemizi gerektiren zor bir konumdan ve olağanüstü bir durumdan kaynaklanabilecek bir saldırı ya da savunma girişimine hazırlık anlamını içerir.

Dikkat yetisi, hasta ya da ruhsal bakımdan yetersiz olmamak koşuluyla, her insanda vardır. Ama bir insanda bu yetinin etkinliğine rastlanmadığı durumlarla da karşılaşılır sık sık. Bunun da nedenleri çok çeşitlidir. Bir kez yorgunluk ya da hastalık, söz konusu yetinin gelişimini kısıtlayan etkenlerdir. Ayrıca bazı insanların dikkatlerindeki yetersizlik, pek dikkat etmek istememelerinden, dikkatlerini yöneltecekleri şeyin yaşam karşısındaki tutumlarına, yani kendi devinim çizgilerine uygun düşmeyişinden kaynaklanır. Ama devinim çizgileriyle bağdaşan bir şey karşısında dikkat hemen uyanıp çalışmaya başlar. Beri yandan, dikkat yetersizliği, kişideki muhalefet eğiliminden de ileri gelebilir. Çocuklar, muhalefete son derece büyük bir eğilim gösterirler. Böyle bir eğilimi içlerinde taşıyan çocuklar, dışarıdan kendilerine yöneltilecek her öneriyi 'hayır'la yanıtlandırır, ama, bunu yaparken muhalefet eğilimlerini doğrudan sergilemeyebilirler. Muhalefete eğilimli çocuğa öğretecek nesnelerle çocuğun bilinçsiz yaşam planı ve izlediği ana çizgi arasında bir bağlantının kurulması ve çocuğun söz konusu nesnelere barışık bir gözle bakmasının sağlanması, öğretim yöntemine ve eğiticilerin becerisine kalmış bir iştir.

Öyle insanlar vardır ki, her şeyi görüp işitir, her olayı, her değişikliği algılar. Bazıları da salt görme duyularıyla dünya karşısında yer alır; yine bazıları vardır, aynı işi işitme duyularıyla yapar; bu sonuncular hiçbir şey görmez, hiçbir şeyin görerek ayrımına varmazlar, nerede gözle görülecek nesneler söz konusuysa, orada yoktur kendileri. Bütün bunlar da yine bir kimsenin belirli bir durumda dikkat göstermesi beklenirken, böyle bir şeyle karşılaşılmamasının nedenleri arasındadır.

Bir kimsede dikkatin uyanmasını sağlayan en önemli etken, sağlam bir temele dayanacak 'ilgi'dir. İlginin yeri, dikkate göre ruhun çok daha derin bir katmanıdır. Nerede ilgi varsa, dikkat de doğal olarak orada demektir, eğitimden yararlanılarak uyandırılmasına gerek kalmaz. Dikkat, ilgi duyulan bir nesnenin belirli bir amaçla ele geçirilmesini sağlayan bir araçtır. İnsanın gelişimi hiç hatasız gerçekleşmediğinden, dikkatin de hatalı yollar izlediği görülür, sürekli. Bir insanın hatalı tutumundan, doğal olarak ilgisi de olumsuz yönde etkilenir ve yaşama hazırlık bakımından bir önem içermeyen nesnelere yönelebilir. Örneğin ilgisi aşırı derecede kendi şahsına, özellikle elinde bulundurduğu güç ve otoriteye yönelik bir insan, nerede güçlülük çıkarıyla bağdaşır bir durum varsa, nerede ele geçirilecek bir şeyler bulunuyor ya da iktidarı ve gücü tehlikeye düşüyorsa, orada dikkat yetisini çalıştıracaktır. Güçlülüğe karşı ilgisinin yerini bir başka ilgi almadığı sürece, göstereceği dikkat bir türlü frenlenemeyecektir. Özellikle çocuklarda açıkça gözlemleriz bu durumu; saygınlık elde etmek söz konusu olunca hemen dikkatleri çalışır; ama ortada kendilerine yarar sağlayacak bir durumun bulunmadığı duygusuna kapıldılar mı, çarçabuk sönüp gider dikkatleri. Bu konuda alabildiğine değişik ve ilginç durumlarla karşılaşabiliriz.

Dikkatin yetersizliği, gerçekte insanın dikkat göstermesinin beklendiği bir konu ya da nesneden uzak kalmak istemesinden başka bir anlam taşımaz. Dikkatin bir nesneden çekilip alınması, kısaca onun bir başka nesne üzerine yöneltilmesiyle sağlanır. Dolayısıyla, bir kimsenin dikkatini belirli bir şey üzerine yoğunlaştıramadığını söylemek doğru değildir. Bir şeye gereği gibi dikkatini veremeyen bir kimsenin, bir başka nesne söz konusu olunca aynı işin pekâlâ üstesinden gelebildiği, her zaman gözlemlediğimiz bir durumdur. *Konsantre olma yetersizliğinin* bir benzerini irade güçsüzlüğü ve enerji yoksunluğu durumlarında da karşımızda buluruz. İradesiz ve enerjiden yoksun bir gözle bakılan insanlarda beklenen değil de, bir başka doğrultuda çelik gibi bir irade ve aynı şekilde büyük bir enerjiye rastlarız.

Böylesi kişiler kolay tedavi edilemez. Bunun için önce söz konusu kimselerin yaşam planları üzerindeki örtünün tümüyle aralanması gerekir. Ama bütün vakalarda şunu kabul etmek gerekir ki, belirli bir konuda gözlemlenen eksiklik ve yetersizlik, kişinin bir başka konuya yönelmesinden kaynaklanır.

Dikkatsizlik ya da dalgınlık çok insanda zamanla sürekli bir karakter özelliğine dönüşür. İkide bir öyle insanlara rastlarız ki, kendilerine belirli bir iş verilmiştir, ama şu ya da bu şekilde yadsırlar bu işi ya da üstünkörü yapıp çıkarır ve bu davranışlarıyla başkaları için bir yük oluştururlar. Dikkatsizlik, karakterlerinin kalıcı bir özelliğine dönüşmüştür, kendilerinden bir işe el atmaları istenir istenmez, sesini duyurur hemen.

İhmal ve Unutkanlık

Gerekli titizlik ve özen gösterilmediği için insanın güvenlik ve sağlığının tehlikeye düşmesi durumunda normal olarak ihmalden söz ederiz. İhmal, bir insanın tam anlamıyla dikkatsizliğini gösteren bir durumdur. Dikkat yetersizliği, insanın hemcinsleri için gösterdiği ilginin yetersizliğinden kaynaklanır. İhmalden yola koyularak, örneğin çocukların oynadıkları oyunlarda başkalarını yeterince düşünüp düşünmediklerini saptayabiliriz. Bu tür ihmaller, insandaki toplumsallık duygusunun derecesini saptamada sağlam bir ölçüt oluşturur. Toplumsallık duygusu istenildiği gibi gelişmemiş insan, davranışı cezayla karşılanacak bile olsa, başkalarına karşı ilgi göstermekte oldukça zahmet çeker, oysa toplumsallık duyguları gelişmiş kimseler böyle bir ilgiyi zahmetsizce içlerinde yaratabilir ya da sürekli kendilerinde barındırırlar.

Dolayısıyla ihmal, toplumsallık duygusunun bir eksikliğidir. Ama bu konuda da gereğinden fazla bir hoşgörüsüzlüğe kapılmanın yeri yoktur. Çünkü hiçbir zaman araştırıp incelemeden geçemeyeceğimiz bir şey varsa o da, neden bir insanın kendisinden beklenen ilgiye sahip olmadığı sorunudur.

Dikkatin zayıflamasından *unutkanlık* doğar, ayrıca önemli nesneleri kaybetme gibi bir durum ortaya çıkar. Unutkanlıkta da kuşkusuz büyük bir dikkat potansiyeli, yani ilgi vardır, ama tam değildir bu ilgi, isteksizlikten kaynaklanan bir bulanıklığı içerir ve söz konusu isteksizlik de kaybetmeyi ya da unutmayı başlatır, kamçılar ya da doğurur. Örneğin çocukların kitaplarını kaybetmeleri buna bir örnektir. Çokluk okuldaki koşullara henüz gereği gibi uyum sağlayamamış çocuklardır bunlar. Ayrıca, öyle ev kadınları vardır ki, durmadan anahtarlarını bir yere koyar, koydukları yeri bulamaz ya da anahtarlarını kaybederler. Bunlar da, çoğunlukla ev kadınlığına pek ısınamamış kimselerdir.

Unutkan insanlar öyle kişilerdir ki, açıkça başkaldırmaya pek yanaşmaz, ama unutkan davranışlarıyla ödevlerine karşı yeteri kadar ilgi duymadıklarını ele verirler.

Bilinçaltı

Şimdiye kadar ele alıp incelediğimiz olaylarda dikkati çekmiş olması gereken bir nokta, ilgili olayları yaşayanların yaşadıkları olaylar üzerinde bir şey söyleyememeleridir. Diyelim ki dikkatli bir insan, niçin çok çabuk her şeyi görebildiğini açıklayamayacaktır bize. Kısaca, ruhsal organın öyle yetileri vardır ki, bunları bilinç alanında aramak boşunadır. Bilinçli bir dikkati belirli bir ölçüye kadar çalışıp elde etme olanağı varsa da, dikkati uyaran kaynak bilinçte değil, ilgide saklı yatmakta, ilgi ise büyük bölümüyle bilinçaltında bulunmaktadır. Bilinçaltı tümüyle ruhsal organın bir işlevi, aynı zamanda ruhsal hayatta en güçlü etkendir. Bir insanın devinim çizgisini biçimlendiren, (bilinçsiz) yaşam planını oluşturan güçleri burada aramak gerekir. Bilinçte yalnızca bir yansıması, hatta bazen tersi vardır bunların. Örneğin kendini beğenmiş biri, çoğunlukla ilgili özelliğinin hiç farkına varmaz, tersine öyle davranır ki, sanki alçakgönüllülüğü herkesin dikkatine çarpmaktadır. Kendini beğenmiş olmak için bunu bilmek, bunun bilincine varmak gerekmez. Hatta böyle bir şeyi fark etmesinin ilgili kişinin amacına uygun düşmediğini söyleyebiliriz; çünkü böyle bir şeyi fark etmesi durumunda kendini beğenmiş biri gibi davranamaz. Kendini beğenmiş kişi bir tiyatro oyuncusunu andırır; güven içinde davranışını sağlayan şey, çoğu kez kendini beğenmişliğini görmeyerek, dikkatini başka bir nesne üzerine yöneltmesidir. Dolayısıyla, bütün olay, büyük bölümüyle karanlıkta bir seyir izler. Böyle bir kişiyle kendini beğenmişlik konusunda bir söyleşide bulunmak istendi mi, söyleşinin hiç de kolay gerçekleşmediği görülecektir; çünkü ilgili kimse arkasını dönecek, rahatsız edilmek istemeyerek soluğu kaçmakta alacaktır. Ancak böyle davranmasıyla da bizim görüşümüzü pekiştirecektir. Yani ileride de kendini beğenmiş biri rolünü sürdürmek isteyen böyle bir kimse, oyun üzerindeki örtüyü aralamak isteyen herkese oyunbozan gözüyle bakacak, ona karşı kendini savunmaya çalışacaktır.

Bu davranış biçimine göre, insanları, içlerinde geçen olayların normal bir insana göre daha çok ya da daha az bilincine varanlar, yani bilinç alanları daha geniş ya da daha dar olanlar diye ikiye ayırabiliriz. Çoğunlukla bu da, dikkatlerine yaşamın küçük bir alanını konu alanlar ve çok yönlü ilişkilere sahip olup dikkatlerini yaşamın ve dünyada geçen olayların büyük bir bölümü üzerine yöneltenler ayrımıyla bir yerde aynı kapıya çıkar. Kendilerini ezik durumda hissedenlerin yaşamın küçük bir kesitinden dışarı çıkamayanlar arasında yer alacağını, hayattan biraz yüz çevirmiş kişilerin yaşamın sorunlarını, yaşama gereği gibi ayak uyduranlar kadar açık seçik göremeyeceğini söyleyebiliriz. Böylelerinin incelikleri pek kavrayacağı düşünülemez, çünkü ilgileri sınırlıdır, yaşamın karşılarına çıkardığı sorunun ancak küçük bir bölümünü görebilir, güçlerini bu yolda harcamaktan kaçtıkları için ilgili sorunu tüm boyutlarıyla kavrayamazlar. Hayatın tek tek olayları bakımından sıklıkla gözlemlediğimiz bir şey var ki, o da bazı kimselerin yaşam konusunda kendilerinde var olan yeteneklerden haberlerinin bulunmayışı ve ilgili yetenekleri küçümsemeleridir. Ama aynı kişilerin, yanılgıları konusunda da yine pek bilgileri yoktur; kendilerine iyi bir insan gözüyle bakar, oysa yaptıkları her şeyi gerçekte bencillikten yaparlar; bazen de yine aynı kişiler tersi bir davranışla kendilerini bencil biri gibi görür, oysa yakından bakıldı mı kendileriyle pekâlâ konuşulabilecek biri karşısında bulunulduğu anlaşılır. Bir kimsenin kendisi hakkında ya da başkalarının onun üzerinde ne düşündüğü değil, toplum içindeki genel tutumu önemlidir; bu dünyada nasıl bir amaç güttüğü ve neyin kendisini ilgilendirdiği, söz konusu tutum tarafından belirlenir.

Gerçekten de iki tip insan vardır. Birinci tipte, bilinçli yaşayan, hayatın çeşitli sorunları karşısında nesnel bir tavır takınabilen, gözlerinde meşin gözlükler taşımayanlar yer alır; öteki tipte ise, önyargıyla yaşamın ancak küçük bir parçasını görebilen, her zaman bilinçaltından yöneltilip, bilinçaltının kanıtlarıyla tartışan insanlar bulunur. Hani bazen öyle olur ki, birlikte yaşayan iki insan, içlerinden birinin sürekli muhalefeti yüzünden sürekli güçlüklerle karşılaşır. Sık sık rastlanan bir durumdur bu. Ama daha sık rastlanan bir durum vardır ki, her iki tarafın da aralıksız muhalif rolünü oynamasıdır. Muhalefette bulunan kendi davranışının farkına varmadığı gibi, hep dirlik düzenliği savunduğuna, barış ve uzlaşmaya her şeyden çok değer verdiğine inanır ve bunun için birtakım kanıtlar öne sürer. Ne var ki, olgular söylediklerini her zaman çürütür. Muhalefet ruhuna sahip olup da bir arada yaşayan iki kişiden birinin ağzından daha bir söz çıkar çıkmaz, ötekisi hemen saldırıya geçer, karşıt bir görüşü dile getirir. Dıştan bakınca belki pek önemsenecek ve dikkati çekecek yanı yoktur söylenen sözün; ama yakından bakıldığı zaman, düşmanca ve savaşçıl bir ruh durumundan kaynaklandığı anlaşılır.

Yani pek çok insan kendi içinde öyle güçler geliştirir ki, ilgili güçler günlük yaşamda etkinliğini sürdürmesine karşın kendileri bunun bilincine varmaz pek. Bilinçaltında yuvalanmış güçler insanların yaşamını etkiler ve üzerlerindeki örtü kaldırılıp ortaya çıkarılmadıkça ciddi sonuçlar doğurabilirler. Dostoyevski böyle bir olayı *"Budala"* romanında bütün psikologların hayranlığını uyandıracak şekilde anlatmıştır. Olay şudur: Bir kadın bir toplantıda romanın baş kahramanı Prens Mişkin'e, biraz iğneleyici bir tonla dikkatli olmasını, yanı başındaki değerli Çin vazosunu devirip de kırmamasını söyler. Prens de, dikkat edeceğini belirtir. Gelgelelim, aradan henüz birkaç dakika geçmiştir ki, vazo yeri boylar, kırılıp dökülür. Salondakilerden hiçbiri bunu kazara olmuş saymaz, evin hanımının sözlerinden alınan Prens'in karakterinden doğmuş düpedüz hesaplı ve planlı bir eylem gibi görür.

Bir insan üzerinde yargıya varırken, salt bilinçli eylem ve sözlerinden sonuçlar çıkarmakla yetinmeyiz. Onun düşünce ve davranışında yer alıp kendi gözünden kaçan küçük ayrıntılar, pek sık olarak bize çok daha güvenilir şekilde izleyeceğimiz doğru yolu gösterir. Örneğin tırnak kemirme ve burun karıştırma gibi dikkati çeken kötü alışkanlıklara sahip insanlar, ilgili davranışlarıyla inatçı kimseler olduklarını ele verdiklerini bilmez, çünkü kendilerinde söz konusu alışkanlıklara yol açan nedenlerden habersizdirler. Bu tür çirkin davranışlarından ötürü bir çocuğun tekrar tekrar uyarılmış olacağı, bu alışkanlıklarından el çekememişse çocuğun dikkafalı biri sayılacağı açıktır. Yeter ki bakışlarımız biraz keskinlik kazansın, bir insanın her hareketinden kimse farkına varmadan en kapsamlı sonuçları çıkarabileceğimiz kuşkusuzdur. Çünkü bir insanın tüm varlığı, aynı zamanda bu küçük ayrıntılarda saklı yatar.

Vereceğimiz iki örnek, aşağıda sözünü edeceğimiz olayların bilincine varılmayışının ve varılmak istemeyişinin ne gibi bir anlam içerdiğini bize gösterecektir. Bu anlam da, insan ruhunun bilinci yönetmek, yani ruhsal devinim açısından gereklilik taşıyorsa bir şeyi bilinçli duruma getirmek ya da ilgili amaç için gerekli görülüyorsa bir şeyi bilinçaltında tutmak ya da onu bilinçsiz duruma sokmak gibi bir yetenekle donatılmış olmasıdır.

Birinci vaka genç bir adamla ilgilidir. Ailenin ilk çocuğu olan adam, kız kardeşiyle beraber büyümüştür. On yaşındayken annesi ölmüş, o günden sonra çocukların eğitimini zeki, iyi kalpli ve ahlak açısından toz kondurulamayacak baba üstlenerek, oğlandaki hırs duygusunu geliştirmeye ve kamçılamaya özen göstermiştir. Oğlan da hep ilk sırada yer almaya çalışmış, gelişimi kusursuz bir seyir izlemiş, gerçekten de ahlak ve bilim bakımından çevresinde hep en ön planda yer tutmuş, kendisini daha küçük yaşta hayatta önemli bir rolü üstlenecek gibi eğitip yetiştiren babası için büyük bir kıvanç kaynağı oluşturmuştur.

Ne var ki, delikanlının yaşam karşısındaki tutumunda baş gösteren kimi tuhaflıklar babasını tasalandırmış, babası da bunları ortadan kaldırmak için çalışmaya koyulmuştur. Kız kardeşi, inatçı bir rakip olarak oğlanın günün birinde karşısına dikilmiştir. Gelişimi ağabeyi gibi kusursuz bir seyir izleyen kız, güçsüz bir kişinin silahlarıyla zafere ulaşmak için aralıksız çaba göstermiş, saygınlığını ağabeyinin sırtından arttırmaya bakmış, küçük evde hayli büyük bir yeri ele geçirmişti. Ağabey için kız kardeşiyle böyle bir savaşı sürdürmek doğrusu güçtü. Arkadaşları başarılı çalışmaları karşısında kendisini el üstünde tutuyor, onu sayıyor, onun sözünden çıkmıyorlar, gelgelelim kız kardeşinin karşısında başkalarına karşı o kadar kolay kazandığı üstünlüklerin hiçbirini elde edemiyordu. Babasının çok geçmeden fark ettiği gibi, oğlan özellikle ergenlik dönemine ayak basar basmaz toplumsal yaşam konusunda tuhaf bir davranışı sergilemeye başlamıştı; insan arasına karışmıyor, tanıdık kimseler hele yabancılarla bir araya gelmekten nefret ediyor, kızlarla bir tanışma söz konusu oldu mu soluğu düpedüz kaçmakta alıyordu. Başlangıçta baba bunda kötü bir yan görmemişti; ama sonradan iş büyümüş, oğlanın hiç evden ayrılmak istemeyeceği, akşam saatleri dışında gezmeye bile çıkmayacağı kadar büyük boyutlara ulaşmıştı. Oğlan kendisini dış dünyadan öylesine soyutlamıştı ki, bildik tanıdık kimseleri selamlamak istediğini bile artık hissetmez olmuştu. Okuldaki durumuna ve babasına karşı davranışına ise her zamanki gibi diyecek yoktu; okuldaki başarılarından kuşku duyulacak gibi değildi.

İş daha da büyüyüp, oğlan hiçbir yere gitmeye yanaşmayınca, baba hekime başvurmak zorunda kalmıştı. Bir, iki konuşmadan sonra hekimin saptadığına göre, oğlan kulaklarının aşırı derecede küçük olduğu ve bu yüzden kendisine çirkin bir gözle bakıldığı kanısındaydı. Oysa gerçekte böyle bir şey asla söz konusu değildi. Davranışı için öne sürdüğü kanıtların geçerli sayılamayacağı açıklanınca, bu kez saçlarının ve dişlerinin de çirkinliğini belirtmişti, ama bunun da yine doğru bir yanı yoktu. Şurası açıkça anlaşılmıştı ki, oğlanın içini, alabildiğine bir hırs kaplamıştı. Oğlan böyle bir hırsı içinde barındırdığını biliyor ve nedenini biraz babasının üzerine düşmesinde, yüksek bir mevkiye ulaşması için kendisini hep çalışmaya zorlamasında görüyordu. Gelecek için yaptığı planların başında kendini bilime adaması yer almaktaydı. Ne var ki, buna bağlı olarak toplumdan kaçıp hemcinslerine sırt çevirmek gibi bir eğilimi içinde yaşatmasa, böyle bir planın pek yadırganacak yanı yoktu. İnsan arasına karışmamak için ileri sürdüğü adeta çocuksu denilebilecek nedenler aklına nasıl gelmişti peki? Nedenler gerçekten bir doğruluk taşısa, delikanlının belirli bir ihtiyat ve korkuyla insan içine çıkmasını haklı gösterebilirdi elbette; çirkinliğin, çirkin kişiyi bazen güç durumlara sokacağı kuşkusuzdu.

İlerideki araştırmalar şu sonuca varılmasını sağlamıştı: Delikanlının gözüne kestirdiği bir amaç vardı ve bu amacı alabildiğine bir hırsla izlemekteydi. Şimdiye kadar hep birinci olmuştu ve bundan sonra da öyle kalmak istiyordu. İlgili amaca ulaşabilmesi için yoğun dikkat, çaba ve benzeri çeşitli olanaklar vardı elinde. Besbelli söz konusu olanakları asla pek yeterli saymamış, bunlara ek olarak yaşamından gereksiz gördüğü ne varsa hummalı bir şekilde çıkarıp atmaya koyulmuştu. Kesinlikle bilinçli olarak şöyle söyleyebilirdi kuşkusuz: "Mademki üne kavuşmak ve kendimi bilimsel çalışmalara adamak istiyorum, her türlü toplumsal yaşamdan elimi eteğimi çekmem gerekiyor." Ama bunu ne söylemiş, ne aklından geçirmiş, toplumdan uzak kalması için sözde çirkinlik gibi ufak bir bahane uydurmuştu. Bu pek önemli sayılamayacak neden üzerinde durması, gerçekte arzuladığı şeye kavuşabilmesi bakımından bir önem taşımaktaydı. Büyük bir coşkuyla ortaya yanlış nedenler sürmesi, kanıtlama işinde aşırılığa kaçması yetecek, bu yoldan gizli amacını izleme olanağına kavuşacaktı. Oysa birinci olmak için toplumsal yaşamdan elini eteğini çekmek istediğini söylese, gizli amacını herkes o saat görecek ve anlayacaktı. Birinci kişi rolünü oynama düşüncesine içten içe aşina olsa da, ilgili düşüncenin bilincine vardığı söylenemezdi. Çünkü izlediği amaç için her şeyi gözden çıkarabileceğini *aklından geçirmemişti.* Amacı uğrunda her şeyi feda etmeyi bilinçli tasarlamış olsa, çirkin biri sayıldığını, dolayısıyla toplum içine *çıkamayacağını* söylemek hiç de kendisine şimdiki güveni sağlayamayacaktı. Kaldı ki birinci olmak, dolayısıyla insanlarla her türlü ilişkiyi gözden çıkarmak istediğini hiç saklamadan açığa vursa, çevresindekilere karşı gülünç duruma düşecek, bundan kendisi de ürkecekti.

Böyle bir düşünce, düşünülecek gibi değildir. Öyle düşünceler vardır ki, insan hem başkalarından, hem de kendisinden gizlemek, kaçırmak ister, dolayısıyla açık seçik zihninden geçiremez. Hastamızın düşüncesinin bilinçsiz kalması da haklı olarak bu nedene dayanmaktadır.

Davranışını sürdürebilmek için kendi kendisine açıklayamadığı gerçek nedenleri böyle bir kimseye açıklamaya kalkmak, kuşkusuz onun bütün ruhsal mekanizmasını alt üst etmek olur. Çünkü böyle bir durumda kendisinin o zamana kadar engellemek zorunda kaldığı şey gerçekleşmiş, yani düşünülemeyecek, düşünebilme yeteneğinden yoksun, bilinçli duruma gelmesi tüm niyetini çelmeleyecek bir düşünce açık seçik bir nitelik kazanır, gün ışığına çıkar. Bir kimsenin kendisine ayak bağı olan düşünceleri bir kenara itip, tutum ve davranışını pekiştirecek düşüncelere kapıları açması üzerinde biraz düşünürsek, bunun tüm insanlara özgü bir olay sayılacağını anlarız. Çünkü insanların hepsi genellikle görüş ve tutumlarına yararı dokunacak şeyleri düşünür. Kısaca bizi yolumuzdan alıkoymayacak şeyler bilinç alanında yer alır, tutum ve davranışımızı açıklamada başvurduğumuz nedenleri zayıflatacak şeylerse bilinçaltını boylar.

Örnek olarak vereceğimiz ikinci vakada ise gayet yetenekli bir genç söz konusudur. Öğretmen olan babası bütün sertliğiyle onu hep birinci olmaya zorlamıştır. Hastamız da birinciliği hiç elden bırakmamış, bulunduğu hiçbir yerde üstünlüğü başkasına kaptırmamıştır. Toplum içinde en sevilen kişilerden biridir ve bazı dostları da vardır.

Ne var ki, on sekiz yaşındayken yaşamında büyük bir değişiklik baş gösterir, her şeyden elini eteğini çeker, hiçbir şeyden zevk almaz olur, suratını asar, somurtup durur hep. Bir kimseyle dostluk ilişkisi mi kurdu, bu ilişki göz açıp kapamadan kopup gider. Davranışından babası dışında kimse memnun değildir; baba, çocuğun kendini soyutlamasına olumlu bir gözle bakar, böylelikle oğlunun kendini daha sıkı bir şekilde okumaya vereceğini düşünür.

Tedavi sırasında hastamız babasının kendisine hayatı zehir ettiğinden dert yanmış, özgüvenini ve yaşama cesaretini yitirdiğinden, bundan böyle kendisine, yalnızlık içinde her türlü neşe ve kıvançtan yoksun bir ömür sürmek kaldığından yakınmıştı. Öğrenim hayatında elde ettiği başarıların arkası kesilmiş, üniversitede sınıfta kalmıştı. Anlattığına göre, bir gün bir toplantıda, çağdaş edebiyat konusunda pek bir şey bilmediği için alay konusu yapılmış, bu da kendisindeki değişikliğin başlangıç noktası olmuştu. Sonradan benzeri durumlar sık sık yinelenmiş, bunun üzerine giderek kendini soyutlamaya, toplumsal ilişkilerinden el çekmeye koyulmuştu. Bu arada tüm başarısızlığından babasının suçlu sayılacağı düşüncesi kafasına iyice yerleşmiş, baba ve oğul arasındaki ilişki günden güne kötüleşmişti.

Örnek olarak sunduğumuz her iki vaka kimi bakımdan birbirine benzerlik göstermektedir. İlk vakada kız kardeşinin engellemesi hastayı başarısızlığa sürüklemiş, ikinci vakada ise bu rolü hastanın kendisiyle pek geçinemediği babası oynamıştır. Her iki hasta da bizim genellikle *kahramanlık ideali* diye nitelendirdiğimiz bir ideali benimsemişti. Her ikisi de *kahramanlık* sarhoşluğundan öyle ansızın ayılmış, kendilerine gelmişlerdi ki, her şeyden ellerini eteklerini çekseler, Tanrı'dan başka bir şey istemeyeceklerdi. Ancak ikinci hastamızın günün birinde kendi kendine, "Bu kahramanlık yaşamını bundan böyle sürdüremeyeceğime ve başkaları benden üstün sayılacağına göre, en iyisi, kendimi çekip geriye almam ve tüm yaşamımı kendime zehir etmem," gibi bir laf ettiğine ihtimal vermek, bir yanılgıdan başka bir şey olmazdı. Babası kuşkusuz haksızdı davranışında, hastamız kötü eğitilmişti. Bu kötü eğitim üzerinde durduğu dikkati çekmekteydi. Ama gerçekte böyle bir düşünceyi savunmasının, durmadan gördüğü eğitimin kötülüğüne yaslanmasının nedeni, kendini toplumdan soyutlamasına haklı gözüyle bakmak istemesiydi. Bu yoldan elde ettiği bir şey varsa, artık herhangi bir başarısızlığa uğramaması, başına gelenlerin suçunu babasının üzerine yıkabilmesiydi. Böylece onurunun ve saygınlığının bir bölümünü geri kazanabilmişti. Ne de olsa parlak bir geçmişi vardı; zafer koşusunun yarıda kesilmesinin tek nedeni, babasının kendisini kötü eğitmesi ve böylece gelişimini baltalamış olmasıydı.

O da şu düşüncenin bilincine varmaktan kendisini esirgemişti: "Hayatın daha bir yakınında bulunup, birinci olmayı artık pek kolay başaramayacağıma göre, hayattan elimi eteğimi çekmek için elimden geleni yapmam gerekiyor." Ne var ki, hiç kimse kendi kendine böyle bir şey söyleyemezdi. Ama yine de böyle bir düşünceyi sanki planlı bir şekilde gözüne kestirmiş gibi davranabilir, babasının eğitim konusunda işlediği hatalarla sürekli uğraşarak toplumdan ve yaşamın kendisini almaya zorladığı kararlardan kaçabilirdi. Bunun için yapması gereken, daha başka kanıtlara başvurmaktı. Oysa yukarıda sözü edilen düşüncenin bilincine varması, gizli amacını gerçekleştirmesini engelleyecekti, dolayısıyla söz konusu düşüncenin bilinçsiz kalması gerekiyordu. Nihayet kendi kendisine yeteneksiz biri sayılacağını söyleyemezdi, çünkü parlak bir geçmişi vardı. Artık eskisi gibi zaferden zafere koşamıyorsa bundan kendisi suçlu bulunamazdı. Derken davranışıyla, babasından gördüğü eğitimin kötülüğünü kanıtlayacak bir fırsat geçirmişti eline. Yani hem yargıç, hem davacı, hem de sanıktı; böyle bir konumu şimdi elden mi çıkaracaktı? Ne var ki, gözden kaçırdığı bir şey vardı, baba kendisinin istediği, yani elindeki kaldıraçtan yararlandığı sürece suçluydu.

Düşler

Düşlere dayanarak bir insanın ruhsal yaşamı konusunda birtakım sonuçlara varılabileceği öteden beri ileri sürülür. Goethe'nin çağdaşı olan Lichtenberg, bir kimsenin yaratılış ve karakterinin o kimsenin söz ve davranışları değil de, düşlerinden yola çıkıldığında çok daha iyi anlaşılabileceğini söyler. Bu sözlerin biraz abartılı olduğu kuşkusuzdur. Bizim görüşümüze göre, her *ruhsal olayın* üzerine ihtiyatla eğilmek ve söz konusu olayı ancak daha başka olaylarla ilişki içinde açıklamak gerekir; dolayısıyla, bir düş yorumunun bize kazandıracağı bilgiler gerçek olaylar tarafından desteklenmediği sürece, düşlerinin yorumundan kalkarak bir insanın kişiliği konusunda sonuçlar çıkarmamız doğru sayılmaz.

Düşlerin incelenmesinin çok eski bir geçmişi vardır. Uygarlığımızın gelişiminde ve onun çökeltileri sayılan mitlerle destanlarda karşılaştığımız çeşitli öğeler, düşler üzerinde eskiden daha çok durulduğu sanısını bizde uyandırmakta, yine eskiden düşlere şimdikinden çok daha önem verildiğini ortaya koymaktadır. Örneğin, düşlerin eskiden Yunanistan'da oynadığı o pek büyük rolü anımsayalım: ayrıca Cicero'nun salt düşler üzerine bir kitap kaleme aldığını ve Tevrat'ta yine çeşitli düşler anlatılıp, bunların son derece zekice yorumlandığını, ya da bir düş salt anlatılmaya görsün, herkesin düşün içeriğini hemen kavradığını düşünelim. Örneğin, kutsal kitaplarda Yusuf'un kardeşlerine anlattığı buğday demetleriyle ilgili düşü getirelim aklımıza. "Nibelungen" destanından, yani bambaşka bir kültür çevresinde doğmuş bir yapıttan, düşlerin bir zamanlar kanıtlayıcı bir rol oynadığı sonucunu çıkarabiliriz.

Düşlerden insan ruhunu tanımada yararlanacağımız ipuçları ele geçirmeye çalışıyorsak, düşte doğaüstü güçlerin parmağını gören düş yorumlarının izlediği düşsel doğrultudan enikonu uzak bir tutumla bunu yaptığımızı söylemek isteriz. Bizim izlediğimiz yol, deneyimlerin, değeri kanıtlanmış yoludur yalnızca; düşlerden çıkardığımız sonuçlara da, ancak bu sonuçları daha başka alanlarda yapacağımız gözlemlerin doğrulaması halinde başvuracağız.

Her şeye karşın, bugüne kadar düşlere, geleceği öğrenme bakımından ayrı bir önem verilmesi dikkate değer bir noktadır. Hatta gördükleri düşleri kendilerine kılavuz edinecek kadar ileri giden kimselerin varlığını belirtmek isteriz. Örneğin, hastalarımızdan biri tüm uğraşlara sırt çevirerek kendini borsa oyunlarına vermiş ve bu oyunları oynarken her seferinde gördüğü düşlere tam bir uygunluk içinde davranmıştır. Hatta bir düşün istediği doğrultuda davranmadı mı, durumun her seferinde aleyhinde sonuçlandığına ilişkin tarihsel denilebilecek bir kanıt ortaya koymuştur.

Burada hastamızın düşünde gördüğü şeye uyanık durumda da sürekli dikkatini yönelttiğini, normalde kendisini bir dereceye kadar iyi tanıdığı için düşünde kendi kendisine bir ipucu verdiğini düşünmek akla yakın görünmektedir. Hastamızın düşlerinin etkisiyle bol kazançlara kavuştuğunu hayli zaman ileri sürebilmesi, işte buradan kaynaklanmaktadır.

Ne var ki, aradan uzunca bir zaman geçmiş, hastamız bir gün artık düşlerine hiç kulak asmayacağını açıklamıştır, çünkü o zamana kadar kazandıklarının tümünü yine borsada elden çıkarmıştır. Kuşkusuz düşsüz de gerçekleşebilecek bir şeydir bu ve bizim bir mucizeye inanmamızı sağlayacak yanı yoktur. Çünkü bir işle yoğun olarak uğraşan kimse, geceleri de aynı işle uğraşmadan rahat edemez. Kimileri bunu hiç uyumamak, hep söz konusu iş üzerinde kafa yormakla yapar, kimileri de uyur, ama gördükleri düşlerde soluğu hep kurdukları planlarının kucağında alırlar.

Uyurken düşünce dünyamızda pek tuhaf biçimlerde olup biten şey, bir önceki günden bir sonraki güne bir köprünün kurulmasıdır yalnızca. Genellikle bir kimsenin yaşam karşısındaki tutumunu ve geleceğe uzanan köprüyü normalde nasıl kurmaya alışık olduğunu bilirsek, düşsel köprüleri kuruşundaki tuhaflığı da anlayabilir ve bundan birtakım sonuçlar çıkarabiliriz. Kısaca, düşün temelinde kişinin yaşam karşısındaki tutumu saklı yatar.

Bir ara genç bir kadının ağzından şöyle bir düş dinlemiştim: Kadın, rüyasında kocasının evlenme yıldönümlerini unuttuğunu görmüş, kendisine sitemler yöneltmişti. Bu düş tek başına kimi şeyler anlatır bize. Eğer bir evlilikte düşte sergilenen durum gerçekten baş gösterebiliyorsa, o evlilik birtakım sorunları içeriyor ve kadın kendini ihmal edilmiş hissediyor demektir. Gerçi kadın evlenme yıldönümlerinin kendisinin de aklından çıktığını belirtmiştir; ama söz konusu günü sonradan anımsayan yine kendisi olmuş, kocasına da kendisi anımsatmıştı. Yoksa kocasının bundan haberi olmayacaktı. Dolayısıyla, kadın, bir evliliği oluşturan taraflardan daha iyisidir. Bir soru üzerine verdiği yanıt, böyle bir unutma olayının gerçekte şimdiye dek asla görülmediği yolundadır. Buna göre, düşün odak noktasında gelecek hesabına duyulan bir korku yer almakta, kadın böyle bir durumla günün birinde karşılaşabileceğinden tasalanmaktadır. Dolayısıyla, düşten çıkarabileceğimiz bir sonuç, gerçeklikten yoksun bir nedenle kocasına suçlamalar yöneltme, belki günün birinde bulunacağı bir davranıştan ötürü kocasına sitemde bulunma eğiliminin kadının içinde yaşamakta olduğudur.

Ne var ki, çıkardığımız sonuçları doğrulayıp pekiştirecek başka kanıtlar ele geçiremediğimiz süre, kesinlikle böyledir diye kestirip atamayız. İlk çocukluk izlenimleriyle ilgili bir sorumuz üzerine, kadın bize şimdiye kadar hiç belleğinden çıkmayan bir olayı anlatmıştır. Üç yaşındayken, bir gün teyzesi kendisine tahtadan oyma bir kaşık armağan etmiş, bu da onu sevince boğmuş. Bir ara bir çay kenarında oynarken, kaşık suya düşmüş ve akıntıyla sürüklenip gitmiş. Buna günlerce üzülüp durmuş; o kadar üzülmüş ki, çevresindekilerin dikkatini çekmiş durum.

Burada düşle ilişki kurarak şunu belirtebiliriz ki, düşü gördüğü sırada kadın bir zamanlar olduğu gibi elinden bir şeyin, yani evliliğinin "kayıp gidebileceğinden" korkmaya başlamıştı. Ya kocası evlenme yıldönümlerini unutursa!

Bir başka düşte ise kocasının kendisini yüksek bir binanın merdivenlerinden çıkardığını görmüştü kadın. Basamaklar arttıkça artmış, gereğinden çok yükseğe çıkmış olabileceklerini düşünür düşünmez kadının başı fena halde dönmeye başlamış, derken bir korku nöbetine yakalanarak olduğu yere yığılıp kalmıştı. Yüksekte başı dönen insanlar vardır ve böyle bir baş dönmesinde de kendini açığa vuran şey yüksek yerde bulunmaktan çok, derinlik korkusudur. Söz konusu durum işte bu tür kimselerin uyanıkken de başına gelebilir. İkinci düşle birincisi arasında bir bağlantı kurulup içerdikleri düşünce ve duygu malzemesi bir araya getirilirse, kadının çok derinlere düşme korkusunu yaşayan, yani bir felaketin baş göstermesinden tasalanan bir kimse sayılacağı izlenimine kapılmamak elde değildir. Söz konusu felaketin de nasıl bir şey olduğunu sezgisel yoldan çıkarabiliriz: Adamın kendisini artık sevmeyeceği vb. bir durumdur bu. Adam şu ya da bu nedenle evlilik için işe yaramaz bir duruma gelir ve evlilik yaşamında birtakım aksaklıklara yol açarsa ne olacaktır? Bunu umutsuzluktan kaynaklanan birtakım eylemler izleyecek, sonunda belki kadın olduğu yere cansız yığılıp kalacaktır. Ve evde geçen bir olay sırasında gerçekten benzer bir durum yaşanmıştır.

Böylece düşün anlamına biraz daha yaklaşmış olduk. Düşünce ve duygu dünyasının düş sırasında hangi malzemeyle kendini açığa vurduğu, insanın sorunlarını düşte hangi malzemeyle dile getirdiği önemsizdir; yeter ki ilgili malzemeyle ruhundakilere bir dışavurum sağlayabilsin. Bir insanın yaşam sorunu düşte *mecaz yoluyla* (fazla yükseğe çıkma ki, fazla derine düşmeyesin!) ele verir kendini. Burada bir düşün sanatsal reprodüksiyonu olan Goethe'nin *Evlenme Şarkısı*'nı anımsayalım. Bir şövalye evine dönüp geldiğinde, şatosunu bakımsız durumda bulur. Yorgun argın yatağa uzanır ve düşünde küçük küçük birtakım insanların yatağın altından çıkıp geldiğini görür; gözlerinin önünde cüceler bir düğün şenliği düzenler. Düş, tatlı bir izlenim bırakır şövalyenin üzerinde. Adeta şatoya bir hanım gerektiği düşüncesinin onaylanıp doğrulanmasını arzulayarak düşü görmüş gibidir. Düşte küçük bir örneğine tanık olduğu tören, çok geçmeden büyük çapta gerçekleşir ve şövalye kendi düğün şenliğini yaşar.

Bu düş, bizim daha önceden bildiğimiz kimi öğeleri içerir. Herhalde düşün gerisinde ozanın kendi evlilik sorunu üzerinde kafa yorduğu günlere ilişkin bir anımsama yer almaktadır. Düşü görenin, dış güçlükler nedeniyle yaşadığı durum karşısında nasıl bir tutum takındığı belli olmakta, ilgili tutum da onun bir an önce evlenmesini istemektedir. Düşte düşü gören evlilik sorunuyla uğraşıyor, ertesi gün de gerçekten evlenmesinin en iyi çıkar yol olacağı kararına varıyor.

Şimdi de 28 yaşındaki bir adamın düşüne kulak verelim. Düşte bir aşağı bir yukarı inip çıkan çizgi, bir ateş eğrisi gibi bu insanın ruhunu dolduran devinimi gösteriyor. Yukarıya, üstünlüğe kavuşmak uğrunda harcanan çabaların kaynaklandığı aşağılık duygusu, düşte açıkça seçilmektedir. Adamın ağzından şunları dinliyoruz:

"Büyük bir kalabalıkla bir gezintiye çıkıyorum. Bindiğimiz gemi küçük bir şey; dolayısıyla bir ara iskelede inip, kentte gecelememiz gerekiyor. Gece olunca geminin batmakta olduğu haberini alıyoruz; geziye çıkanlardan tulumbalarla suyun boşaltılıp geminin kurtarılmasına yardımcı olması isteniyor. Birden bagajımın altında değerli eşyalarımın bulunduğunu anımsıyor, hemen gemiye seğirtiyorum; bakıyorum ki herkes tulumbaların başında. Ama ben bu işe yan çiziyor, bagajların yerleştirildiği salonu arıyorum. Bir pencereden sırt çantamı çekip almayı başarıyorum derken. Sırt çantamın yanında bir kalemtıraş gözüme çarpıyor, pek hoş bir şey; alıp cebime atıyorum. Gemi giderek daha çok sulara gömüldüğünden, orada rastladığım bir başka tanıdıkla geminin gizli bir yerinden denize atlıyorum. Hemen dibi boyluyorum. Dalgakıran fazla yüksek olduğu için ileri doğru yürüyor, derken derin ve dik bir çukurun kenarına geliyorum; içine inmem gerekiyor çukurun. Aşağı doğru kaymaya bırakıyorum kendimi –gemiden ayrıldığımızdan bu yana arkadaşımı görmedim– giderek hızlanıyor kaymam, bir yere vurup kafamı gözümü patlatmaktan korkuyorum. Sonunda çukurun dibine varıyor, tam da bir tanıdığımın önüne düşüyorum. Kendisini pek de tanımıyorum doğrusu, yalnızca bir grev sırasında grev yönetim kurulundaki hamaratlığı ve nezaketiyle üzerimde hoş bir izlenim bırakmış gençten biri. Sanki gemidekileri yüzüstü bıraktığımı biliyormuş gibi, suçlamayla karşılıyor beni: "*Sen* ne arıyorsun burada?" diyor. Sonra çukurdan çıkmaya çalışıyorum; dört bir yanı sarp duvarlarla çevrilmiş çukurun, duvarlardan aşağı ipler sarkıyor. Çok ince şeyler; onlardan yararlanmayı göze alamıyorum. Tırmanıp yukarı çıkmaya uğraştıkça ikide bir yine çukurun içinde buluyorum kendimi. En sonunda yukarı çıktım, ama şu anda nasıl olduğunu anımsamıyorum; bana öyle geliyor ki, düşün bu bölümünü kasten görmüyor, adeta sabırsızlıkla üzerinden atlayıp geçiyorum. Yukarıda uçurumun kenarında bir yol gidiyor; uçurumdan bir korkulukla ayrılmış yoldan gelip geçenleri görüyorum, güler yüzle beni selamlıyorlar."

Yaşamında gerilere doğru uzandığımız zaman, düşü görenin beş yaşına kadar ağır hastalıklardan göz açamadığını, beş yaşından sonra da sık sık hasta yattığını öğreniyoruz. Sağlık durumunun bozukluğundan ötürü anne ve babası üzerine titriyor, başka çocuklarla hemen hiç bir araya gelemiyor. Beri yandan, ne zaman büyükler arasına karışmak istese, çocukların her yere burnunu sokmaması gerektiğini, büyüklerin arasında işlerinin olmadığını söyleyen anne ve babası tarafından itilip uzaklaştırılıyor. Dolayısıyla, daha küçük yaşta başkalarıyla birlikte yaşamanın gerektirdiği davranışlardan habersiz yaşamaya başlıyor, insanlarla arasında bu davranışların öğrenilmesini sağlayacak ilişkileri kurulamıyor bir türlü. Çocukluktaki yaşam biçiminin doğurduğu bir başka sonuç da düşü görenin yaşıtı olan arkadaşlarını gelişim açısından bir hayli geriden izlemesi, onlara ayak uyduramaması oluyor. Dolayısıyla, arkadaşlarının kendisine hep aptal gözüyle bakmasının ve çok geçmeden sürekli alay konusu edilmesinin şaşılacak yanı kalmıyor. Bu durum da, kendisine arkadaş arayıp bulmaktan onu alıkoyuyor.

Sözü geçen olaylar sonucunda zaten içinde yaşayan alabildiğine güçlü aşağılık duygusu doruk noktasına ulaşıyor. İyi yürekli olmakla birlikte ansızın kızıp parlayan asker bir babayla güçsüz ve anlayışsız, ama son derece zorba bir anne tarafından eğitiliyor. Her ne kadar anne ve baba ikide bir iyi niyetlerini belirtmişlerse de, hastamızın gördüğü eğitimi hayli sert olarak nitelemek yanlış sayılmaz. Bu eğitimde aşağılama önemli rol oynuyor. Hastamızdan, eski bir çocukluk anısı olarak bellekte kalmış ilginç bir olay öğreniyoruz. Henüz üç yaşındayken annesi yarım saat bezelyeler üzerinde diz çöküp oturtmuştu kendisini; çünkü onun söylediği bir şeyi yapmaya yanaşmamıştı, nedeni de –annesi çok iyi bilmekteydi bu nedeni, çünkü söylediği şeyi niçin yapmak istemediğini annesine açıklamıştı– atlı bir adamdan korkmasıydı; dolayısıyla annesinin sözünü dinlememiş, çarşıdan alması istenilen bir şeyi gidip almaktan kaçınmıştı. Doğrusu evdekilerin, hastamızı pek sık dövdüğü söylenemezdi. Ama bir kez dövecek oldular mı, bunu köpekler için kullanılan çok sırımlı bir kırbaçla yapmışlar, her seferinde de dayaktan sonra onu af dilemek ve bu arada niçin dayak yediğini kendi ağzıyla söylemek zorunda bırakmışlardı. "Yaptığı edepsizliği çocuk bilmeli," demişti babası hep. Ama bir defasında hastamız haksız yere dayak yemiş, sonradan ne kabahat işlediğini söyleyememişti; bunun üzerine yeniden sopadan geçirilmiş, yine bir şey söyleyememiş, yine dövülmüş, sonunda ancak kafasından bir suç uydurup dayaktan kurtulabilmişti.

Görülüyor ki, daha erken bir dönemde anne ve babayla çocuk arasında düşmanca bir hava esmeye başlamıştı. Çocuğun ruhuna çöreklenen aşağılık duygusu öylesine geniş boyutlara ulaşmıştı ki, çocuk bir üstünlük duygusundan düpedüz habersiz yaşamıştı. Gerek evde, gerek okuldaki yaşamı irili ufaklı utançların aralıksız uç uca ulanarak oluşturduğu bir zinciri andırıyordu. En küçük bir başarı bile ona çok görülmüştü. On sekiz yaşına gelmiş, okulda hâlâ kendisiyle gülünüp eğlenilen bir kişi durumundan kurtulamamıştı. Hatta bir defasında aynı işi öğretmenlerden biri yapmıştı; başarısız bir sınav kağıdını sınıfta herkesin önünde okumuş, arada sert sözler söyleyerek onunla alay etmişti.

Bu tür olaylar hastamızı giderek daha büyük bir soyutlamanın kucağına itmiş, sonunda kendisi de başkalarından uzak durmak için elinden geleni yapmaya koyulmuştu. Anne ve babasıyla arasındaki mücadele, etkili olmasına karşın kendisi için tehlikeli sonuçlar doğuracak bir silaha kavuşmasını sağlamış, kısacası konuşmaktan el çekmişti. Bu da, onu çevreyle ilişki kurmada en önemli araçlardan birinden yoksun bırakmıştı. Çok geçmeden hiç kimseyle konuşamaz duruma gelmiş, katıksız bir yalnızlığın kucağına yuvarlanmıştı. Kimse kendisini anlamadığı için, anne ve babası başta olmak üzere kimseyle konuşmaya yanaşmıyor, kimse de artık kendisine bir şey söylemiyordu. Çevresiyle ilişki kurmasını sağlamada başvurulan tüm girişimler sonuç vermemişti. Ama sonradan aşk ilişkileri kurmaya yönelik tüm girişimleri de başarısız kalmış, bu da kendisi için büyük bir üzüntü kaynağı olmuştu.

Hastamızın yaşamı yirmi sekiz yaşına kadar böylece sürüp gitmişti. Ruhunu baştan başa kaplayan o güçlü aşağılık duygusunun etkisiyle görülmedik bir hırs, dizginlenemeyen bir saygınlık ve üstünlük eğilimi yakasına yapışıp bir türlü koyvermemiş, toplumsallık duygusunu görülmedik ölçüde zayıflatıp azaltmıştı. Ne kadar az konuşursa, ruhsal yaşamı o kadar çalkantılı durum almış, gece ve gündüz içi her türünden zafer ve başarı düşleriyle dolup taşmaya başlamıştı.

Anlattığımız bütün bu ruhsal olayların izlediği devinim çizgisini ele veren düş de işte bu dönemde görülmüştü.

Son olarak Cicero'nun sözünü ettiği o en ünlü kehanet düşlerinin birine kısaca değinelim:

Günün birinde yol kenarında tanımadığı birinin kendi haline bırakılmış cesedine rastlayarak, bir ölüye yaraşır biçimde gömülmesini sağlayan Ozan Simonides, günlerden bir gün gemiyle bir yolculuğa çıkacak olur, ama yaptığı iyiliği unutmayan ölü, geceleyin düşüne girer, uyarır kendisini, yolculuğa çıkarsa geminin batacağını ve öleceğini söyler. Bunun üzerine Simonides vazgeçer yolculuktan ve gemi gerçekten batar, yolcuların hiçbiri kurtulamaz. Bize kadar ulaşan bilgilere göre, görülen düşün sonradan gerçekleşmesi yüzyıllar boyu insanlar için büyük bir heyecan kaynağı olmuş, onları derinden etkilemiştir.

Bu olay karşısındaki düşüncemizi açığa vurmak istersek diyebiliriz ki, bir kez o dönemde pek sık gemiler batmakta, ikincisi yine o dönemde pek çok insana tasarladıkları bir yolculuğa çıkmamaları için düşte uyarılar yöneltilmekteydi; ilgili düşler arasında da Simonides'in düşü sonradan gerçekleşmiş, bu özelliğinden ötürü de düş unutulmayarak sonraki kuşaklara aktarılmıştı. Yaradılıştan gizemli ilişkiler arayıp bulmaya eğilimli insanların, bu tür anlatımlara karşı büyük bir ilgi duymalarında anlaşılmayacak bir yan yoktur. Ancak biz nesnel bir tutumla davranarak, düşü şu şekilde yorumlayabiliriz: Bizim Ozan Simonides, can korkusundan yolculuğa çıkmak için pek de hevesli davranmaz. Yolculuk için karar saati gelip çattığında da, içindeki yolculuğa çıkmama eğiliminin *güçlenip pekişmesini* sağlayacak bir çareye başvurur: Bir zaman yol kenarından rastladığı ölüyü sahneye çıkararak, yaptığı iyiliğin karşılığını kendisine ödetir. Bundan böyle yolculuğa çıkmaması doğaldır. Simonides'in bineceği gemi batmasaydı, bütün bu olaydan belki de dünyanın hiç haberi olmayacaktı. Çünkü biz, yalnızca bizi tedirginliğe sürükleyen, yerle gök arasında akıl ve hayalimizden geçirmeyeceğimiz kadar çok gizin saklı bulunduğu inancını bize vermeye elverişli olayları duyar, işitiriz. Düş ve gerçeğin insanın aynı tutumunu yansıtmasından ötürü, düşte rastlanacak kehanet özelliğinin akıl erdirilemeyecek yanı yoktur.

Ancak bizi düşündüren bir şey varsa, her düşün bu kadar kolay anlaşılamaması, ancak pek az düşte bunu başarabilmemizdir. Gördüğümüz düşü hemen unutur ya da üzerimizde belirli bir izlenim bırakmışsa, ardında saklı yatan anlamı çıkaramayız; meğer ki, düşleri yorumlama tekniğini öğrenmiş olalım. Kolay anlaşılmayan düşler için de yukarıda söylediklerimizi tekrarlayarak, düşün benzeti [mecaz] ve simge yoluyla bir insanın devinim çizgisini yansıttığını ileri sürebiliriz. Bir benzeti bir sorunun çözümüyle uğraşıyor ve kişiliğimiz belirli bir yöne doğru meylediyorsa, deneyimlerin ortaya koyduğu gibi, bir *hız alma* gereksinimi duyarız. Düş de, bir sorunun belirli bir biçimde çözümü için gereken heyecanı güçlendirmeye son derece elverişlidir. Düş görenin düşle arasında böyle bir ilişkinin var olduğunu bilmemesi, durumu değiştirmez. Gereken malzeme ve hıza kavuşması yeter kendisi için. Bunları ele geçirdi mi, düş, düşü görenin düşünsel etkinliğine damgasını vurur, yani düşü görenin devinim çizgisini belirler. Bir duman gibidir tıpkı düş, ateşin olduğu yeri bize gösterir. Hatta deneyimli biri, dumandan yola koyularak ateşte yanan odunun cinsi konusunda kimi sonuçlara varabilir.

Özetlersek diyebiliriz ki, düş, düşü görenin kafasının bir sorunla meşgul olduğunu, ayrıca bu sorun karşısında ne gibi bir tutum takındığını ortaya koyar. Düşte düşü görenin çevresine karşı tutumunu etkileyen toplumsallık duygusu ve güçlülük eğilimi gibi iki etken özellikle rol oynar, en azından bunların düşte hafiften izlerini ele geçirmek mümkündür.

Yetenek

Bir insanın yaradılışı konusunda sonuçlar çıkarabilme ve yargılar verebilmemizi sağlayan olaylardan düşünme alanına giren bilme yeteneğiyle ilgili bir tanesini gözden uzak tuttuk. Bir insanın kendisi hakkında düşündükleri ve söyledik-lerini pek önemsemedik; bunun da nedeni, herkesin yanılabileceğine, bencil ve ahlaksal vb. çeşitli çıkar ve düşüncelerle başkalarına karşı kendi ruhsal tablosunda kimi düzeltmelere (rötuş) başvurabileceğine inanmamızdı. Ama yine de bazı düşünsel olaylardan ve bunların dil aracılığıyla dışavurumundan sınırlı ölçüde de olsa bazı sonuçlar çıkarabiliriz. Bir kimse üzerinde bir yargıya varmak istiyorsak, ilgili kimsenin düşünce ve konuşmalarını da inceleme kapsamına almamız gerekir.

Şunu belirtelim ki, bir kimsenin genellikle yetenek/eğilim sözcüğüyle nitelendirilen usavurum yeteneğini saptamada sayılamayacak kadar çok gözlem, araştırma ve testlerden yararlanılır. Bunlar özellikle çocuklarla büyüklerin zekâlarını belirlemeye yönelik testlere benzeyen, yetenek testleri denilen testlerdir. Şimdiye kadar bu tür testlerin pek başarılı sonuçlar verdiği söylenemez; çünkü alınan sonuçlar, öğretmenlerin testsiz saptadıkları sonuçlardan hiç de farklı değildir. Söz konusu durum her ne kadar deneysel psikolojiyle uğraşanlar tarafından büyük bir hoşnutlukla karşılanmışsa da, aslında bunun ortaya koyduğu gerçek, yetenek testlerinin bir bakıma yararsızlığıdır. Ayrıca, testlerin uygulanmasına karşı açığa vurulan bir kaygı da düşünme ve usavurum yeteneğinin çocukların tümünde aynı ölçüde gelişmemesi, üzerlerinde uygulanan testlerden kötü sonuç alınan kimi çocukların aradan birkaç yıl geçer geçmez çok güzel bir gelişim sürecini geride bırakmalarıdır. Testlere karşı ileri sürülen bir başka eleştiri de, büyük kentlerden ya da çok yönlü bir yaşama açık belirli çevrelerden gelmiş çocukların salt egzersiz sonucu elde edilen hazırcevaplıklarıyla büyük bir yeteneğe sahipmiş izlenimi uyandırmaları ve bu konuda her türlü hazırlıktan yoksun diğer çocukları gölgede bırakmalarıdır. Genellikle sekiz on yaşlarındaki burjuva çocuklarının emekçilerin çocuklarından daha hazırcevap olduğu bilinmektedir. Ne var ki, söz konusu durum burjuva çocuklarının daha yetenekli sayılacağını göstermez; bunun nedenini yalnızca onların geçmişinde aramak gerekir.

Böylece, yetenek testlerinden fazla bir şey elde edilmiş değildir. Kaldı ki, Berlin ve Hamburg'ta alınan hazin sonuçlar ortadadır; adı geçen kentlerde yetenek testinden büyük bir başarıyla çıkmış çocukların dikkati çekecek kadar büyük bir bölümü, ileride kendilerinden beklenen başarıyı gösterememiştir. Bu da, yetenek testiyle çocuğun gelişim düzeyinin sağlam bir biçimde saptanamayacağını kanıtlamaktadır. Oysa bireysel psikoloji yöntemiyle sürdürülen araştırmalardan ilgili konuda çok daha güvenilir sonuçlar alabilmekteyiz; çünkü söz konusu araştırmalar çocuğun gelişim düzeyini belirlemekle kalmayıp, nedenlerini de saptamaya ve gerekirse gelişim noksanlığını giderecek yolları göstermeye çalışmakta, ayrıca çocuğun düşünme ve usavurum yeteneğini ruhsal yaşamından soyutlayarak değil, bu yaşamla bir arada incelemektedir.

7.
ERKEK ve KADIN İLİŞKİSİ

İşbölümü, Kadınlık ve Erkeklik

Şimdiye kadar söylediklerimizden bir sonuç çıkarmak istersek diyebiliriz ki, ruhsal yaşamda egemenliğini sürdüren iki temel ilke vardır; ruhsal olayları etkileyen bu ilkeler, yaşam koşullarını hazırlayıp güvence altına alırken, sevgi, iş ve toplumdan oluşan üç ana ödevi yerine getirirken insanın hem toplumsallık duygusunu etkin durumda tutmasını, hem de saygınlık eğilimini, güçlülük ve üstünlük isteğini doyuma kavuşturmasını sağlamaktadır.

Nasıl bir durum baş gösterirse göstersin ruhsal olayları değerlendirirken adı geçen iki etkenin nicelik ve nitelik bakımından birbiriyle ilişkisini göz önünde tutmamız, insan ruhunu anlamak istiyorsak bu nicelik ve nitelik ilişkisini hiçbir zaman boşlamamamız gerekiyor. Çünkü ilgili etkenlerin varlığı bir insanın toplumsal yaşam mantığına ne ölçüde akıl erdirebileceğini ve söz konusu mantığın bir zorunluluk olarak karşısına çıkaracağı işbölümüne ne ölçüde uyabileceğini belirler.

İşbölümü, insan toplumunun ayakta kalabilmesi için mutlaka gerekli bir etkendir. Her bireyin toplumda belirli bir yeri doldurması zorunluluğunu içerir. Bu zorunluluğa uymayan bir kimse toplumsal yaşamın, kısaca insan soyunun varlığını sürdürmesini istemiyor demektir; dolayısıyla, toplumun bir üyesi olarak oynadığı rolden el çekip bir oyunbozana dönüşür. Böyle bir davranışın hafif şekillerini densizlik, arsızlık, burnunun doğrultusuna gitme diye nitelendirir, ağır şekillerine ise yoldan çıkma ve suça yönelme gibi adlar veririz. Toplumsal yaşamın gereklerinden kendini uzakta tutmak, bunlarla uzlaşmaya yanaşmak ilgili davranışları olumsuz bir özellikle donatır. Bu yüzden, bir insanın değeri, toplumsal işbölümünde üzerine düşen yeri ne ölçüde doldurduğuna bakılarak belirlenir. Birey toplumsal yaşama evet demekle başkaları için önem kazanır ve insan yaşamının ayakta kalmasını sağlayan zincirin binlerce halkasından birini oluşturur; halkaların sayısında görülecek fazlaca bir eksiklik durumunda toplumsal yaşam çöker. Sahip oldukları yetenekler, bireyin toplumsal ortak üretim süreci içindeki yerlerini belirler. Ne var ki, söz konusu işbölümünde de kimi karışıklıklar baş göstermiştir; bunun da nedeni güçlülük eğiliminin, başkaları üzerinde egemenlik arzusunun ve daha başka yığınla yanlış davranışın işbölümünde gerekli düzeye ulaşılmasını aksatması ya da engellemesi, insanın değerinin saptanmasında doğru sayılamayacak ilkelerin benimsenmesine yol açması ya da bireylerin toplum içindeki yerlerini herhangi bir nedenle gereği gibi dolduramamasıdır. Bazen de karşılaşılan sorunlar kimi bireylerin güçlülük hırsından ve açgözlülüğünden doğmuş olup, söz konusu bireyler toplumsal yaşamın ve dayanışmanın bu türlüsünü kendi bencil çıkarları uğrunda önlemeye çalışmıştır. Daha başka bazı güçlükler ise toplumun sınıfsal düzeninden kaynaklanmakta, kişisel güç ve ekonomik çıkarlar, işbölümünü etkileyerek daha çok güç sağlayan rahat yerlerin toplumdaki belirli grupların eline geçmesini sağlamakta, öteki gruplara ise bu gibi yerlerin kapıları kapalı tutulmaktadır. Söz konusu olaylarda güçlülük eğiliminin oynadığı büyük rolü bilirsek, işbölümü sürecinin neden asla doğru dürüst bir seyir izlemediğini anlayabiliriz. Zorbalık dediğimiz şey bu konuya sürekli el atmış, çalışmayı bazıları için bir ayrıcalık, bazıları içinse bir işkence durumuna sokmuştur.

Böylesine sağlıksız bir işbölümüne yol açan bir neden de, insanların *iki ayrı cinsiyete* ait olmalarıdır. Daha baştan beri insanlardan bir bölümü, yani kadınlar bedensel özellikleri dolayısıyla belirli işlerden uzak tutulmuş, belirli işler de yine bedensel özellikleri bakımından daha yararlı olabilecekleri düşünülerek erkeklere verilmiştir. Aslında bir işbölümünün önyargılardan düpedüz uzak bir ölçüte başvurularak yapılması gerekirdi; savaşın kızışmışlığı içinde yayı fazla germekten kaçınan feministler de bu tür bir işbölümünün temelinde yatan mantığı benimsemişlerdir. Kadınlığı kadınlığından yoksun bırakmak ya da kadınla erkeğin kendilerine uygun işlerle doğal ilişkilerini yok etmek gibi bir amaç, ilgili mantığın çok uzağında bulunmaktadır.

İnsanlığın gelişim sürecinde işbölümü öyle bir biçim kazanmıştır ki, kadın normalde erkeğin göreceği işlerden bir bölümünü üstlenmekte, bu da erkeğin sahip olduğu gücü insanlığa daha yararlı alanlarda kullanmasını sağlamaktadır. İş gücü yararlanılmadan bırakılmadığı, ruhsal ve bedensel yetenekler kötü yolda kullanılmadığı sürece, böyle bir işbölümü mantığa aykırı olarak nitelenemez.

Bugünkü Uygarlıkta Erkeğin Üstünlüğü

Uygarlığın güçlülük eğilimi doğrultusunda gelişmesi ve kendilerine ayrıcalıklar sağlamak isteyen bazı bireylerin ve grupların çabaları sonucu, işbölümü, özel birtakım yollar izlemek zorunda bırakılmıştır; öyle yollar ki, bugün hâlâ önemini korumakta ve erkeğe üstün değer verilmesinin günümüz uygarlığının karakteristik bir özelliğini oluşturmasına yol açmaktadır. Günümüz uygarlığında işbölümü öyle bir nitelik taşıyor ki, ayrıcalıklı grup sayılan erkeklere özel birtakım haklar tanınıyor. Erkekler de ellerindeki ayrıcalıklı konumdan ötürü üretim sürecindeki işbölümünde kadının yerini kendi amaç ve çıkarları doğrultusunda etkileyebiliyor, kadının içinde yaşaması gereken alanı belirliyor, kendi hoşlarına giden yaşam biçimlerini ele geçiriyor, kadın için söz konusu olacak yaşam biçimlerini ise yine kendi çıkarlarını göz önünde tutarak saptayabiliyor.

Bugüne kadarki duruma bir göz attık mı, erkeğin kadına üstünlük sağlamak için aralıksız çaba harcadığını, dolayısıyla erkeklerin sahip olduğu ayrıcalıklardan ötürü kadınlarda sürekli bir hoşnutsuzluğun yaşandığını görürüz. Kadınla erkeğin ne sıkı bir bağla birbirine bağlı bulunduğu düşünülürse, böyle bir gerilimin, böylesine sürekli sarsıntıların ruhsal uyumda geniş ölçüde bozukluklara yol açması, sonuçta her iki taraf için de pek tatsız genel bir havanın gelişip ortaya çıkması doğaldır.

Tüm kurumlarımız, geleneklerimiz, yasalarımız, törelerimiz erkeğin ayrıcalıklı durumunun kanıtlarını oluşturmakta, ilgili duruma uygun bir doğrultu izleyip, bu durum tarafından ayakta tutulmaktadır. Bütün bu saydıklarımız, evlerde çocuklarımızın odalarına kadar sokulmakta, ruhlarını müthiş etkilemektedir. Her ne kadar erkek ve kadın ilişkisine pek akıl erdirebileceğini söyleyemesek de, çocuklardaki duygu içeriğinin alabildiğine derinlik taşıdığını ileri sürebiliriz. Örneğin kızlar gibi giydirilmek istenen bir erkeğin böyle bir davranışı öfke nöbetleriyle karşılaması gibi kimi olaylar, erkek ve kadın ilişkilerini araştırma konusu yapmamız için yeterli bir neden oluşturmaktadır. Bu da, bizim bir başka açıdan yine güçlülük eğilimini incelememizi gerektiriyor.

İçindeki saygınlık eğilimi belirli bir dereceye ulaştı mı, erkek çocuğu öncelikle dört bir yanda gözüne çarpan erkek ayrıcalıklarının güvenilir yolunu izleyecektir. Günümüzde aile içindeki eğitimin güçlülük isteğini, dolayısıyla erkek ayrıcalıklarına büyük değer verme ve bunları ele geçirme eğilimini kamçılayıp geliştirici nitelik taşıdığına daha önce değinmiştik. Çünkü çocuğun evde gücün simgesi olarak karşısında bulduğu kişi genellikle babadır. Baba, belirli zamanlarda evden bilmecemsi ayrılışları ve eve dönüşleriyle oğlanın dikkatini daha çok üzerine çeker. Kısa bir süre sonra babasının evde herkesten üstün bir rol oynadığını, evde onun sözünün geçtiğini, gerekli kararları babasının aldığını ve her şeyi onun yönettiğini anlar çocuk. Evde herkesin babasının direktiflerine boyun eğdiğine, annesinin ikide bir babasının adını ağzına aldığına tanık olur. Erkekler, çocuğun gözüne her bakımdan kadınlardan daha güçlü ve kudretli görünür. Çocuklar vardır, babalarına öylesine önemli kişiler gözüyle bakarlar ki, ağzından çıkan her sözün kutsallığına inanırlar, ileri sürdükleri bir şeyin gerçekliğini kanıtlamak için onu babalarından işittiklerini söylerler. Babanın nüfuzunun kendini pek açık seçik belli etmediği durumlarda bile, oğlanların babalarının üstünlüğü izlenimine kapıldıkları görülür, çünkü ailenin bütün yükünü baba sırtında taşıyor gibidir; oysa gerçekte yalnızca işbölümü babaya güçlerini anneden daha iyi değerlendirme olanağı sağlar.

Erkeğin toplumdaki egemen konumunun tarihsel kökeni konusunda şunu belirtelim ki, söz konusu egemenlik doğal bir hak gibi kendini açığa vurmuş değildir. Erkeğin egemenliğini güvence altına almak için yığınla yasanın çıkarılmasının gerekmesi bir kez bunu kanıtlamaktadır. Aynı zamanda söz konusu yasaların kanıtladığı bir başka şey de, erkek egemenliğinin yasalarla saptanmasından önce erkek ayrıcalığının pek sağlam temellere dayanmadığı başka dönemlerin yaşanmış olmasıdır. Tarihte böyle bir dönemin yaşandığı gerçekten de belirlenmiştir. *Anne hukukunun* sözünün geçtiği ve hayatta başlıca rolü kadının oynadığı bir dönemdi bu. Anne hukuku, hiç değilse kabiledeki bütün erkeklerin kendisine karşı bir yükümlülük üstlendiği çocukla ilgili olarak böyle bir konumu elinde bulundurmuştu. Bugün bile bazı gelenek ve görenekler –örneğin çocuğun her erkeğe amca demeye alıştırılması– bunu gösteriyor. Ancak zorlu bir savaşımın sonundadır ki, anne hukukundan baba hukukuna geçilmiştir. Böyle bir savaşımın da gerçekleşmesi, doğanın kendisine verdiğini ileri sürmekten hoşlandığı ayrıcalıklara erkeğin hiç de baştan beri sahip olmadığını, bunları ele geçirebilmek için savaşmak zorunda kaldığını ortaya koymaktadır. İlgili savaştan erkeğin zaferle çıkması, kadının boyunduruk altına alınması anlamını taşımıştır; söz konusu amaç uğrunda çıkarılan yasalar, bunun doğruluğunu inandırıcı biçimde kanıtlamaktadır.

Demek oluyor ki, erkeğin toplumdaki egemen durumu hiç de doğadan kaynaklanmamaktadır. Eldeki bazı bilgilerden anlaşıldığına göre, ancak komşu kabilelerle sürüp giden savaşlar sırasında böyle bir egemenliğe gereksinim duyulmuş, ilgili savaşlarda önemli bir rol üstlenen erkek bu rolden yararlanarak toplumda önderliği eline almıştır. Böyle bir gelişime paralel olarak da *özel mülkiyet* ve miras hukukunda bazı değişikliklerin gerçekleştiği görülüyor; bu değişiklikler, mirasa konabileceği ve özel mülkiyet sahibi olabileceği ilkelerini getirerek, erkeğin toplum içinde egemenliğinin temelini oluşturuyor.

Bu konuda bilgi sahibi olmak için yeni yetişen bir çocuğun kitaplar okuması gereksizdir. Yukarıda anlatılanları hiç bilmese de, erkeğin yasalarca kayırılışının sonuçlarını günlük yaşamda görür, kadın ile erkek arasında eşitliği sağlamak isteyen anne ve babaların, geçmişten günümüze aktarılagelmiş ayrıcalıklardan el çekmeye hazır olmasına karşın sezip hisseder bunu. Ev işlerini gören annenin baba gibi aynı haklarla donatılmış biri sayılabileceğini çocuğun kafasına sokmak hayli güçtür. Gözlerini dünyaya açtığı ilk günden başlayarak nereye baksa babasının egemenliğini görmenin bir oğlan için ne anlama geleceğini düşünelim bir. Oğlan çocukları henüz doğar doğmaz kız çocuklarından çok daha büyük bir kıvançla karşılanır ve prensler gibi bağra basılır. Anne ve babaların, doğacak çocuklarının daha çok erkek olmasını istedikleri herkes tarafından bilinen ve pek sık karşılaşılan bir durumdur. Oğlan çocuğu, bir erkek evlat olarak nasıl el üstünde tutulduğunu her adımda görüp hisseder. Kendisine söylenen ve bazen de kendisinin kulak misafiri olduğu çeşitli sözlerden erkeklerin toplumdaki rolünün kadınlarınkinden daha büyük önem taşıdığı sonucunu çıkarır. Erkeklik ilkesinin üstünlüğünü çocuğun gözleri önüne seren bir başka durum da, evde kadınların pek fazla önemsenmeyen işlerde çalışması ve nihayet çevredeki kadınların her zaman erkeklerle eşit haklara sahip oldukları kanısını hiç de içlerinde taşımamasıdır. Kadınlar genellikle, yaşamda pek değerli bir gözle bakılmayan ikinci derecede bir rolü üstlenirler. Her evlilikten önce aslında kadının erkeğe sorması gereken çok önemli bir soru vardır: "Uygarlığın o üstün erkeklik ilkesi karşısındaki, özellikle aile konusundaki tutumun nedir?" Soru, çoğunlukla yaşam boyu bir karara bağlanmadan kalır. Bunun da sonucu, bazen kadının erkekle eşit haklara sahip olmak için büyük bir çaba harcaması, bazen de çeşitli derecelerde bir teslimiyettir. Taraflardan diğeri erkek, yani baba ise çocukluğunda erkeğin kadından daha büyük bir rol üstlenmesi gerektiği inancı içinde yetişir, bu inanç da kendisini bir yükümlülük duygusuyla donatır, yaşamın ve toplumun karşısına çıkardığı sorunları her zaman erkek ayrıcalığı doğrultusunda çözümler.

Bu koşullardan kaynaklanan bütün durumları çocuk da ailesiyle birlikte yaşar. Böylelikle kadın üzerinde yığınla bilgi ve görüş edinir, hepsinde de kadın pek parlak denilemeyecek bir yer işgal eder. Dolayısıyla, çocuğun ruhsal gelişimi erkeksi karakter kazanır. Güçlülük eğiliminde varılmaya değer gördüğü amaç, neredeyse tümüyle erkeksi özellikler ve tavırlardır. Sözü edilen güç ilişkilerinden bir tür erkeksi erdem doğup çıkar, erkeksi erdemin kendisi de tümüyle böyle bir kökene dayanır. Bazı karakter özelliklerine *erkeksi*, bazılarına da *kadınsı* damgası vurulur; oysa böyle bir değerlendirmeyi haklı gösterecek temel gerçekler ortada yoktur. Diyelim ki erkeklerle kızların ruh durumlarını karşılaştırdık da, böyle bir sınıflandırmayı doğrulayacak kimi ipuçları ele geçirdik, bunların doğal gerçekler sayılacağını söyleyemeyiz. Çünkü söz konusu ipuçlarını bize kazandıran incelemeleri belirli bir çerçeve dışına çıkamayan, yaşam planları ve yaşamda izleyecekleri ana doğrultuları tek yanlı güç yargılarıyla belirlenmiş olan insanlar üzerinde yaparız. Güç ilişkileri, bu insanların ellerine, gelişimlerini gerçekleştirecekleri alanı zorunlu olarak tutuşturmuştur bir kez. Dolayısıyla, erkek ve kadının karakter özellikleri diye bir ayrıma gitmek haklı bir temelden yoksundur. Gerek kadınsal, gerek erkeksel karakter özelliklerinin de güçlülüğün gereklerine nasıl cevap verebildiğini, itaat ve boyun eğme gibi kadınsal çarelerden yararlanılarak da başkalarının nasıl egemenlik altına alınabileceğini göreceğiz. Uysal bir çocukla söz dinlemeyen bir çocuğu ele alalım örneğin ve her ikisi de güçlülük eğilimiyle donatılmış olsun; bu durumda uysal çocuk, uysallığından sağlayacağı yararlarla söz dinlemeyen çocuktan daha ileri bir noktaya ulaşabilecektir. Bir insanın ruhsal yaşamını anlamamızı sıklıkla zorlaştıran bir etken, güçlülük amacına ulaşabilmek için insanın birbirinden alabildiğine değişik karakter özellikleri edinmesidir.

Erkek çocuğu büyüdü mü, erkekliğinin önemi neredeyse bir görev olarak yüklenir sırtına. İçindeki hırs, güçlülük ve üstünlük eğilimi tümüyle birbirine bağlanır, adeta erkeklik yükümlülüğüyle özdeşleşir. Güç peşinde koşan çocukların çoğu salt erkekliklerinin bilinciyle yetinmez, aynı zamanda erkek olduklarını, dolayısıyla birtakım ayrıcalıklara sahip olmaları gerektiğini çevrelerine göstermek ve kanıtlamak ister, bunu da bir yandan başkalarından hep öne geçmeye çalışıp erkeksi karakter özelliklerini abartarak, beri yandan despot kimseler gibi davranıp çevrelerindeki kadınlar karşısında üstünlüklerini sergileyerek yaparlar, gördükleri direncin büyüklüğü oranında da sergileme işi güçlü bir nitelik taşır. Bütün bunlar için de izledikleri yol ya inatçılık, ya çılgınca öfke nöbetlerine kapılmak ya da sinsi bir kurnazlığa başvurmaktır.

Bugün insanın değeri ayrıcalıklı erkek idealine göre belirlendiğinden, ilgili ölçütün oğlan çocuklarının da hep karşısına çıkarılmasında ve nihayet bunların kendilerini söz konusu ölçüte vurmaya alışmasında, izledikleri yaşam yolunun her zaman erkeksi sayılıp sayılmayacağını, yeterince bir erkekliğe kavuşup kavuşmadıklarını sürekli gözlemleyip saptamak istemelerinde şaşılacak yan yoktur. Bugün, erkeksi denilince insanların kafasında ne tür çağrışımların uyandığı bilinmektedir. Her şeyden önce katıksız bir bencillik, aşk duygusunun doyuma kavuşturulması, kısaca üstünlüğe erişip başkalarından öne geçmek anlamına gelir, ilgili sözcük; bütün bunları da yüreklilik, gurur, kadınlar üzerinde her türlüsünden zafer kazanma, mevki, paye ve ad sahibi olma, kadınsal duygulara karşı kendini duyarsızlaştırma gibi sözümona aktif karakter özelliklerinden yararlanarak ele geçirmek, yine ilgili sözcüğün anlam kapsamı içinde yer alır. Kişisel üstünlük uğruna sürekli bir boğuşmadır *erkeksilik*, çünkü üstün olmaya da *erkeksi* bir gözle bakılır.

Dolayısıyla erkek çocuğu zamanla öyle karakter özellikleri kazanır ki, bunlar için gerekli modelleri yalnızca büyüklerde, özellikle babasında ele geçirir. Nereye bakılsa, yapay yoldan üretilen bu büyüklük hezeyanının izlerini görmek mümkündür. Erkek çocuğu, daha erken dönemde yanlış bir davranış izleyerek aşırı ölçüde güç ve ayrıcalığa kavuşmaya itilir. Bunlar kendisi için erkeklik anlamını taşır. Böyle bir erkeklik de, olumsuz koşullarda, herkesçe bilinen kabalık ve zorbalığa dönüşür.

Erkek olmanın sağladığı çok yönlü yararlar, erkek çocuklar için büyük bir ayartı kaynağıdır. Kızların da yaşamlarının ana doğrultusu olarak içlerinde erkeksi bir ideal taşımaları bizi şaşırtmamalıdır; kız çocuklarında böyle bir ideal ya gerçekleşmeden kalan bir özlem, ya davranışların değerlendirilmesinde başvurulan bir ölçüt, ya da bir davranış biçimi olarak açığa vurur kendini. İçlerindeki önüne geçilmez bir dürtüye uyarak, vücut yapısı bakımından daha çok erkek çocuklarına yakışacak oyunlar oynamayı ve işler yapmayı yeğleyen kızları bu gruba sokabiliriz. Böylesi kızlar, örneğin tırmanmadık ağaç bırakmaz, erkeklerin arasında zaman geçirmekten hoşlanır, kadınların yaptığı bütün işlere yüzkarası olarak bakar, bunlardan hiçbirine el sürmek istemezler. Genellikle erkekler gibi davranmak haz verir, doyuma kavuşturur onları. Bütün bunları, uygarlığımızda erkekliğin kadınlığa yeğ tutulduğu gerçeğinden yola koyularak anlayabiliriz. Üstün bir konumu ele geçirmek uğruna boğuşmanın, üstünlüğe kavuşmak için çalışmanın gerçeğe ve yaşamda izlenecek tutuma kadar uzanamayıp salt görünüşle sınırlı kaldığını açık seçik gözlemleyebilmekteyiz.

Kadının Yetersizliğine İlişkin Önyargı

Toplumdaki egemen konumuna haklılık kazandırmak için, ilgili konumun kendisine doğa tarafından bağışlandığını ileri sürmesinin yanı sıra erkeğin başvurduğu bir başka kanıt da kadının yetersiz bir yaratık sayılacağıdır. Kadının yetersizliği görüşü o kadar yaygındır ki, sanki bütün insanlar böyle bir görüşü benimsemiştir. Buna paralel olarak, erkekte hep bir tedirginlik açığa vurur kendini; öyle bir tedirginlik ki, anne hukukuna karşı sürdürdüğü savaş döneminden, kadının erkek için gerçekten tedirgin edici bir öğe oluşturduğu çağdan kaldığı söylenebilir. Çünkü tarih ve edebiyat kitaplarında her an buna ilişkin ipuçlarına rastlamaktayız. Örneğin bir Romalı yazar *"Mulier est hominis confusio"* der. Birçok ruhaniler meclisinde kadının bir ruhu bulunup bulunmadığı hararetle tartışılmış, kısaca bir insan sayılıp sayılmayacağı konusunda çeşitli bilginlerce çeşitli yazılar kaleme alınmıştır. Yüzyıllar boyunca etkinliğini sürdüren cadı hezeyanı ve cadıların ateşte yakılması, bu sorunla ilgili olarak bir zamanlar içine düşülen yanılgıları, o müthiş bocalamaları ve şaşkınlığı hazin şekilde belgelemektedir. Kadın, sık sık bütün bela ve musibetlerin nedeni olarak gösterilir. Örneğin, Tevrat'ta insanların cennetten kovulmalarına yol açtığı anlatılır. Homeros'un *"İliada"*sında ise bir yığın ulusu felaketin kucağına bir tek kadının sürüklediği hikâye edilir. Her çağın destan ve masallarında kadının ahlaksal yetersizliğine, rezilliğine, hainliğine, iki yüzlülüğüne, bir kararda durmayışına ve güvenilemeyecek karakterine değinildiği görülür. Hatta "Kadınlara özgü bir hafifmeşreplik" deyimi yasalarda bile yer almıştır. Ve yine kadın, becerikliliği ve çalışma yeteneği bakımından aşağılanmalara konu edilir. Her ulusun anekdotlarında, atasözlerinde ve nüktelerinde yukarıdan bakılarak yerilir kadın, geçimsiz, titiz, kuş beyinli ve aptal (saçı uzun, aklı kısa!) diye gösterilir. Bütün bir zekâ gücü seferber edilerek kadının yetersizliği kanıtlanmaya çalışılır. Örneğin Strindberg, Moebius, Schopenhauer, Weininger gibi yazarlar, kadın karşısında böyle bir tutum sergiler. Üstelik bu kişilere azımsanmayacak sayıda kadının da katıldığı görülür; ilgili kadınlar, boyunlarını bükerek durumu kabullenip kadının yetersizliği ve onun yaşamda ancak ikincil derecede bir rol üstlenebileceği görüşünü paylaşır. Kadınlara çalışma hayatında ödenen ücret de, erkeklere ödenen ücretten çok daha düşük tutulmakta, bu da yine kadının pek önemsenmediğini açığa vurmaktadır.

Yetenek testi sonuçları karşılaştırılarak, örneğin matematik gibi bazı derslerde erkeklerin, dil gibi bazı derslerde ise kızların daha yetenekli sayılacağı gerçekten saptanmıştır. Erkek olarak ileride tutacakları işe kendilerini hazırlayacak dersleri erkekler kızlardan daha iyi başarabilmektedir. Ne var ki bu, erkeklerin kızlardan genellikle daha yetenekli sayılacağının ancak sözde bir kanıtıdır. Kızların durumu dikkatle incelendi mi, kadınların erkeklerden daha az yetenekli olduğu savının bir masaldan, gerçekmiş izlenimini veren bir uydurmacadan başka nitelik taşımadığı görülecektir.

Kızlar, Tanrı'nın her günü adım başında ve alabildiğine değişik şekillerde oğlanlardan daha az yetenekli sayılacaklarını, oğlanlara göre daha hafif, daha önemsiz işlere yatkın olduklarını işitip dururlar. Çocukluğundan kaynaklanan bir güçsüzlükle söz konusu yargılara ne ölçüde doğru bir gözle bakacağını bilemeyen bir kızın kadınsal yetersizliği kadınların değişmez yazgısı gibi göreceğini ve sonunda kendi yeteneksizliğine gerçekten inanacağını anlamak zor değildir. Dolayısıyla, daha baştan gözleri yılar kızların, kadının toplumsal konumuna ilişkin sorunlarla karşılaşmak istemez pek ya da bunlara gereken ilgiyi gösteremez, böyle bir ilgi besliyorsa onu kaybeder, gelecekteki yaşam için edinmesi gereken iç ve dış hazırlıktan yoksun kalır.

Buradan anlaşıldığı üzere, kadın yetersizliği için ileri sürülen kanıtlar ancak sözde bir doğruluğu içerir. Böyle bir yanılgının da iki nedeni vardır. Birincisi, çoğu kez tek yanlı ve salt bencil düşüncelere dayanılarak, insanın hâlâ ticari alanda elde edeceği başarılara göre değerlendirilmesidir; ticari açıdan da hareket edilince, iş gücüyle ruhsal gelişim arasın-

yapabileceğimizi ileri sürmek istiyor değiliz; ama her çocuğu genellikle "yeteneksiz" denilen bir insana dönüştürebileceğimizi söyleyebiliriz. Ne var ki, biz şimdiye kadar asla böyle bir yola başvurmadık; ama bazı kimselerin bu işin üstesinden geldiğini biliyoruz. Günümüzde erkeklerden çok kızların böyle bir akıbetle karşılaştığını rahatlıkla düşünebiliriz. Çalışmalarımız sırasında, "yeteneksiz" denilen çocukları sık sık görüp inceleme fırsatını bulduk; bazılarında gün gelip öylesine büyük bir yetenekle karşılaştık ki, sanki yeteneksiz çocuklar zamanla yetenekli çocuklara dönüşmüştü.

Kadın Rolünden Kaçış

Erkeğin ön plana çıkması kadının ruhsal gelişimini önemli ölçüde aksatmış, içinde kadın olarak üstlenmesi gereken role karşı neredeyse genel bir hoşnutsuzluğun doğmasına yol açmıştır. Kendi konumları dolayısıyla güçlü bir aşağılık duygusuna kapılan bütün insanlar gibi kadının da ruhsal yaşamı aynı yolu izler, aynı koşullar altında devinir. Buna, kadının ruhsal gelişimini güçleştirici bir öğe olarak, sözde doğal nitelikteki yetersizlik önyargısı gelip katılır. Ama yine de çok sayıda kız biraz olsun duruma karşı koyabiliyorsa, bunu karakter yapılarına, zekâlarına ve ellerindeki birtakım ayrıcalıklara borçludur; söz konusu ayrıcalıklar da, nasıl bir hatalı adımın, hemen peşinden başka hatalı adımları sürükleyip getireceğini ortaya koymaktadır yalnızca. Kollanıp gözetilmelerden, lüksten ve komplimanlardan oluşan bu ayrıcalıklar hiç değilse kadının toplumda yeğlendiği gibi bir görünüm taşımakta, kadına karşı büyük bir saygı beslendiği izlenimini uyandırmaktadır. Kadını idealize etmelerin de bu konuda rol oynadığını belirtmek isteriz; böyle bir yola başvurulmasının da amacı, gerçekte erkeğin çıkarlarına uygun bir kadın idealini yaratıp ortaya koymaktır. Bir ara bir kadının ağzından çok yerinde olan şu sözü işitmiştim: *"Kadının erdemi, erkeklerin güzel bir uydurmasıdır."*

Kadın rolüne karşı mücadelede genellikle kadınları iki tipe ayırabiliriz. Birinci tiptekilere daha önce değinmiştik. Gelişimleri aktif ve erkeksi bir doğrultu izleyen kimselerdir bunlar. Son derece enerjik ve haristirler, altın madalya için savaşırlar. Erkek kardeşlerini ve erkek arkadaşlarını aşıp geçmeye bakar, daha çok erkekler için öngörülmüş uğraşlara yönelir, her türlü sporu yaparlar vb. Çoğunlukla sevgi ve evlilik ilişkisi kurmaya yanaşmazlar. Diyelim böyle bir ilişki kurulup çıktı ortaya, karşısındakine herhangi bir şekilde üstün olmaya, karşısındakine söz geçirmeye çalışarak bunu hemen yine yıkmanın yolunu ararlar.

Ev işlerinin her türlüsünden alabildiğine nefret eder, ilgili duygularını ya doğrudan açığa vurur, ya dolaylı bir yol izleyip ev işlerine karşı asla yetenekli sayılmayacaklarını söyleyerek yapar, hatta bazen bunu açıkça kanıtlamaya kalkarlar.

Bunlar, erkeksi bir davranışa başvurarak yazgılarını düzeltmeye çalışan kimselerdir. Kadın rolüne karşı kendilerini savunmaları, varlıklarının temel özelliğidir. Bazen böylelerini nitelemek için "erdişi" deyimi kullanılır. Gelgelelim, sakat bir görüşe dayanır bu deyim; çünkü çoğu kimse sanır ki, söz konusu kızlarda doğuştan erkeksi bir yan, erkeksi bir öz vardır da, kendilerini sergiledikleri tutumu takınmaya zorlamaktadır. Ne var ki, uygarlık tarihinin gösterdiğine göre, kadının baskı altında tutulması, kadının davranışına günümüzde getirilen kısıtlama ve sınırlamalar dayanılacak gibi olmayıp, insanı başkaldırmaya zorlayacak niteliktedir. Eğer kadın "erkeksi" sayılan bir davranışa başvuruyorsa, nedeni dünyada dikiş tutturabilmesi için iki olanağın varlığıdır ki, bunlardan biri kadının, ötekisi erkeğin ideal yoludur. Dolayısıyla, kadın rolünden her sapış erkeksi, erkek rolünden her sapış ister istemez kadınsı bir izlenim uyandıracaktır. Ne var ki, söz konusu duruma yol açan neden gizemli özlerin kadın ve erkekte rol oynaması değil, mekânsal ve ruhsal bakımdan başka türlüsünün düşünülemeyeceğidir. Dolayısıyla, kızların ruhsal gelişiminin ne güçlükler altında gerçekleştiğini her zaman göz önünde tutmamız gerekir; öyle ki, erkekle eşitliği benimsenmediği süre, yaşamla, uygarlığımızın gerçekleriyle ve toplu yaşam biçimleriyle eksiksiz bir uzlaşmayı kadından beklememiz boşuna zahmettir.

Bir tür tevekkül ve teslimiyetle yaşamlarını sürdüren ve inanılmayacak derecede büyük bir uyum, itaat ve alçakgönüllülük sergileyen kadınlar ise, ikinci tipte yer alır. Böyle kadınlar her duruma uyum sağlar, hangi iş olursa el atar, ama öylesine beceriksizlik gösterir ve öylesine dar görüşlü davranırlar ki, hiçbir şeyi doğru dürüst yapıp çıkaramaz, insanı iyi niyetlerinden kuşkuya düşürürler. Bazen de sinirsel birtakım bozukluklar gösterir, güçsüzlüklerini bu yoldan gereği gibi sergiler, dikkate alınmak istediklerini açığa vururlar. Beri yandan, kendini böyle zora koşmanın, böylesine bir despotluğa konu olmanın nasıl bir sinirsel hastalıkla cezalandırıldığını ve toplumsal yaşam için insanın nasıl işe yaramaz duruma sokulduğunu ortaya koyarlar. Bu tiptekiler, dünyanın en iyi insanlarıdır; ama toplumun beklentilerine bir türlü yanıt veremez, çevrelerinin hoşnutluğunu sürekli ellerinde tutamazlar. Boyun eğmelerinin, alçakgönüllülüklerinin ve kendi davranışlarına getirdikleri kısıtlamaların temelinde, ilk tipteki kadınlarda gördüğümüz aynı başkaldırı saklı yatar; öyle bir başkaldırı ki, "ne zevksiz yaşam" sözü ağızlarından açık seçik dökülür gibidir.

Kadın rolünü yadsımamalarına karşın, yetersiz yaratıklar kimliğiyle yaşamda ikinci derecede bir rol oynamaya mahkûm edildiklerinin kahredici bilincini içlerinde taşıyan kadınlarsa, bir üçüncü tip oluşturur. Bunlar, kadının yetersizliğine ve ancak erkeklerin elinden iyi işler çıkabileceğine yürekten inanmışlardır. Dolayısıyla, kendileri de erkeklerin toplum içindeki ayrıcalıklı durumunu savunurlar hep. Böylelikle başarılı işler görme yeteneğini yalnızca erkekte bulan ve onun toplumda ayrıcalıklı bir yer işgal etmesini isteyen seslerin oluşturduğu koroya güç katarlar. Kendi güçsüzlük duygularını öylesine belirgin açığa vururlar ki, adeta karşılığında çevresindekilerce takdir edilmeyi bekler ve desteklenmeyi umar gibidirler. Ne var ki, bu da öteden beri hazırlanan bir başkaldırının patlak vermesinden başka bir şey değildir; başkaldırı, çoğunlukla kadının evliliğin ödevlerini sürekli kocasının üzerine yıkması, bunların üstesinden ancak bir erkeğin gelebileceğini açıkça itiraf etmesiyle belli eder kendini.

Eğitim gibi yaşamın en önemli, aynı zamanda en çetin ödevlerinden birinin, kadının yetersizliği önyargısına karşın, pek büyük bölümüyle yine kadınların eline bırakıldığını düşünürsek, bu üç tipteki kadının eğitici kimliğiyle nasıl bir davranış sergileyeceğine bir göz atmak yerinde olacaktır. Bu arada, tipler arasında saptadığımız ayrımları biraz daha genişletebileceğiz. Yaşam karşısındaki erkeksi tutumuyla ilk tipteki kadınlar, çocuklarını eğitirken astıkları astık, kestikleri kestik bir davranışa başvuracak, bağırıp çağıracak, çocuklarını sürekli cezalandırıp onları aşırı bir baskı altına almaya çalışacak, çocuklar da doğal olarak bu baskıdan kendilerini kurtarmaya bakacaktır. Böyle bir eğitimle olumlu koşullarda elde edilecek başarı, hayvanlar üzerinde uygulanacak bir eğitimin sağlayacağı başarıdan ileri geçmeyecek, en küçük bir değer taşımayacaktır. Böyle bir eğitime konu edilen çocuklar, genellikle annelerine eğitici yeteneğinden yoksun kimseler gözüyle bakarlar. Eğitim uğrunda koparılan o büyük fırtına çocukları oldukça olumsuz yönde etkiler, kızları annelerine öykünmek gibi bir tehlikeyle karşı karşıya bırakırken, erkeklerin yüreğini korkuyla doldurup, gelecekteki yaşamları konusunda kendilerini tasalara sürükler. Böyle bir annenin baskısı altında yetişmiş çocukların dikkati çekecek kadar büyük bir çoğunluğu, ileride kadın gördüler mi yollarını değiştirir; sanki kadınlara karşı içlerine nefret duygusu ekilmiştir de, onlara karşı bundan böyle en küçük bir güven duymazlar. Böylece erkeklerle kadınların arası açılır, iki taraf sürekli uzaklaşır birbirinden, sonunda açık seçik bir hastalık tablosu ortaya çıkar; gelgelelim böyle bir durumda bile "erkeklik ve kadınsallık öğesinin ilgili kişilerde gereği gibi bir dağılım göstermediğini" ileri sürme saçmalığında bulunacak kişiler vardır.

Öteki iki tiptekiler de, eğiticilik açısından başarısız ve kısır kimselerdir. Kimi kararsız ve kuşkucu bir davranışı sergiler, kendilerindeki özgüvenin yetersizliğini hemen fark eden çocuklarına sözlerini dinletemez olurlar. Anne, eğitsel girişim ve çabalarını aralıksız tekrarlar, durmadan uyarır çocukları, yaptıklarını babalarına söylemekle çocukların gözlerini korkutur. Ne var ki, çocukları eğitecek bir erkeği arayan davranışlarıyla eğitsel çabalarının olumlu sonuca ulaşacağına inanmadıklarını ele verirler. Böylece eğitim konusunda da gözleri hep geriye çekilmededir; sanki yalnızca erkeğin elinden iş geleceği, dolayısıyla eğitim sorununda da mutlaka bir erkeğin gerektiği yolunda kafalarında yaşattıkları düşünceye pratikte haklılık kazandırmayı kendilerine ödev edinmişlerdir. Bazıları da hiçbir şeyin hakkından gelemeyecekleri duygusuyla herhangi bir eğitim işini üstlenmekten kaçar, böyle bir sorumluluğu kocalarının, mürebbiyelerin ya da daha başka kişilerin üzerine yıkarlar.

Kadın rolünü üstlenmekten duyulan hoşnutsuzluk, bazı "yüce" nedenlerle örneğin bir manastıra kapanarak ya da evliliğe kapıları kapayan bir işte çalışarak yaşamdan elini eteğini çeken kızlarda daha belirgin olarak açığa vurur kendini. Böyleleri de, kadın rolüyle uzlaşamadıkları için ilerideki asıl ödevlerinin gerektirdiği hazırlıkları yapmaya yanaşmayan kadınlar arasında yer alır. Beri yandan, çok geçmeden kendilerine bir iş edinmeye bakan kızların bu davranışlarının nedeni de, çalışma hayatının sağlayacağı bağımsızlığa, bir evliliğin kucağına yuvarlanmaktan kendilerini rahatlıkla koruyacak gözüyle bakmalarıdır. Evliliğe karşı takınılan bu tutum da, yine geleneksel kadın rolüne karşı duyulan nefrette itici etken olarak karşımıza çıkar.

Bir evliliğin gerçekleşip kadının böyle bir rolü isteyerek üstlendiği sanılsa bile, bir evlilik anlaşmasının hiç de kadın rolüyle uzlaşmanın bir kanıtı sayılmayacağı sık sık görülür. Şu anda otuz altı yaşındaki bir kadın hastamızı buna tipik bir örnek olarak gösterebiliriz. Çeşitli sinirsel yakınmaları vardır hastamızın. Yaşlı bir adam ve içi zorbalık hırsıyla dolup taşan bir kadın arasındaki evlilikten doğmuş iki çocuktan büyüğüdür. Öncelikle, pek güzel bir kadın sayılan annenin, yaşlı bir adamla evlenmesi, böyle bir evlilikte kadın rolünü üstlenmedeki duraksamanın da rol oynadığını ve koca seçimini etkilediğini ortaya koymaktadır. Hastamızdan öğrendiğimize göre, anne baba arasındaki evlilik pek iyi yürümemişti. Evde kesinlikle annenin sözü geçiyordu; anne kimsenin gözünün yaşına bakmıyor, evdekilere her istediğini yaptırıyor, yaşlı kocasını her fırsatta köşeye sıkıştırıyordu. Kocasının şöyle bir anlığına, bir sıranın üzerine uzanıp dinlenmesine bile katlanamıyor, kafasında pişirip kotardığı ve hiçbir şekilde çiğnenmesine izin vermediği bir ilkeye uyarak evi çekip çeviriyordu.

Pek yetenekli bir çocuk olan hastamız, babası tarafından pek şımartılmıştı. Annesi ise hiçbir zaman kendisinden hoşnut kalmamış, hep karşısında yer almıştı. Hele sonradan bir erkek çocuğu dünyaya gelip, anne çok daha büyük bir sevecenlikle ona kucak açınca, durum iyiden iyiye katlanılmaz boyutlara ulaşmıştı. Normalde pek kayıtsız ve yumuşak bir adam sayılan, ama kendisi söz konusu oldu mu çok sert tepki gösterebilen babasından destek göreceği bilinciyle davranan kızın içinde, sürüp giden kavgaların sonunda annesine karşı oldukça büyük bir kin ve nefret duygusu uyanmıştı. Bu arada hastamızın saldırılarına hedef almaktan hoşlandığı bir şey de, annesinin temizlik tutkusuydu; ilgili tutku öylesine aşırılığa vardırılıyordu ki, örneğin annesi ev işlerine yardım eden kadının kapının koluna bile elini sürmesine dayanamıyor, hemen kalkıp el değen yeri tekrar silerek temizliyordu. Dolayısıyla, hastamız evde üstü başı kir pas içinde dolaşarak her şeyi pisletmekten zevk almaya başlamıştı. Kısacası, annesinin kendisinden beklediklerinin tam tersi özellikler ediniyordu. Bu da, karakter özelliklerinin doğuştan insanda var olduğu görüşünü çürüten bir durumdu. Eğer hastamız annesini ölesiye kızdıran özellikler sergiliyorsa, yalnızca bilinçli ya da bilinçsiz bir plandan kaynaklanabilirdi, bu. Anneyle kız arasındaki savaş, bugün de hâlâ sürüp gidiyor; öyle bir savaş ki, çetinlikte eşine rastlanacak gibi değil.

Hastamız sekiz yaşına geldiğinde durum aşağı yukarı şöyleydi: Baba kızın tarafını tutuyor, anne hain ve sert bir yüz ifadesiyle ortada dolaşıp iğneleyici söz ve suçlamalarını sağa sola yöneltiyordu; hastamız ise arsız, hazırcevap ve alabildiğine esprili bir tavırla annesinin karşısına dikiliyor, onun tüm çabalarını boşa çıkarıyordu. Derken annenin gözbebeği sayılan ve şımartılıp el üstünde tutulan erkek kardeşin, kalp kapakçıklarındaki bir bozukluk nedeniyle annenin daha çok bakım ve ilgisini üzerine çekmesi, var olan durumu daha da kötüleştirmişti. Böylece, anne ve babanın çocuklarına karşı gösterdiği ilgi, sürekli olarak birbirine zıt bir doğrultu izlemiş, işte hastamız bu koşullar altında büyümüştü.

Sonunda öyle olmuştu ki, kimsenin pek açıklayamadığı ciddi bir sinirsel hastalığa yakalanmıştı hastamız. Annesini konu alan kötü düşünceleri bir türlü kafasından kovamıyor, dolayısıyla kendi kendini yiyip bitiriyordu. Söz konusu düşüncelerden söz açıp, hiçbir şey yapacak durumda değildi. Sonunda ani bir kararla dindarlığa verdi kendini, ama bu da hiç işe yaramadı. Bir süre sonra kafasındaki kötü düşünceler biraz azaldı; alınan ilaçlardan birinin etkili olduğu şeklinde yorumlandı durum; ama belki de anne biraz susturulmuş, kendini savunma durumuna itilmişti. Ne var ki, hastalık tümüyle kaybolmayarak birazı kalmıştı geride, bu da belirgin bir fırtına korkusuyla kendini açığa vuruyordu. Hastamızın kuruntusuna göre, fırtına korkusu vicdanının rahat sayılmayışından kaynaklanmaktaydı ve annesine karşı içinde haince düşünceler beslediği için, günün birinde bir felaket gibi başına çullanacaktı. Buradan anlaşıldığına göre, hastamız daha o yaşta annesine karşı duyduğu nefret ve kinden bizzat kendisini kurtarmaya çalışıyordu. Beri yandan hastamızın gelişimi seyrini sürdürmüş, sonunda her şeye karşın güzel bir gelecek kendisine göz kırpar gibi olmuştu. Günün birinde bayan öğretmenlerinden biri hastamız için, bu kız isterse her şeyi yapabilir gibi bir söz kullanmış, bu da onu pek etkilemişti. Aslında böylesi sözlerin pek bir önem taşıdığı söylenemez, ama hastamız bu sözlerden şunu anlamıştı. Bir şeyi *kafasına koymayagörsün*, onu mutlaka yapar. Bu da, annesiyle yeniden savaşmak gibi bir hırsın içinde uyanmasına neden olmuştu.

Derken ergenlik dönemine giren hastamız güzel bir kız olup çıkmış, evlenecek çağa ayak basmış ve pek çok kişiden evlenme önerisi almıştı. Ne var ki, bir evlenmeye yol açabilecek her türlü ilişkiyi sözleriyle bir bıçak gibi kesip atmıştı. Çevresinde yaşlı bir adam vardı ki, hastamız yalnızca ona karşı özel bir yakınlık duyuyor, onunla evleneceğinden korkuyordu hep. Ama bu adamdan da bir süre sonra vazgeçmiş, yirmi altı yaşına kadar bir talipten yoksun yaşamıştı. Bu da hastamızın bulunduğu çevrede oldukça dikkat çekmiş, yaşamöyküsü bilinmediğinden kimse davranışına bir anlam verememişti. Çocukluğundan beri annesine karşı sürdürdüğü çetin savaşta hastamız geçimsiz ve huysuz birine dönüşmüştü. Savaş, onun için zaferler sağlayan bir araçtı. Annesinin davranışı kendisini kamçılayarak hep zafer peşinde koşan biri durumuna sokmuştu; şöyle yaman bir ağız dalaşı kadar hoşlandığı başka bir şey olamazdı. Gurur ve kibri böylece kendini açığa vurma olanağına kavuşuyordu. Bir rakibin yenilgiye uğratılmasını öngören oyunları ötekilere üstün tutması da, yine "erkeksi" tavrını belli etmekteydi.

Yirmi altı yaşında çok saygın bir erkekle tanışmış, erkek onun geçimsiz ve cadaloz tavrından yılmayarak kendisine ciddi bir evlenme önerisinde bulunmuştu. Erkeğin davranışı pek alçakgönüllü ve otoriteye boyun eğer nitelikteydi. Akrabalarının böyle bir erkekle evlenmesi için üzerine düştüklerini gören hastamız, ona karşı büyük bir nefret ve soğukluk hissettiğini, böyle bir erkekle yapacağı evliliğin sonunun hayırlı çıkmayacağını söylemişti. Onun durumunda söz konusu kehanette bulunmak kuşkusuz güç değildi. İki yıllık bir direnişten sonra nihayet evlenmeyi kabul etmiş, kocası olacak adamı bir köle gibi kullanıp ona istediği gibi davranabileceği inancı bu kararında rol oynamıştı. Hiçbir dileğini geri çevirmemiş olan babasının bir kopyasını evleneceği adamda bulacağı umudu, içten içe yaşamıştı ruhunda.

Ama çok geçmeden yanıldığını anlamıştı. Daha evlilikten birkaç gün sonra kocasını ağzında pipoyla odada oturmuş, gel keyfim gel gazetesini okurken görmüştü. Kocası sabahleyin evden çıkıp bürosuna gidiyor, zamanında eve yemeğe geliyor, yemek henüz hazırlanmamışsa homurdanıp söyleniyordu. Karısından temizlik sevgi ve titizlik bekliyor, hastamızın açıklamasına göre hiç aklından geçirmediği tümü de haksız isteklerde bulunuyordu. Kocasıyla arasındaki ilişkinin, babasıyla ilişkisini uzaktan yakından anımsatacak yanı yoktu. Bütün umutlar suya düşmüştü. Hastamız adamdan ne kadar çok şey isterse, adam isteklerini karşılamaya o kadar az eğilim gösteriyor, adam hastamızın dikkatini ne kadar üstlenmesi gereken kadın rolüne çekerse, hastamız bu rolü üstlenmeye o kadar az istekli davranıyordu. Bu arada kendisinden böyle isteklerde bulunmaya hiç de hakkı olmadığını kocasına sürekli hatırlatıyor, çünkü kendisinden hoşlanmadığını evlenmeden önce kesinlikle ona söylediğini belirtiyordu. Ne var ki, bu davranışından hiç etkilenmeyen kocası, kendisine çeşitli istekler yöneltmekten vazgeçmiyordu bir türlü. Bunu da öylesine bir amansızlıkla yapıyordu ki, hastamız giderek geleceğini pek karanlık görmeye başlamıştı. Görev duygusuyla dolup taşan dürüst denilecek adam, bir sarhoşluk içinde kendinden geçerek hastamızla evlenmiş ama hastamızı kesinlikle ele geçirdiğine inanır inanmaz söz konusu sarhoşluk uçup gitmişti.

Derken, hastamız anne olmuş, ama kocasıyla aralarındaki uyumsuzlukta yine bir şey değişmemişti. Hastamızın yeni ödevler üstlenmesi gerekiyordu. Var gücüyle damadın tarafını tutan annesiyle arası günden güne daha çok açılmıştı. Evdeki savaş hiç ara verilmeden çok ağır silahlarla sürdürüldüğünden, adamın bazen çirkin ve saygısız davranışlara başvurması, böylece kadının zaman zaman davranışında haksız sayılmaması şaşılacak bir şey değildi. Erkeğin o türlü davranışına yol açan neden, hastamızın, yanına yaklaşılmaz tutumu, kadınlık rolüyle bir türlü uzlaşamamasıydı. Aslında kafasından geçirdiğine göre kadın rolünü öyle oynayacaktı ki, evde hep bir hükümdar gibi dikilecekti, tüm isteklerini yerine getirmek zorunda olan bir kölenin yanında yürür gibi kocasıyla yaşam yolunu yürüyüp gidecekti. Belki o zaman üstlenebilirdi böyle bir rolü.

Peki şimdi ne yapacaktı? Boşansın, annesinin yanına dönsün de yenilgiye uğratıldığını açıklasın mıydı? Tek başına ve bağımsız yaşayamazdı, böyle bir yaşama hazırlıklı değildi. Boşanması, gururuna ve kendini beğenmişliğine indirilmiş bir darbe anlamını taşıyacaktı. Yaşamı bir işkence gibi görüyordu. Bir yanda kocası her şeye kusur bulurken, diğer yanda annesi durmadan kendisini topa tutuyor, hep temizlikten ve düzenden dem vuruyordu.

Sonunda hastamızda da bir temizlik ve düzen merakı baş göstermişti. Bütün gününü şunu bunu yıkamak ve temizlemekle geçiriyordu. Annesinin o zamana kadar hep kafasına sokmaya çalıştığı öğütleri sonunda kavramıştı sanki. Kızını böyle gören anne belki ilkin nazikçe gülümsemiş, beri yandan kocası da karısında ansızın baş gösteren düzenlilik merakından, onun habire dolapları boşaltıp yeniden yerleştirmesinden bir bakıma hoşnut olmuştu. Ne var ki, aşırılığa vardırılabilirdi böyle bir davranış; nitekim hastamızda da böyle olmuştu: Her şeyi öylesine ovup temizliyordu ki, evde bir toz zerresi bile barınamıyordu. Ortalığı temizleyip çeki düzene sokarken herkesin rahatını kaçırarak hamaratlığını açığa vuruyor; öte yandan çalışırken herkes kendisini rahatsız ediyordu. Birisi, yıkayıp temizlediği bir şeye el sürdü mü, kalkıp yeniden yapıyordu aynı işi; bu, yalnızca onun üstesinden gelebileceği bir şeydi.

Yıkayıp temizleme hastalığına kadınlarda alabildiğine sık rastlanır. Böyle davrananların tümü de kadınlık rolünü üstlenmeye karşı koyanlardır; ilgili davranışlarıyla kendilerini bir tür mükemmelliğe kavuşmuş görür, her gün kendileri gibi sık sık temizliğe başvurmayan kadınlara tepeden bakarlar.

Temizliğe yönelik bütün bu çabaların bilinçaltında yatan nedeni, evin canını cehenneme yollama isteğidir. Beri yandan, hastamızdaki gibi hiçbir kadında o kadar pisliğe rastlanmayacağını belirtmek isteriz. Çünkü hastamızın amacı temizlik değil, davranışının çevresindekilere vereceği rahatsızlıktı.

Kadınlık rolüyle gerçek bir uzlaşmayı başaramayıp, kendilerine salt böyle bir süs veren bir yığın kadın gösterebiliriz. Açıkladığına göre, hiçbir arkadaşı yoktur hastamızın; kimseyle anlaşamayan ve hiçbir şeyi umursamayan biridir, bu da yine onun durumuna uygun düşer. Uygarlığımızdan en kısa zamanda bekleyeceğimiz bir şey varsa, yaşamla daha uygun bir uzlaşmayı mümkün kılacak şekilde kızlarımızı eğitmenin yollarını bize göstermesidir; çünkü bugün en olumlu koşullarda bile söz konusu uzlaşma gerçekleştirilecek gibi değildir. Gerçeklikle bağdaşmamasına ve aklı başında herkes tarafından yadsınmasına karşın, kadının yetersizliği görüşü hâlâ yasalarda ve geleneklerde yer almaktadır. İlgili konuda her zaman gözümüzü açık tutmak, toplum düzenimizdeki bu hatalı tutumun mekanizmasını tümüyle kavrayıp ona karşı savaşmak zorundayız. Ne var ki, böyle düşünmemiz örneğin kadına karşı hastalık derecesinde abartılmış bir saygıdan değil, söz konusu durumların toplumsal yaşamımızı yok edeceği düşüncesinden kaynaklanmaktadır.

Bu arada kadını küçük düşürücü eleştirilere konu yaparken çoğu kez ileri sürülen bir noktaya değinmek isteriz, bu da kadının tehlikeli yaşıdır. Bu dönem, elli yaş civarında bazı karakter özelliklerinin daha bir belirginlik kazanarak ön plana çıkmasından oluşan ruhsal değişikliklerle kendini açığa vurur. Söz konusu değişiklikler sonucu kadın, o zamana kadar güçlükle elinde tuttuğu zaten pek fazla denilemeyecek saygınlığı tümüyle yitireceği gibi bir düşünceye kapılır. O zamana kadar işgal ettiği konumu ele geçirmesini ve elde tutmasını sağlayan her şeyi, bundan böyle ağırlaşan koşullar altında elden çıkarmamak için eskisinden daha yoğun bir çaba harcar. Yaşlanan kimselerin durumu uygarlığımızdaki egemen iş ilkesinden ötürü genel olarak iyi sayılmaz; ama yaşlanan kadınlar için durum daha da kötüdür. Yaşlanan kadınları bekleyen tehlike, taşıdıkları değerin tümüyle yadsınmasıdır; ancak bu, bir başka şekilde herkesi bekleyen tehlikedir, çünkü günümüzde insan yaşamına verilen değer zamana bağlı olarak değişim gösterir. Aslında bir insanın yaşamının en güçlü ve dinamik dönemindeki hizmetleri, elden ayaktan düştüğü zaman yararlanması için o insanın alacak hanesine yazılması gerekirdi. Yaşlandı diye bir insanı maddi ve manevi ilişkilerden koparıp atmak, hele yaşlanan kadınlarda adeta aşağılamaya varan bir davranışla böyle bir yola başvurmak olacak şey değildir. Büyüme çağındaki bir kızın, ileride kendisini de bekleyen böyle bir dönemi ne büyük bir korkuyla düşündüğünü kuşkusuz tasarlayabiliriz. Kaldı ki, kadınlık denilen şeyin elli yaşından sonra yitip gideceği söylenemez; bu tarihten sonra da insan onuru eski görkemiyle varlığını sürdürür ve korunup kollanması gerekir.

Kadın ve Erkek Cinsiyeti Arasındaki Gerilim

Bütün bu olayların temelinde, uygarlığımızdaki birtakım yanlışlıklar yer almaktadır. Uygarlık denilen şeye bir kez bir önyargı musallat olmasın, dört bir yanda duyurur sesini. Böylece, kadının yetersizliğine ilişkin önyargı ve buna bağlı olarak erkeğin kendini beğenmişliği, her iki cinsiyet arasındaki uyumu sürekli bozarak inanılmayacak bir gerilimin doğmasına yol açar; ilgili gerilim, özellikle sevgi ilişkilerine nüfuz ederek tüm mutluluk olanaklarını aralıksız tehdit altında tutar, hatta çok kez yok eder. Tüm aşk yaşamımızı zehirleyerek kurutup bir yangın yerine çevirir. Uyumlu bir evliliğe alabildiğine seyrek rastlayışımızın nedeni de yine aynı gerilimdir; çocuklarımızın, evliliğin son derece çetin ve tehlikeli bir iş sayılacağı görüşüyle büyümeleri yine aynı gerilimden kaynaklanır. Yukarıda belirttiğimiz önyargılar ve düşünceler, çocukların yaşamı gerçekten anlamalarını çoğu kez engeller. Evliliğe salt bir imdat kapısı gözüyle bakan bunca kızı, evliliği kaçınılmaz bir baş belası sayan bunca kadın ve erkeği düşünmek yeterlidir bunu anlamaya. Kadın ve erkek arasında söz konusu gerilimin doğurduğu güçlükler, günümüzde öylesine boyutlara ulaşmıştır; bu güçlükler, kendilerine zorla benimsetilmek istenen role karşı kızların çocukluktan beri gösterdiği yadsımanın şiddeti ve tüm mantıksızlığına karşın erkeklerdeki ayrıcalıklı rol oynama hevesinin gücüyle doğru orantılıdır.

Kadınla erkek arasındaki uzlaşma ve dengenin karakteristik özelliği *arkadaşlık*'tır. Kadın ve erkek arasındaki ilişkide karşı tarafı boyunduruk altına almak, tıpkı ulusların yaşamındaki gibi katlanılmaz nitelik taşır. Böyle bir girişiminin iki taraf için doğuracağı tatsız durumlar öylesine çoktur ki, aslında herkesin bu konu üzerinde dikkatle durması gerekir. Sorun, tüm bireylerin yaşamını ilgilendirecek boyuttadır. Beri yandan, alabildiğine karmaşık bir yapı gösterir; nedeni de, çocuğun yaşamda izleyeceği tutumu, karşı cinsin tutumuyla zıtlık oluşturacak şekilde belirlemeye zorlanmasıdır. Serinkanlı bir eğitime başvurularak, baş gösterecek güçlüklerin üstesinden gelinebilir kuşkusuz. Ne var ki, günümüzün telaş ve tedirginliği, değeri gerçekten deneyimlerle kanıtlanmış eğitim ilkelerinin elde bulunmayışı, ama hepsinden çok tüm yaşamımızı avucunda tutan rekabet savaşı evlerde yavrularımızın odalarına kadar sokulmakta, gelecekte izleyecekleri temel doğrultuları onlara benimsetmektedir. Bazı insanların gözünü yıldırarak onları başkalarıyla aşk ilişkileri kurmaktan alıkoyan engeller bulunuyorsa, bunun nedeni ister hileli yoldan, ister "bir fatih gibi davranarak" erkekliğini göstermenin erkek için bir yükümlülük durumuna getirilmesidir. Böyle bir yükümlülük de sevgideki doğallık ve güvenlik özelliğini yok etmektedir. *Don Juan*, yeterince erkeklik duygusuyla donatıldığına inanmayan, sürekli fethettiği yeni kalplerle bunu kendi kendisine kanıtlamak isteyen biridir kuşkusuz. Erkek ve kadın arasındaki güvensizlik havası her türlü mahremiyet ve içtenliği boğup atar, bunun sonucunda tüm insanlık acı çeker, bundan zarar görür. Aşırı erkeklik ideali, karşı tarafa yöneltilen sürekli bir istek, bir kışkırtma, bitip tükenmez bir huzursuzluk kaynağı oluşturur; kendini beğenmişlik, daha çok şeye sahip olma ve hayatta ayrıcalıklı bir yeri ele geçirme gibi sonuçlardan başka bir şey doğurmaz; öyle sonuçlar ki toplu yaşamanın doğal koşullarına aykırı düşer hepsi de. Kanımızca, feminizmin şimdiye kadar amaçladığı özgürlük ve eşitliğe karşı çıkmak için bir neden yoktur; tersine, bunların enerjik biçimde desteklenmesi gerekir; çünkü tüm insanlığın mutluluğu ve yaşam kıvancı, kadının kadınlık rolüyle uzlaşmasını sağlayacak koşulların yaratılmasına, ayrıca erkeğin, kadınla arasındaki ilişki sorununu çözümleyecek güce kavuşmasına bağlıdır.

Durumu Düzeltme Girişimleri

Kadınla erkek arasında daha sağlıklı bir ilişkinin kurulmasına yönelik çabalardan en önemlilerinden biri olarak, öğretim kurumlarındaki *karma eğitimi* gösterebiliriz. Ancak böyle bir eğitimin tartışma götürmez bir nitelik taşıdığı söylenemez; karşısında yer alanlar bulunduğu gibi, savunucuları da vardır. Bu sonuncuların, karma eğitimin temel üstünlüğü olarak ileri sürdüğü şey, erkek ve kızların böylelikle vakit geç olmadan birbirini tanıma fırsatına kavuşacağı, dolayısıyla birtakım yanlış önyargıların doğacak zararlı sonuçlara yer açılmasının en iyi şekilde önlenebileceğidir. Karma eğitime cephe alanların bu tutumları için öne sürdüğü nedene göre, erkekler ve kızlar arasında okula başlama döneminde zaten alabildiğine güçlü olan karşıtlık, karma eğitimde daha da geniş boyutlara ulaşacak, çünkü erkekler kızlar karşısında bir ürkekliğe kapılacaklardır. Böyle bir ürkekliğin nedeni de, ilgili dönemde kızların ruhsal gelişiminin erkeklerinkinden daha hızlı bir seyir izlemesidir; dolayısıyla, ayrıcalıklarının yükünü omuzlarında taşıması ve kızlardan daha becerikli sayılacaklarının kanıtlarını sergilemesi istenen erkeklerde, ansızın ayrıcalıklarının, gerçek karşısında sönüp giden bir sabun köpüğünden farksız sayılacağı düşüncesi uyanacaktır. Bazı araştırmacıların sözde saptadığına göre, karma eğitimde erkekler kızlar karşısında çekingen davranarak özsaygılarını yitirmektedir.

Söz konusu görüş ve nedenlerin kuşkusuz doğru bir yanı yok değildir. Ne var ki, ilgili nedenler ancak karma eğitimin altın madalyayı kazanmak için kızlarla erkekler arasında bir rekabet savaşı gibi anlaşılması durumunda geçerlilik taşıyacaktır. Öğretmenlerle öğrenciler tarafından böyle bir gözle bakılacak karma eğitimin zararlı nitelikler taşıyacağı kuşkusuzdur. Karma eğitime daha sağlıklı bir yoldan yaklaşan, onu kız ve erkeklerin gelecekte ortak ödevler üzerinde sürdüreceği ortak çalışmalar için bir alıştırma ve hazırlık olarak görerek, böyle bir yaklaşımı mesleki uğraşlarına temel yapan öğretmenler çıkmadıkça, karma eğitim denemeleri her zaman başarısız kalmaya mahkûmdur. Karma eğitimin karşısında yer alanların ise söz konusu başarısızlıkları, kendi görüşlerinin doğruluğuna kanıt sayacakları kuşkusuzdur.

Bu konuda ayrıntılara girmek, bir sanatçının yaratıcı gücünü gerektirecektir. Biz, yalnızca ana noktalara değinmekle yetineceğiz. Daha önce sözünü ettiğimiz tiplerle arada kimi ilişkiler bulunduğunu söyleyebiliriz; yetersiz organlarla dünyaya gelen çocuklardan söz ederken değindiğimiz durumların burada da karşımıza çıktığı görülecektir. Büyüme çağında olan bir kız da çoğu kez yetersiz biriymiş gibi davranır; dolayısıyla, aşağılık duygusunun dengelenmesi konusunda söylediklerimizi bu kızlar için de tekrarlayabiliriz. Arada bir ayrım varsa, bir kızın böyle bir yetersizlik inancına dış etkenlerin baskısıyla varabileceğidir. Dış etkenler kızları o kadar güçlü şekilde böyle bir yola iter ki, aklı başında araştırmacılar bile bazen kızların yetersizliği önyargısına kapılmaktan kendilerini alamazlar. Bu önyargının genel sonucu da, gerek kızların, gerek erkeklerin sonunda *prestij politikası*'nın girdabına sürüklenmesi ve hakkından gelemeyecekleri bir rolü üstlenmeye kalkmasıdır ki, böyle bir rol masum yaşamı çapraşık bir duruma sokar, karşılıklı ilişkilerdeki doğallığı silip atar; iki tarafı da önyargılarla besleyip her türlü mutluluk şansını yok eder.

8.
KARDEŞLER

Bir insan üzerinde yargıya varırken onun içinde yetiştiği ortamı tanımanın önemini daha önce sık sık belirtmiştik. Bir çocuğun kardeşler arasında işgal ettiği yer de, kendine özgü böyle bir ortamdır. Bu açıdan bakarak insanları belirli kategorilere ayırabilir, yeterince deneyim sahibiysek, bir kimsenin kardeşlerden en büyüğü mü, yoksa ailenin tek çocuğu mu ya da çocuklardan en küçüğü mü olduğunu kestirebiliriz.

Öyle anlaşılıyor ki, en küçük çocuğun kendine özgü bir tip oluşturduğunu insanlar çok eskiden beri bilmektedir. Pek çok masal ve söylence, Tevrat ve İncil'de anlatılan pek çok kıssa böyle olduğunu gösteriyor. Bunların tümünde de en küçük çocuk hep aynı şekilde sahnede boy gösterir, hep aynı şekilde tanımlanır. Gerçekten de en küçük kardeş öbür kardeşlerin hepsinden düpedüz değişik bir ortamda büyür. Anne ve baba için ötekilerden ayrı bir çocuktur. Hepsinin en küçüğü olduğundan özel bir ilgi ve bakım görür. Kardeşlerin en küçüğü olduğu için aynı zamanda cüsse bakımından en ufaklarıdır; öteki kardeşler bağımsız bir yaşa ulaştıkları, büyüyecekleri kadar büyüyüp erişkin insanlar durumuna geldikleri bir sırada, o anne ve babasının yardımını çok gereksindiği bir dönemi yaşar. Dolayısıyla, çoğunlukla öteki kardeşlerin hepsinden daha sıcak bir atmosfer içinde büyür.

Bu durum bir dizi karakter özelliğiyle donatır kendisini; söz konusu özellikler yaşam karşısındaki tutumunu özel bir biçimde etkileyerek, kendine özgü bir kişiliğe kavuşmasını sağlar. Ayrıca buna gelip eklenen bir durum daha vardır ki, görünürde bir çelişki izlenimi uyandırır. Kendisine bir şey emanet edilemeyen, elinden bir iş geleceğine hiç ihtimal verilmeyen en küçük kardeş rolünü hep oynamak, bir çocuk için asla imrenilecek bir şey değildir, onu öylesine kamçılayıp uyarır ki, elinden neler gelebileceğini çevresindekilere göstermeyi dener. İçindeki güçlülük arzusu daha geniş boyutlar kazanır. Böylece çoğu zaman, kendisi için en elverişli konumu ele geçirmedikçe rahat etmeyen biri olup çıkar, ruhunda herkesi geride bırakmak gibi bir eğilimi geliştirir.

Yaşamda pek sık rastladığımız tiplerdir bunlar. En küçük kardeşlerden bir grup vardır ki, kendilerinden büyük kardeşlerinin önüne geçer, kardeşlerinin tümünden daha çok başarı sağlarlar. O kadar parlak sayılamayacak bir başka grupsa, içlerinde aynı eğilimi taşımasına karşın, tam bir aktiflik ve özgüvenden yoksundur, ki bu durum da yine büyük kardeşlerle aradaki ilişkiden kaynaklanabilir. Son gruptakiler kardeşlerini aşamadıklarını görünce, kendilerini bekleyen işlerden yılgınlıkla kaçar, ödlek ve dokunsan ağlayacak kimselere dönüşür, üzerlerine düşen ödevlerden yakalarını sıyırmak için hep bir bahane arayıp dururlar. Birinci gruptakilerden daha az hırslı sayılacakları söylenemez; ama hırsları öyledir ki, ödevlerine yan çizmeye iter onları, yaşamın ödevlerinden uzakta kalarak açgözlülüklerine doyum sağlamaya ve becerilerini kanıtlama tehlikesiyle yüz yüze gelmekten kaçınmaya zorlar.

En küçük kardeşin haksızlığa uğramış ve içinde bir yetersizlik duygusu taşıyormuş gibi davrandığı, bazılarımızın dikkatini çekmiştir kuşkusuz. Kendi incelemelerimizde söz konusu duyguyu en küçük kardeşlerde her zaman saptamış, ruhsal gelişimlerindeki büyük atılımın içlerindeki tatsız ve tedirgin edici duygudan kaynaklandığını belirtmiştik. Dolayısıyla, en küçük evladın güçsüz organlarla dünyaya gelmiş bir çocuktan hiç farkı yoktur. Güçsüz organların varlığı ille şart değildir; önemli olan, bir şeyin nesnel varlığı, bir kimsede gerçek bir organ yetersizliğinin varlığı değil, kişinin bu konuda içinde yaşattığı duygudur. Ayrıca, bildiğimiz bir şey varsa, çocuklukta bir hata işlemenin son derece kolay oluşudur. Bu konuda kendimizi yığınla soru karşısında bulur, bir hayli olanağın, çıkarılması gereken bir yığın sonucun bizi beklediğini görürüz. Eğitim ödevini üstlenen kişi nasıl davranmalıdır? Örneğin böyle bir çocuğun kendini beğenmişliğini kamçılamaktan vazgeçmeyerek, onu izlediği yolda daha çok uyarıp teşvik mi etmelidir? Bir çocuğun hep birinci olmasını istemek, çocuğa pek fazla şey kazandırmaz; ayrıca, deneyimler de birinci olmanın hayatta başta gelen bir önem taşımadığını göstermektedir. En iyisi, bu konuda biraz abartıya kaçarak şöyle diyebiliriz: Birinciler bize gerekli değildir. Doğrusu birincilerle karşılaşmak gönlümüzü bulandırır. Tarihe bir göz atar, deneyimlerimizi gözden geçirirsek, birincilik çabasının bize mutluluk getirmeyeceğini söylemeden duramayız. Birincilik ilkesi çocuğu tek yanlı yapar, her şeyden önce toplumun iyi bir bireyi olmaktan alıkoyar onu; çünkü böyle bir ilkeyi temel alan eğitimin doğuracağı başlıca sonuç, çocuğun yalnız kendini düşünmesi, başkalarının onun önüne geçip geçemeyeceğini sürekli merak etmesidir. Çocukta kıskançlık ve kin duyguları uyanacak, ayrıca birinciliği hep elde tutamama korkusu gelip buna eklenecektir. En küçük kardeş, durumu dolayısıyla zaten daha başta sürat koşucusu olmak ve herkesi geride bırakıp öne geçmek eğilimini taşır; bu eğilim bütün davranışlarında ele verir kendini, ruhsal yaşamındaki tüm ilişkiler örgüsü bilinmediği sürece çoğunlukla dikkati çekmeyen küçük ayrıntılar biçiminde kendini açığa vurur. Örneğin böyleleri hep bir grubun başında gider, önlerine birinin gelip dikilmesine katlanamazlar. Sürat koşuculuğu, en küçük kardeşlerden büyük çoğunluğunun belirleyici bir özelliğidir.

Bazen yozlaşmış olarak karşımıza çıkan bu en küçük kardeş tipinin pek saf örneklerini de yine yaşamda bulabiliriz. Aralarında çoğunlukla enerjik kimselere rastlanır; izledikleri yolda o denli ileri gitmişlerdir ki, bütün bir ailenin kurtarıcısı durumuna gelmişlerdir. Gerilere doğru bir göz atar ve Tevrat'taki Yusuf kıssasını gözden geçirirsek, burada en küçük kardeş tipinin özelliklerinin olağanüstü bir ustalıkla anlatıldığına tanık oluruz. Her şey öylesine planlı ve açık seçik dile getirilmiştir ki, sanki kıssayı yazanlar bugün bizim güçbela ele geçirmeye çalıştığımız bilgilere daha o zamanlar sahiptir. Kuşkusuz yüzyıllar içinde bu konuda değerli bir sürü malzeme kaybolup gitmiştir. Şimdi bunların yavaş yavaş yeniden ele geçirilmeleri gerekmektedir.

En küçük kardeşler arasında bir başka tip de, daha önce sözünü ettiğimiz birinci tipten gelişip çıkmıştır. Birinci tipteki sürat koşucusunun ansızın bir engele çarptığını, engeli aşamayacağından korkarak yönünü değiştirip dolambaçlı bir yol izlediğini düşünelim. Cesaretini kaybeden böyle bir küçük kardeş akla gelebilecek en ödlek kişilerden biri olup çıkar. Hep geriye doğru yönelir böyleleri. Hangi iş olursa gözünde büyütür, her iş için bir bahane bulur, hiçbir işe girişme yürekliliğini gösteremez, tembellik ve uyuşuklukla zamanını öldürür. Hayatta çoğunlukla hiçbir başarı elde edemez, daha baştan her türlü rekabeti kapı dışarı eden bir alanı güçbela ele geçirip burada yaşamını sürdürür. Başarısızlıkları için türlü nedenler gösterir; pek güçsüz bir çocuk olduğu, ailesince ihmal edildiği ya da şımartıldığı, kardeşleri tarafından çelmelenip ilerlemesine fırsat verilmediği vb. bunlar arasındadır. Gerçekten organsal bir yetersizlikle donatılmışlarsa, böylelerinin alınyazısı daha da berbat bir niteliğe bürünür.

Her iki tipten de çoğunlukla kötü insanlar çıkar. Kuşkusuz ilk tiptekiler, rekabet önem taşıdığı sürece ikinci tiptekilerden daha iyi konumdadır, başkalarının sırtında dengede tutabilirler kendilerini. Oysa ikinci tiptekiler, yetersizliklerinin ezici duygusu ve yaşamla uyuşmazlıkları nedeniyle ömür boyu kahrolup dururlar.

Kardeşlerden *en büyüğü* de karakteristik birtakım özellikler gösterir. Her şeyden önce ruhsal gelişim açısından mükemmel bir konumu elde bulundurmak gibi bir avantaja sahiptir. Tarihten bildiğimize göre, öbür kardeşlerden daha elverişli koşullarda yaşamıştır hep. Bazı kavimlerde ve halkın bazı kesimlerinde en büyük kardeşin bu ayrıcalıklı yeri geleneksel nitelik kazanarak varlığını koruyagelmiştir. Örneğin köylüler arasında en büyük oğul, daha çocukluktan başlayarak ileride kendisini nasıl bir geleceğin beklediğini bilir, günün birinde çiftliğin kendisine kalacağının farkındadır; dolayısıyla, zamanı gelince baba evini terk etmeleri gerekeceği duygusu içinde büyüyen öteki kardeşlerden çok daha iyi bir konumu elinde bulundurduğu kaçmaz gözünden. Köylüler dışında başka birçok ailede de yine en büyük oğulun ileride evin efendisi olacağı düşünülür ve hesaplanır. Böyle bir geleneğin pek önemsenmediği ailelerde, örneğin küçük burjuva ve emekçi çevrelerinde de en büyük oğul hiç değilse öteki kardeşlerden çok daha güçlü ve akıllı gözüyle bakılan biridir; aile içinde babanın yardımcısıdır, öbür kardeşlerinin başında bulunarak onlara göz kulak olur, denetler onları. Böylece çevrenin tüm güvenini bütün ağırlığıyla sürekli omuzlarında taşımanın böyle bir ağabey için ne anlama geleceğini düşünebiliriz. Bunun sonucu olarak öyle bir ruh durumu içinde yaşayacaktır ki, söz konusu ruh durumu yaklaşık şu düşüncelerle açığa vuracaktır kendini: Sen, öbür kardeşlerinden daha güçlü ve daha büyüksün; dolayısıyla, hepsinden daha akıllı olman gerekiyor.

Böyle bir doğrultu izleyen bir gelişimin seyrinde hiçbir aksamayla karşılaşılmadı mı, en büyük oğul öyle özellikler edinir ki, bunlar kendisini düzenin koruyucusu bir kişinin karakteriyle donatır. Böylelerinin gözünde güç denilen şey alabildiğine büyük önem taşır; gerek ellerindeki gücü, gerek güç kavramını kendilerine özgü yüksek bir değerlendirmeye konu yaparlar. Bu gibi kimselerin genellikle tutucu bir karakter özelliği taşıdıkları da gözden kaçacak gibi değildir.

İkinci doğan çocuklarda da yine bir güçlülük ve üstünlük eğilimine rastlanır ve bu eğilim ayrı bir nüansla açığa vurur kendini. İkinci doğan çocuklar herkesten öne geçmek için harıl harıl çalışır, yaşamlarını biçimlendiren yarış havasını davranışlarında da sergiler, önlerinde birinin bulunup üstünlük taslamasını güçlü bir uyarı gibi hissederler. Güçlerini geliştirip kendilerinden büyük kardeşleriyle yarışa girişecek gibi bir durumla karşılaştılar mı, normal olarak hızla ileriye atılırlar; ellerinde bulundurdukları güçle kendilerini görece sağlam durumda sanan ağabey ve ablaları bir de bakar ki, küçük kardeşleri onları geride bırakmakla tehdit etmektedir.

Yakup ve İşaya kıssası bunun için güzel bir örnektir. Söz konusu kişiler durup dinlenmek bilmez, gerçeklerden çok gösterişi hedef alan karşı durulamayacak bir çaba harcarlar. Öyle olur ki, sonunda ya amaca erişilerek ağabey aşılır ya da savaş başarısızlıkla biter ve geriye çekilme başlar ve ikinci doğan kardeş soluğu bir sinir bozukluğunda alır. Ruhundaki haksızlığa uğramışlık duygusuyla ikinci doğan kardeşin durumu, mal mülkten yoksun sınıfların varlıklı sınıflara karşı duyduğu kıskançlığa benzetilebilir. Bazen ulaşmak istedikleri amacı çok yüksekte saptar, dolayısıyla ömür boyu bunun acısını çeker, yaşamsal gerçekleri bir düşünce, bir hayal ve değersiz bir gösteriş uğruna ihmal ettiklerinden iç uyumlarını yitirirler.

Tek çocuğun da yine kendine özgü bir durumu vardır. Çevresinin eğitsel saldırılarına karşı bir boy hedefi oluşturur. Anne ve baba için bir seçim olanağı yoktur adeta, bütün eğitsel coşkularıyla tek çocuklarının üzerine çullanır. Çocuk giderek bağımsızlığını yitirir, izleyeceği yolu bir başkasının kendisine göstermesini bekler hep, çevresinden sürekli destek arar. El üstünde tutulup şımartılır çok kez, herhangi bir güçlükle karşılaşmayı beklememeye alışır; çünkü ne zaman bir güçlük baş gösterse hemen yolundan temizlenmiştir. Dikkat ve ilgi her zaman üzerinde toplandığından kendini bir şey sanması, böyle bir duyguya kapılması işten değildir. Güç bir konumda bulunur, dolayısıyla hatalı tutumlar sergilemesi adeta kaçınılmazdır. İlgili durumların önemini ve ne gibi sakıncaları sinesinde barındırdığını bilen anne ve baba, bazı tehlikeleri kuşkusuz önleyebilir. Ama yine de iş çetinliğini korur her zaman. Çoğu zaman anne ve babaların kendileri, hayatı pek çetin bulan, son derece sakıngan kimselerdir, alabildiğine büyük bir dikkat ve ihtiyatla çocuklarını eğitmeye çalışırlar. Böyle bir davranışı ise, çocuk daha büyük bir baskı gibi hisseder. Esenliği bakımından anne ve babasının duyduğu sürekli kaygı, dünyayı kafasında düşman bir nesne gibi tasarlamaya iter çocuğu, kendisi için bir uyarı oluşturur. Böylece çocuk, ileride karşılaşacağı güçlüklerle ilgili bitip tükenmeyen bir korku içinde büyür, gelecek hesabına hiçbir egzersizi, hiçbir hazırlığı yoktur, çünkü evdekiler ona hep yaşamın tatlı tarafını gösterirler. Kendi başına hangi işe el atayım dese güçlüklerle karşılaşır, yaşamda işe yaramaz duruma gelir. Batağa saplanıp kalır kolaycacık. Bazen bir asalak gibi yaşar, başkalarının çalışıp kazandığını yer.

Aynı ya da değişik cinsiyetten birden çok kardeşin rekabet durumunda yaşadığı çeşitli kombinasyonlar düşünülebilir. Dolayısıyla, tek bir vaka üzerinde bir yargıya varmak enikonu güçtür. Birden çok kız arasında tek erkek çocuğu özellikle zor durumdadır. Böyle bir ailede kızların sözü geçer, erkek çocuğu çoğu zaman hayli geri plana itilir, hele kardeşlerden en küçüğüyse rahatlıkla böyle bir durum söz konusudur; çok geçmeden, dışa kapalı bir saf oluşturan ablalarının karşısında bulur kendini. Ruhundaki saygınlık içgüdüsü büyük engellere çarpar. Dört bir yandan uğrayacağı saldırılar karşısında, geri kalmış uygarlığımızın erkeklere tanıdığı ayrıcalıkların bilincine pek varamaz, bocalayıp duraksar. Ürkeklik ve yılgınlığı o dereceyi bulabilir ki, bazen erkeksiliğe kadınsılıktan güçsüz bir gözle bakar. Morali ve özgüveni kolaylıkla sallantılı bir durum alır; bazen bu durum öylesine büyük bir dürtü rolünü oynar ki, yapacağı olağanüstü atılımla büyük işler becerir. Her iki durum da aynı nedenden kaynaklanır. Böylesi çocukların nerede soluğu alacağı, kuşkusuz çevrelerindeki koşullara bağlıdır. Ama ortak bir özellik hiçbir zaman tümüyle eksik değildir bu çocuklarda.

Çocuğun doğarken yanında getirdiği tüm yeteneklerin, içinde yaşadığı koşullar tarafından nasıl biçimlendirilip renklendirildiğini görmekteyiz. Böylece, özellikle eğitim açısından alabildiğine sakıncalı *kalıtım öğretisi* tahtından alaşağı edilmiş olmaktadır. Ancak, kalıtsal etkilerin saptanabildiği kimi durumlarla da kuşkusuz karşılaşılmaktadır. Örneğin anne ve babasıyla her türlü ilişkinin dışında büyüyen bir çocuk, anne ve babasındakilere benzeyen ya da onlardakinin aynı kimi özellikler gösterebilmektedir. Bu, bizi yadırgatır ilkin. Ne var ki, güçsüz bir vücut yapısıyla dünyaya gelen bir çocuğun gelişiminde kimi kusurlara rastlanmasının doğallığı düşünülürse, içimizdeki yadırgama kaybolur, durumu daha iyi anlarız; organlarının çevreden kaynaklanan zorunlulukları göğüsleyecek güçten yoksunluğu, belki aynı şekilde zayıf organlarla dünyaya gelmiş baba gibi çocukta da bir gerilimin doğmasına yol açacaktır. Duruma bu açıdan bakınca, karakter özelliklerinin kalıtsallığı öğretisinin pek sağlam temellere dayandığı söylenemez.

Yukarıdaki açıklamadan da anlaşılacağı üzere, gelişimi sırasında çocuğun attığı hatalı adımların en tehlikelisi, başkalarından üstün olmaya çalışması ve kendisine birtakım avantajlar sağlayacak güçlü biri konumunu ele geçirmek istemesidir. Uygarlığımızda pek de yadırganmayan böyle bir eğilim bir kez insanın ruhuna yerleşti mi, çaresiz izlenecek gelişim yolu artık belirlenmiş sayılır. Bunun önüne geçilmek istenmesi durumunda, karşılaşılacak güçlükleri iyice bilmek ve anlamak gerekir. İlgili konuda tüm güçlüklerle başa çıkabilmemizi sağlayacak tutarlı bir yöntem varsa, çocukta toplumsallık duygusunun geliştirilmesidir. Böyle bir şey başarılsın yeter ki, bütün güçlükler önemini yitirir. Ne var ki, toplumsallık duygusunu geliştirebilme fırsatı zamanımızda hayli seyrek ele geçirilebilmekte, dolayısıyla söz konusu güçlükler önem ve ciddiyetini korumaktadır. Bir kez bunu böyle bildik mi, hayatta salt varlıklarını sürdürebilmek için boğuşan ve yaşamın kolay üstesinden gelemeyen insanlara rastlamamız bizi şaşırtmaz artık. Böyle kişilerin yanlış bir gelişimin kurbanı olduğunu, gelişimleri sağlıklı nitelik taşımadığı için yaşam karşısında da kusursuz bir tutum takınamadıklarını biliriz. Dolayısıyla, bir kimse üzerinde bir yargıya varırken çok dikkatli davranmalı, özellikle ahlaki (bir insanın ahlak açısından değeri konusunda) yargılarda bulunmaya yanaşmamalıyız. Bundan böyle, edindiğimiz bilgilerden yararlanarak insana bir başka yoldan yaklaşmamız gerekmektedir; çünkü insanın iç dünyasını artık eskisinden daha iyi tanıyacak durumdayız. Ayrıca, ele geçirdiğimiz bilgiler eğitim konusunda da bizim için önemli bakış açıları sağlar, hata kaynaklarını bilip tanımamız kişiyi etkileme bakımından bir hayli olanakla donatır bizi. İnsanı kendi gelişim süreci içinde değerlendirerek ele geçireceğimiz tabloda onun yalnız geçmişini değil, kısmen gelecekteki yaşamını da görebiliriz. Bu da ele aldığımız insana gerçekten bir dirimsellik kazandırır. İnsan bizim için salt bir siluet olmaktan çıkar, kendisi hakkında, uygarlığımızda çoğunlukla rastlanmayan değişik bir yargıya varabilmenin yolunu ele geçiririz.

II. BÖLÜM

KARAKTER BİLGİSİ

9.
GENEL BİLGİ

Karakterin Yapısı ve Oluşumu

Bir karakter özelliği denilince, yaşamın karşısına çıkardığı ödevlerin üstesinden gelmeye çalışan bir insanda belirli bir ruhsal dışavurumun ön plana çıkması anlaşılır. Buna göre "karakter", *toplumsal bir kavramdır.* Bir karakter özelliğinden söz açılabilmesi için, insanın çevreyle ilişkisinin göz önünde tutulması gerekir. Örneğin Robinson'un nasıl bir karakter sahibi olduğu hiç önem taşımaz. Takınılan ruhsal bir tutumdur karakter, bir insanın çevre karşısında aldığı tavırdır, saygınlık eğiliminin toplumsallık duygusuyla bağlantılı olarak amacına ulaşmak için izlediği temel doğrultudur.

İnsanın bütün davranışının bir amaç tarafından belirlendiğine ve bu amacın da başkalarından üstün ve güçlü olma, başkalarına söz geçirme kılığında kendini açığa vurduğuna daha önce değinmiştik. Söz konusu amaç insanın dünya görüşünü, hal ve gidişini, yaşam modelini etkiler, duygu ve düşüncelerinin dışavurumunda yararlandığı davranışları yönetir. Buna göre, karakter özellikleri, insanın devinim çizgisinin salt dış belirtileridir. Söz konusu belirtiler, bir kimsenin çevresi, soydaşları, kısaca toplum ve yaşamın sorunları karşısında nasıl bir tutum takındığını bize gösterir. Kişiyi saygınlığa ulaştıracak *araçlar*'dır karakter özellikleri, hepsi bir araya gelerek bir yaşam yöntemi oluşturan becerilerdir.

Karakter özellikleri çoklarının sandığı gibi doğumsal nitelik taşımaz, doğa tarafından bağışlanmaz insana; bir temel doğrultuya benzer, bir model gibi insan varlığına yuvalanır ve onun fazla düşünmeye gerek kalmadan her durumda tutarlı bir kişi gibi davranabilmesini sağlar. Doğumsal güçlere ya da temellere dayanmayan bu özellikler, birey tarafından erken bir dönemde olmakla birlikte belirli bir yaşam biçimine bağlı kalabilmek için *sonradan edinilir*. Dolayısıyla, hiçbir çocuk doğuştan tembel değildir; bir çocuk tembelse, tembelliğe yaşamı kolaylaştıracak, saygınlığını elden çıkarmak zorunda bırakmayacak uygun bir araç gözüyle baktığı için tembeldir. Çünkü insan, tembellik doğrultusu üzerinde devinmesine karşın, güçlü bir konumu bir bakıma elde bulundurabilir. Doğuştan kendisinde var olan bir kusur gibi gösterebilir tembelliği, böylece iç değerini her türlü saldırıdan korur. Duruma böyle bir açıdan bakarak örneğin şöyle bir sonuca varır: "Bu kusur bende olmasaydı, yeteneklerim parlak bir şekilde gelişme olanağına kavuşurdu; ama ne yazık ki, böyle bir kusurla doğmuşum." Önüne geçilmez bir güçlülük eğilim ve çabası sonucu çevresiyle sürekli çatışma durumunda yaşayan bir başkası ise, kendisinde böyle bir savaşım için zorunlu gördüğü hırs, kıskançlık, güvensizlik gibi özellikleri geliştirir. Biz sanırız ki, söz konusu özellikler insanın kişiliğiyle kaynaşmıştır; oysa yakından baktığımızda bunların söz konusu kişinin salt devinim doğrultusu için gereklilik taşıdığını, dolayısıyla o kişi tarafından sonradan edinilmiş özellikler sayılacağını görürüz. Hepsi de "birincil" değil, "ikincil" etkenler olup, kişinin gizli amacı tarafından ele geçirilmiştir, dolayısıyla teleolojik [erekbilimsel] bir açıdan bakılması zorunludur. Daha önceki açıklamalarımızı anımsarsak, insanın yaşam ve davranış biçimiyle bir bakış açısına kavuşabilmesi için, ister istemez bir yaşamsal amacın saptanmış olması gerekir. Belirli bir amacı gözümüze kestirmeden ne bir şey düşünebilir, ne bir şey yapabiliriz. Böyle bir amaç da henüz erken bir dönemde çocuğun ruhunda karanlık bir siluet olarak açığa vurur kendini, çocuğun tüm gelişiminin yönünü belirler. Her bireyin özel bir birim, başkalarından değişik kendine özgü bir kişilik oluşturmasını sağlayan yönetici ve yaratıcı güçtür amaç; insanın tüm devinim ve dışavurumları bir amaca, ortak bir noktaya yöneliktir; dolayısıyla, izlediği yolun hangi noktasında bulunursa bulunsun bir insanı her zaman tanır, nasıl biri sayılacağını söyleyebiliriz.

Tüm ruhsal olaylarda, özellikle karakter özelliklerinin oluşumunda *kalıtım*'ın önemini düpedüz yadsımamız gerekiyor. İlgili konuda kalıtımın rol oynadığı görüşünü destekleyecek hiçbir ipucu yoktur. İnsan yaşamındaki bir olayı geriye doğru izlersek, kuşkusuz ilk güne gelip dayanır, her şey insanda sanki doğuştan bulunuyormuş gibi bir izlenime kapılırız. Bütün bir ailede, ulusta ya da ırkta ortak karakter özelliklerine rastlamamızın nedeni, birinin ötekinde gördüğü özellikleri benimsemesi, kendinde başkalarındakine benzer özellikler geliştirmesi, başkalarından kimi özellikleri alarak kendine mal etmesidir. Öyle gerçekler, ruhsal özellikler ve bedensel dışavurum biçimleri vardır ki, yaşadığımız uygarlık ortamında büyüyüp yetişen insanları kendilerine öykünmeye ayartıcı nitelik taşırlar. Örneğin bilme tutkusu bunlar arasındadır; bazen bu tutku, bakma ve seyretme tutkusu kılığında açığa vurur kendini, görme organlarında kimi kusurlar bulunan çocuklarda bir karakter özelliği olarak meraka dönüşebilir ama zorunlu olarak böyle bir karakter özelliği gelişecektir denemez. İzlediği temel doğrultu istedi mi, çocuk, bilme tutkusunun etkisiyle öyle bir karakter özelliği geliştirir ki, bütün nesneleri inceler, söküp dağıtır ya da kırıp atar, bir kitap kurdu olup çıkar bazen. İşitme organları bozuk kimselerin güvensizlik duygusunda da farklı değildir durum. Uygarlığımızda böyleleri kendileri için söz konusu olabilecek tehlikeleri alabildiğine duyarlılıkla algılamak zorundadır. Ayrıca kusurlu kişiler alay edilmek, sakat bir kimse gözüyle bakılmak gibi tatsız davranışlara konu edilir, bu da onlarda çevreye kuşkuyla bakan bir karakterin gelişimini kamçılar. Birçok haz ve kıvancı yaşayamadıklarından, ruhlarında düşmanca duyguların uyanması doğaldır. Böyle kimselerin doğuştan kuşkucu bir karaktere sahip oldukları görüşü, bir temelden yoksundur. Aynı şey, suça yönelik karakter özelliklerinin insanda doğuştan bulunduğu varsayımı için de söylenebilir. Bir ailede birden çok suça yönelik kişiye rastlanması, söz konusu varsayıma kanıt olarak gösterilir; oysa gerçekte gelenekler, yaşama bakış biçimi ve kötü örnekler elele vererek söz konusu sonucu doğurmakta, çocuklar hırsızlığa adeta bir yaşam olanağı gibi bakmaya zorlanmaktadır.

Aynı şey özellikle saygınlık eğilimi için de ileri sürülebilir. Çocuğun yaşamda karşılaştığı güçlükler, onun böyle bir eğilimden yoksun büyümesine izin vermez. Söz konusu eğilimin kendini açığa vuruş biçimi değişebilir ve bu eğilim, her insanda bir başka görünüm kazanabilir. Çocukların karakter özellikleri bakımından çoğunlukla anne ve babalarına benzediği savına karşı şunu belirtelim ki, saygınlık peşinde koşan bir çocuğu, çevresinde yaşayıp aynı şekilde saygınlık peşinde koşan ve bu saygınlığı elinde bulunduran kişiler kendisine çeker. Böylece her kuşak, atalarından bir şeyler öğrenir ve en kötü zamanlarda, güçlülük eğiliminin doğuracağı en büyük zorluklarda bile öğrendiklerine bağlı kalır, onlardan ayrılmaz.

Üstünlük amacı, gizli bir amaçtır; toplumsallık duygusunun engelleyici etkisinden ötürü ancak gizlilik içinde gelişir ve her zaman dostluk maskesinin arkasına saklayabilir kendini. Ancak şunu belirtelim ki, insanlar birbirlerini daha iyi tanıyabilse, üstünlük duygusu böyle eğrelti otu gibi dal budak salıp büyüyemez. İnsanlar gözlerinin daha iyi görebileceği bir aşamaya gelse, herkes soydaşlarının karakterini daha açık seçik saptayabilse, dost maskesi arkasına saklananlara karşı kendisini daha iyi korumakla kalmayıp söz konusu kişilerin çalışmalarını da güçleştirir, onların gizli saklı işini kârlı bir uğraş olmaktan çıkarır. Bu da güçlülük eğilim ve çabasının maskesinin düşürülmesini olası kılar. Dolayısıyla, söz konusu durumları daha bir derinliğine araştırıp, elde edilen bilgileri pratikte değerlendirme yoluna gitmek, zahmete değecektir. Çünkü insanı tanıma sanatının fazla bir geçmişi yoktur. Uygarlığın hayata doğru dürüst hazırlanılmayı geniş ölçüde güçleştiren çapraşık koşullarında yaşıyoruz. İnsanlar, bakışlarında bir keskinlik sağlayacak en önemli araçlardan yoksundur. Okula gelince, belirli bir bilgi dağarcığını çocukların önüne çıkarmaktan ve onların bu dağarcıktan güçlerinin yettiği ya da canlarının çektiği bilgileri alıp midelerine indirmelerini sağlamaktan öteye gitmemiş, çocukların ilgilerini gereği gibi uyandırmayı bir türlü başaramamıştır. Hatta okulda okumak bile halkın büyük bölümü için günümüzde bir dilekten öteye geçmiyor. İnsanı tanıma sanatını öğrenmenin en önemli koşuluna şimdiye kadar gereken önemin verildiği pek söylenemez. Bir insan üzerinde yargıya varırken başvurulacak ölçütleri bizler de sözü geçen okullarda edindik; bu okullarda nesneleri iyi ve kötü diye sınıflandırıp birbirinden ayırmasını öğrendik yalnız, öğrendiklerimizi denetimden geçirme olanağı bulamadık. Dolayısıyla, hayatın içine ayak atarken bu kusuru da yanımıza alıp götürdük ve bütün bir ömür boyu bu kusuru bizimle dolaştırıp durduk. İnsanlar, çocukluk yıllarının önyargılarına kutsal yasalarmış gibi büyüdükleri zaman da el atmaktan geri kalmazlar. Bu çapraşık uygarlık girdabına nasıl sürüklendiğimizi bilmez, nesneleri gerçekten tanımamıza son derece zararı dokunacak bakış açıları edindiğimizin farkına varmayız; çünkü her şeyi kişilik duygumuzun yüceltilmesi açısından görür, gücümüzü arttırmamızı sağlayacak bir tutum takınmaya çalışırız. Bizim inceleme yöntemimizin ise, enikonu nesnel bir nitelik taşıdığını söyleyebiliriz.

Karakter Gelişiminde Toplumsallık Duygusunun Önemi

Karakterin inşasında güçlülük eğilim ve çabasının yanı sıra ikinci bir etken olarak toplumsallık duygusu alabildiğine büyük rol oynar. Saygınlık eğilimi gibi, çocuğun ruhunda ilk duygu kıpırdanışlarının baş gösterdiği bir dönemde çevreyle ilişki kurma eğilimi kılığında açığa vurur kendini. Toplumsallık duygusunun oluşumunu hazırlayan koşulları bir başka yerde görmüştük, şimdi bunlara yalnız kısaca değineceğiz. Söz konusu duygu, her şeyden önce aşağılık duygusunun ve bu duygudan kaynaklanan güçlülük çabasının sürekli etkisi altındadır. İnsan, aşağılık duygusunun her türü için olağanüstü bir duyarlılığa sahiptir. Gerçekte ruhsal yaşam sürecinin başlamasının tek koşulu, bir aşağılık duygusunun ortaya çıkması, baş gösterecek bir huzursuzluğun giderilme zorunluluğu, huzur ve neşe içinde yaşayabilmek için bir güvenliğe ve eksiksizliğe kavuşulmak istenmesidir. Aşağılık duygusunu iyi tanımak, çocuğa karşı izlenecek davranışta hangi önlemlere başvurulacağını gösterir; bu önlemlerin de başında, hayatı çocuğa zehir etmemek, yaşamın olumsuz tarafına yönelmekten onu esirgemek, yani kendisini elden geldiğince yaşamın olumlu taraflarıyla yüz yüze getirmek çabası yer alır. Toplumsallık duygusunun oluşumunda rol oynayan diğer bir dizi etken vardır ki, ekonomik nitelik taşır ve çocuğun aslında zorunlu sayılamayacak birtakım olumsuz koşullarda yetişmesine yol açar; büyük değişiklikler, anlayışsızlık ve maddi sıkıntı çocuktan uzak tutulması gereken zararlı etkenlerdir. Bedensel kusurların da toplumsallık duygusunun gelişimine önemli katkısı vardır, normal yaşam biçiminin böyle bir çocuk için bir anlam içermemesi, varlığını sürdürebilmesi için çocuğa birtakım ayrıcalıkların tanınması ve özel birtakım önlemlere başvurulması gibi bir sonuca yol açar. Saydıklarımızın tümünü yapabilsek bile, yine de bu çocukların yaşamayı çetin bir iş gibi hissetmelerini önleyemeyiz; bu da, toplumsallık duygusunun ağır bir darbe yemesine yol açar.

Belirli bir kişi üzerinde bir yargıya varabilmemizin tek yolu, toplumsallık duygusunu ölçüt alıp, o kişinin bütün tutumunu, düşüncesini ve davranışını buna göre belirlemektir. Duruma böyle bir perspektiften bakma zorunluğunun nedeni, bireyin toplumsal tutumunun, yaşamsal ilişkileri kavrayacak derinlikte bir duygunun varlığını gerektirmesidir. Böyle bir duygu sayesinde, başkalarına neler borçlu olduğumuzu bazen az ya da çok üstü kapalı biçimde, bazen de açık seçik sezip anlayabiliriz. Yaşam çarkının ortasında yer almamız ve toplu yaşamın mantığına uygun davranmak zorunda olmamız, insan üzerinde yargıya varırken elimizde bazı kesin ölçütlerin varlığını gerektirir; bu konuda benimseyebileceğimiz tek ölçüt de toplumsallık duygusunun gelişmişlik derecesidir. Ruhsal bakımdan toplumsallık duygusuna bağımlılığımızı yadsımamız düşünülemez. Hiçbir insan gösterilemez ki, ciddi olarak kendisinde bir toplumsallık duygusu eksikliğini ileri sürebilsin. İnsanı, soydaşlarına karşı yükümlülüklerden kurtaracak hiçbir söz yoktur. Toplumsallık duygusu uyarıcı bir sesle insana sürekli hatırlatır kendini. Bu demek değildir ki, biz her zaman toplumsallık duygusunun gösterdiği doğrultuda davranırız; ancak, söz konusu duyguyu sınırlandırmak ya da kaldırıp bir kenara atmak, belli bir çabanın harcanmasına bakar. Ayrıca, toplumsallık duygusunun genel geçerli niteliğinden ötürü hiç kimse şu ya da bu şekilde söz konusu duyguya karşı kendini haklı göstermeden herhangi bir davranışta bulunamaz. Yaşamda düşünülen ya da yapılan her şey için, en azından hafifletici nedenler bulup öne sürme özelliği de buradan kaynaklanmaktadır. Böylece yaşamanın, düşünmenin ve davranmanın özel bir biçimi doğup ortaya çıkar, yani insan toplumsallık duygusuyla hep bir ilişki içinde bulunur, bulunduğuna inanır ya da başkaları üzerinde hiç değilse böyle bir izlenim uyandırmaya çalışır. Kısacası, sözde toplumsallık duygusu diye bir şeyin var olduğunu ve bundan bir örtü gibi yararlanılıp diğer eğilimlerin kamufle edilebileceğini, bir insan üzerinde doğru bir yargıya varmak istiyorsak söz konusu örtüyü kaldırmamız gerektiğini bu açıklamalarımız ortaya koymaktadır. Söz konusu yanıltmaca olasılığının varlığı, toplumsallık duygusunun boyutlarının saptanmasını güçleştiren bir etkendir. Ama ne yaparsınız ki, insanı tanımak pek zordur; dolayısıyla, işin bir bilim durumuna getirilmesi gerekmektedir. Bu konuda ne dolapların çevrildiğini göstermek için, kendi deneyim dağarcığımızdan birkaç vaka sunalım:

Bir genç şunları anlatıyor: Bir gün birkaç arkadaşla denizde yüzerek bir adaya çıkmış ve bir süre burada kalmışlar. Derken, arkadaşlarından biri bir kayanın kenarından aşağı eğilmiş ve ansızın dengesini kaybederek denize yuvarlanmış. Bizim delikanlı arkadaşının arkasından eğilip merakla bakmış, onun nasıl sulara gömülüp gittiğini görmüş. Sonradan üzerinde düşününce, olay anında meraktan başka bir şey hissetmediği dikkatini çekmiş. Bu arada şunu belirtelim ki, sonunda arkadaşı kurtulup çıkmış denizden. Buraya kadar öğrendiklerimize bakarak, hastamızın toplumsallık duygusundan büyük çapta yoksun biri sayılacağını söyleyebiliriz. Daha sonra kendi ağzından hayatında hiç kimseye kötülük yapmadığını, hatta bazen çok iyi anlaştığı kimseler olduğunu işitsek de, bu bizi yanıltmayacak, toplumsallık duygusunun yetersizliği konusundaki düşüncemizi değiştirmeyecektir. Kuşkusuz, böylesine atak bir savı kanıtlayacak verilerin elimizde olması gerekiyor; bunun için de hastamızın hoş denilecek bir gündüz düşüne [daydream] başvuracağız. Söz konusu düşleminde [fantezisinde] bizim delikanlı bir ormanın göbeğinde, kutu gibi güzel bir evdedir, tüm insanlardan soyutlamıştır kendini. Ayrıca, bu düşlemi pek seven gencin, yaptığı resimlerde ondan sık sık bir motif gibi yararlandığını öğreniyoruz. Düşlemlerin dilinden anlayan bir kişi, daha öncesini biliyorsa, hastamızda toplumsallık duygusunun yetersizliğini kolaylıkla saptayacaktır. Biz de duruma ahlaki açıdan bakmayarak, hastamızdaki kusurlu ruhsal gelişimin toplumsallık duygusunu engellemiş olması gerekeceği sonucuna varırsak, kendisine pek haksızlık etmiş sayılmayız.

Umarız yalnızca bir anekdot olarak kalmış bir başka olay, gerçek ve yalancı toplumsallık duygusu arasındaki ayrımı daha açık seçik göz önüne serer. Bir tramvaya binerken ayağı kayan yaşlı bir kadın karlar içine yuvarlanır. Düştüğü yerden kendi gücüyle kalkamaz bir türlü, yoldan geçen onca insandan da hiçbiri koşup kadına yardım edeyim demez. Neden sonra biri gelip kadını kaldırır yerden. Derken ileriden bir başkası seğirterek yaklaşır, besbelli o zamana kadar bir yerde gizlenmiştir; kadına yardım elini uzatan kişiyi selamlayarak şöyle der: "Hele şükür, sizin gibi bir insan evladı çıktı; beş dakikadır şuracıkta dikilmiş, acaba kimse kadıncağızın yardımına koşacak mı diye bekliyorum. İlk gelen siz oldunuz." Buradan açıkça görüyoruz ki, bir kişi böbürlenmekte, toplumsallık duygusuna sahip biriymiş gibi davranıp söz konusu duyguyu kötüye kullanmakta, gerektiğinde kendisi kılını kıpırdatmazken başkalarını yargılamaya kalkmakta, övgü ve yergilere başvurmaktadır.

Bazı durumlar vardır, öylesine karmaşık nitelik taşır ki, toplumsallık duygusunun boyutları konusunda bir karara varmak kolay değildir. Böylesi durumlarda yapılacak şey, söz konusu durumun kökenine inmektir. Böyle davrandık mı, örneğin savaşa artık yarı kaybolmuş bir gözle bakan, öyleyken binlerce askeri ölümün kucağına atmaktan geri kalmayan bir başkomutan üzerinde yargıya varmak bizim için güçlük doğurmayacaktır. Söz konusu başkomutan, kuşkusuz toplumun çıkarını düşünerek davrandığı görüşünü savunacak, çoğu kişi de ona hak verecektir. Ne var ki, davranışı için hangi nedenleri ileri sürerse sürsün, biz kendisine toplumun kusursuz bir bireyi gözüyle pek bakamayacağız.

İlgili durumlarda sağlıklı bir yargıya varabilmek için bize gereken, genel geçerli bir bakış açısıdır. *Toplumun yararı, toplumun esenliği* de böyle bir bakış açısını oluşturur. Bu bakış açısını benimsedik mi, söz konusu durumlarda karar vermek bizim için ancak son derece seyrek olarak güçlük doğuracaktır.

Toplumsallık duygusunun boyutları, bir insanın tüm yaşamsal dışavurumlarında açığa vurur kendini. Örneğin bir kimsenin bir başkasına bakış tarzı, onunla tokalaşması, konuşması gibi çoğu kez tamamen dış belirtilerle kendini belli eder. Bir kişinin karakteri konusunda çoğu zaman salt duygusal bir izlenime kapılırız. Bazen düpedüz bilinçsiz olarak bir insanın davranışından birtakım sonuçlar çıkarır, bu konuda o kadar ileri gideriz ki, tutumumuzu söz konusu sonuçlara dayanarak belirleriz. Buradaki açıklamalarımızla, bilinçaltında geçen bir olayı, bilinçaltına aktarmaktan ve böylece yanılma korkusuna kapılmaksızın bir yargıya varılmasını sağlamaktan başka bir şey yapmayız. Olayın bilinçaltında geçmesi durumunda, önyargılar bizi çok daha kolay yanıltabilir; çünkü bilinçaltını denetleyemez, bilinçaltında düzeltmelerde bulunamayız.

Bir kez daha şunu belirtelim ki, karakter konusunda bir yargıya varırken her zaman insanı bütün olarak göz önünde tutmamız gerekir; bütünden koparıp alınan öğelerin, örneğin *salt* bedensel etkenin, *salt* çevrenin ya da *salt* eğitimin incelenmesi bunun için yeterli sayılamaz. İnsanı bütün olarak ele alma, bizi bir karabasandan kurtaracak, esenliğe çıkaracaktır. Çünkü bu yoldan ayrılmaz ve onu daha da genişletip mükemmelleştirir, daha derinlemesine bir öztanıyış sayesinde daha yerinde davranabileceğimizi bilirsek, başkalarını, özellikle çocuklarımızı olumlu yönde etkileyebilir, yazgılarını talihin kör cilvelerinin ürünü olmaktan kurtarır, karanlık bir aile ortamından geldikleri için mutsuzlukta soluğu almalarını ya da mutsuz yaşayıp gitmelerini önleyebiliriz. Bunu başarabildik mi, uygarlığın ileriye doğru önemli bir adım atmasını sağlar, kendi yazgısını kendisi belirleyecek bir kuşağı yetiştirme olanağını ele geçiririz.

Karakterin Gelişim Doğrultuları

Çocuğun ruhsal gelişimi hangi yönü izliyorsa, geliştirdiği karakter özellikleri de aynı yöne yönelecektir. Bu da ya düz bir çizgi oluşturacak ya da birtakım kıvrılıp bükülmeleri içerecektir. Birinci durumda çocuk düz bir çizgi izleyerek amacına ulaşmaya çalışacak, dolayısıyla saldırgan ve atak bir karakter edinecektir. Karakter oluşumunun başlangıç döneminde saldırganlık özelliğinin kimi öğelerine rastlayacağını ama yaşamın zorlukları karşısında bu çizginin de kolaylıkla bir bükülme göstereceğini söyleyebiliriz. Zorluklar, bilindiği üzere, karşıt güçlerin gösterdiği direncin büyüklüğünden kaynaklanır; dolayısıyla çocuk, üstünlük amacına düz bir çizgi üzerinde ulaşamaz, çaresiz, söz konusu zorlukların çevresini dolanması gerekir. Bu dolambaçlı yolu izlerken de yine birtakım yeni karakter özellikleri edinir. Organların gelişim yetersizliği, aile ortamından kaynaklanan engeller vb. gibi daha önce gördüğümüz diğer güçlükler de çocuğun gelişimini etkiler. Aynı zamanda amansız bir eğitici rolünde boy gösteren geniş çevrenin etkileri küçümsenecek gibi değildir. Çünkü yaşam, eğiticilerin istek, düşünce ve duygularına dönüşür, eğiticiler de uygulayacakları eğitimi toplumsal yaşam ve toplumda, egemen uygarlıkta bağdaşacak gibi biçimlendirip düzenlerler.

Karşılaşılan tüm güçlükler, karakterin düz bir çizgi üzerinde gelişimini tehdit eden bir öğe oluşturur. Dolayısıyla, çocuğun güçlülük amacına ulaşabilmek için izleyeceği yolla düz çizgiden az çok sapmalar gösterir. Karakter düz bir çizgi üzerinde gelişiyorsa, çocuğun tutumunda hiçbir bocalama görülmez, çocuk hep bir düz çizgi üzerinde bulunur, güçlüklerle doğrudan yüz yüze gelir. İkinci tür karakter gelişiminde ise, karşımızda bambaşka bir çocuk buluruz; böyle bir çocuk ateşin yaktığını, hayatta düşman güçlerle karşılaşılabileceğini, dikkatli ve uyanık olmak gerektiğini artık öğrenmiştir. Saygınlık ve güçlülük amacına dolambaçlı yollar izleyip kurnazca davranarak ulaşmaya çalışır. İlerideki gelişimi, düz çizgiden sapma derecesine, yaşamın gerekleriyle uyum içinde bulunup bulunmamasına bağlıdır. Böyle bir çocuk ödevlerine düz bir çizgi üzerinde yaklaşmaya çalışmayacak, korkak ve çekingen birine dönüşecek, başkalarının gözlerinin içine bakamayacak, doğruyu söylemeyecektir. Karşımızdaki çocuk tipi değişecek ama amaç yine aynı kalacaktır. İki kişi aynı şeyi yapmasa bile, yapılan şey birbirinin aynı olabilir.

Her iki doğrultudaki gelişimin de belirli bir ölçüde olumlu nitelik taşıdığını belirtebiliriz. Hele çocuk henüz aşırı derecede katı davranış biçimlerini benimsememişse, davranışının temel ilkeleri henüz bir yumuşaklığı içeriyor, dolayısıyla hep aynı yolu izlemeyip yeterince girişim gücünü elde bulunduruyor, esnekliğini koruyor, bir davranış biçimi yetersiz kalınca bir başkasına yönelebiliyorsa, bunu rahatlıkla söyleyebiliriz.

Toplumsal yaşamın gereklerine uyum sağlanabilmesi, insanlarla ilişkilerin düzgün olmasını gerektirir. Böyle bir uyum da, henüz çevresine karşı savaşçıl tutum takınmamış bir çocuğa kolaylıkla benimsetilebilir. Aile içindeki savaşın önlenebilmesinin tek koşulu ise, eğitim görevini üstlenenlerin kendilerindeki güçlülük eğilimini çocuk üzerinde bir baskı oluşturmayacak şekilde arka plana itebilmeleridir. Bunun yanı sıra bir de çocuğun gelişimine gereken anlayışı gösterebildiler mi, o zaman düz çizgi üzerinde seyreden karakter özelliklerinin aşırılığa vardırılmasını önler, cesaretin yozlaşıp küstahlığa, bağımsızlığın kaba bir bencilliğe dönüşmesini engelleyebilirler. Ve yine böyle davranmakla zora başvurularak sağlanacak otoritenin etkisiyle çocuktaki uyumun kölemsi bir itaate dönüşmesine, dolayısıyla çocuğun kendi içine kapanmasına ve açık yürekliliğin yol açacağı sonuçlardan korktuğu için gerçeği dile getirmekten çekinmesine karşı durabilirler. Çünkü eğitimde çoğu zaman başvurulan baskı sakıncalı bir araçtır; pek sık olarak yalancı bir uyuma zorlar çocuğu. Zora başvurularak sağlanan bir itaat, sözde bir itaattir ancak. Bütün bu akla gelebilecek güçlükler çocuğu ister dolaylı, ister dolaysız yoldan etkilesin, her zaman genel koşullar çocuğun ruhuna yansıyacak, ona bir biçim verecek ve bu arada çocuk hiçbir eleştiriyle karşılaşmayacaktır; nedeni de, ya çocuğun henüz böyle bir eleştiri gücünden yoksunluğu, ya büyüklerin söz konusu durumları bilmemesi ya da onları anlamamasıdır.

İnsanları bir başka açıdan, yani güçlükler karşısında takındıkları tutumu dikkate alarak da sınıflara ayırabiliriz. Karakter gelişimleri genellikle düz bir çizgi izleyen insanlar söz konusu sınıflamada *iyimserler* (optimistler) safında yer alır. Böyleleri hangi güçlük olursa olsun yüreklilikle karşısına çıkar, karşılaştıkları güçlüğü hiç de gözlerinde büyütmezler. Kendi kendilerine inançlarını yitirmemiş ve yaşamda elverişli bir konumu başkalarına göre daha kolay ele geçirmiş kişilerdir bunlar. Kimseden istedikleri fazla bir şey yoktur; çünkü kendi değerlerine iyi bir not vermiş olup, kendilerini mağdur durumda hissetmezler. Dolayısıyla, kendilerine güçsüz ve yetersiz gözüyle bakabilmek için bunları hep bir bahane gibi kullanan başkalarından daha kolay göğüslerler. Nazik durumlarda hiç telaşa kapılmaz, işlenecek hataların sonradan yine onarılabileceği kanısını hiç elden bırakmazlar.

Dıştan bakıldığında da iyimserleri ötekilerden ayırt etmek mümkündür. Korkup yılmaz, başkalarıyla açık yürekli ve rahat konuşur, çekingenlik ve sıkılganlık diye bir şeyi pek bilmezler. Onları, başkalarını kucaklamak için kollarını açmış bekleyen kimseler olarak kafamızda canlandırabiliriz. Başkalarıyla zorluk çekmeden ilişki kurar, insanlarla kolay dost olur, çünkü içlerinde kuşkuya yer vermezler. Konuşurken dilleri dolaşmaz, gerek duruş ve oturuşları, gerek yürüyüşleri bir doğallık taşır. Ne var ki, bu tipin katıksız örnekleriyle seyrek olarak, neredeyse yalnız ilk çocukluk yıllarında karşılaşırız. Ancak, rastladığımız iyimserler de, iyimserlikleri ve başkalarıyla kolay ilişki kurmaları bakımından bizi memnun bırakacak düzeydedir.

Eğitim açısından en çetin sorunları karşımıza çıkaran *kötümser* tip ise, daha bir değişiktir. Çocukluk yaşantı ve izlenimleri kendilerinde bir aşağılık duygusuna yol açmış, çeşitli güçlükler sonucu yaşamın kolay olmadığı duygusuna kapılmış kişilerdir bunlar. Çevrelerinden gördükleri çarpık davranışla beslenmiş kötümser dünya görüşlerinin hain tuzağına bir kez yakalanmışlardır, gözleri yaşamın karanlık ve olumsuz yanındadır hep. Yaşamsal zorlukların iyimserlerden çok daha fazla bilincinde olup, cesaretlerini kolaycacık yitirirler. İçleri çoğu zaman bir güvensizlikle doludur, hep bir destek ararlar kendilerine. Bu, dıştan bakıldığında bile genellikle gözlemlenebilecek bir özellikleridir. Örneğin, çocukluklarında annelerinin eteğinin dibinden ayrılmamış ya da hep annelerini çağırıp durmuşlardır. *Annelerine yöneltttikleri bu çağrıyı* bazen ileri yaşlara kadar tekrarlamaktan geri kalmazlar.

Kötümserler, aşırı derecede ihtiyatlı kimselerdir. Çoğunlukla çekingen, korkak, ağırdan alan, her şeyi dikkatle hesaplayan bir davranış sergilerler, çünkü dört bir yanda kendileri için tehlike sezerler. Uyku, bir insanın gelişim düzeyini gösteren mükemmel bir ölçüttür. *Uyku bozuklukları*, her zaman aşırı bir ihtiyatın ve güvensizliğin belirtisidir. Kötümserler, yaşamın düşmanca davranışlarından kendilerini daha iyi koruyabilmek için, adeta uyumayıp sürekli nöbet tutarlar. Bu da, doğru dürüst bir uyku uyumaktan bile payını alamayan kötümserlerin ne denli az bir yaşama sanatına, hayata ve hayatın ilişkiler örgüsüne yönelik ne denli az bir kavrayış gücüne sahip olduklarını ortaya koyar. Bir de davranışlarında gerçekten haklı sayılsalar, gözlerine hiç uyku girmemesi *gerekirdi*. Yaşam böylelerinin sandığı gibi güç olsa, gerçekten zararlı nitelik taşırdı uyku. Böylesi doğal zorunluluklara karşı cephe almalarıyla bu tiptekilerin yaşam karşısındaki güçsüzlüğü ele verir kendini. Kötümserlerde ille de uyku bozukluklarına rastlanacak diye bir şey yoktur. Örneğin kapının iyice kapanıp kapanmadığına kalkıp bakmak, geceleri sık sık eve giren hırsız düşleri görmek vb. daha başka küçük belirtiler de olabilir bu. Hatta uyurken vücutlarının aldığı konuma dikkat edilerek bu tiptekileri tanımak mümkündür; çoğu zaman yataklarının bir köşesinde kıvrılıp tortop olur ya da yorganı tümüyle başlarına çekerler.

Daha değişik bir açıdan bakarak insanları saldırgan tipler ve saldırıya uğrayan tipler diye de ayırabiliriz. Saldırganlık tutumu, her şeyden önce geniş boyutlu davranışlarda açığa vurur kendini. Cesursalar cesaretlerini taşkınlığa kadar vardırır, ellerinden bir şey gelen kimseler olduklarını özellikle vurgulayarak kendilerine ve başkalarına kanıtlamak isterler. Bu davranışlarıyla, aslında onları avcunda tutan, derinlere kök salmış güvensizlik duygularını ele verirler. Korkaksalar, korkuya karşı direnç kazanmaya çalışırlar. Bazıları da, yumuşaklık ve sevecenlik duygularını baskı altına almaya uğraşır, çünkü bunları bir güçsüzlük sayarlar. Çoğu zaman kendilerine güçlü kimseler süsü vermeye kalkar, bunu da öylesine bir açık seçiklikle yaparlar ki, dikkati çekmemeleri düşünülemez. Saldırgan tiplerde bazen kabalık ve acımasızlık özelliklerine rastlayabiliriz. Kötümserliğe eğilim göstermeleri durumunda çevreyle tüm ilişkileri değişir, çünkü başkalarının yaşantı ve duygularını paylaşmaz, herkese düşmanlık besler, cephe alırlar. Kendilerine bilerek verdikleri büyük değer kimi zaman çok geniş boyutlara ulaşır, gurur, kibir ve kendini beğenmişlikten kaplarına sığmazlar. Sanki gerçek fatihlermiş gibi kurumlarından geçilmez. Ama bütün bu davranışlarındaki belirginlik ve boşunalık, başkalarıyla bir arada yaşamalarını engellemekle kalmaz, kendilerindeki her şeyin çürük bir temel üzerinde yükselen yapay bir bina niteliği taşıdığını ele verir. Böylece, bir süre devam edecek olan saldırgan tutumları doğup ortaya çıkar.

Bu gibi insanlar ilerideki gelişimlerinde güçlüklerle karşılaşır, çünkü toplum kendilerini pek hoş karşılamaz. Bir kez göze batmalarıyla çevrelerinde antipati uyandırırlar. Herkesten üstün olma çabaları sonucu çok geçmeden başkalarıyla kapışır, özellikle rekabet duygularını kamçıladıkları başka kişilerle bir çatışma durumuna girerler. Yaşamları, ardı arkası kesilmeyen savaşımların oluşturduğu bir zincire dönüşür. Bir kez adeta o kaçınılmaz akıbetle karşılaşıp yenilgiye uğradılar mı, çoğunlukla yengi ve zaferlerin arkası kesilir. Korkuyla geriler, sabır ve sebatlarını yitirir, uğradıkları kayıplardan ancak güçlükle kendilerine gelirler. Çekildikleri köşelerden tekrar meydana çıkarılmaları da zordur artık. Sorunların çözümünde uğradıkları başarısızlıklardan adamakıllı etkilenirler. Gelişimleri öyle bir seyir izler ki, neredeyse kendilerini hep saldırıya uğramış hisseden tiptekilerin yanında yer alırlar.

Saldırıya uğrayanlar ise, kendilerindeki güçsüzlük duygularını yenmeye çalışırken saldırı yolunu izlemeyip ürkeklik, ihtiyat, tedbir ve korkaklık yoluna sapan kimselerdir. Böyle bir tutumun doğabilmesi için, ilk tiptekilerin yürüdüğü yolu kısa bir süre için de olsa izlemeleri gerekir kuşkusuz. Saldırıya uğrayanlar kısa zamanda öylesine çok kötü deneyim edinir ve deneyimlerden öylesine ezici sonuçlar çıkarırlar ki, kolaylıkla kaçış yolunu tutarlar. Bazıları kaçma girişimlerini kendi kendilerinden gizlemeyi başarır, bunun için de kaçtıkları yerde sanki kendilerini verimli ve etkin bir çalışma bekliyormuş gibi davranırlar. Geçmişe el atar, yoğun biçimde anılar üzerine eğilir, hayal güçlerini geliştirirler. Oysa söz konusu çabaların hizmet ettiği tek bir amaç vardır, o da kendilerini tehdit eder gördükleri gerçeklikten yakalarını sıyırmaktır. Girişim güçlerini tümüyle yitirmeyen bazıları, kuşkusuz bu yoldan da kimi başarılar sağlayabilir. Ne var ki, söz konusu başarılar, topluma herhangi bir yarar sağlamaz. *Sanatçı psikolojisiyle* uğraşanlar, sanatçılar arasında çoğunlukla böylelerine rastlayacaktır. Bu kişiler gerçek'ten yüz çevirmiş, hiçbir engelle karşılaşılmayan hayal âleminde ve düşünceler diyarında kendilerine ikinci bir dünya kurmaya yönelmişlerdir. Ne var ki, istisna oluşturur böyleleri. Çoğunluk başarısızlıktan yakasını kurtaramaz, herkesten ve her şeyden korkup çekinir, kuşkuyla dolup taşar içleri, başkalarından salt düşmanca davranış beklerler. Ne yazık ki, çoğu zaman uygarlığımız tarafından bu tutumlarında desteklenirler. Giderek insanların iyi özelliklerini, yaşamın olumlu ve aydınlık yanlarını görmez olurlar. Böylelerinde sık rastlanan bir karakter özelliği dę, alabildiğine *eleştirici* kimseler olmaları ve keskin gözleriyle her hatanın hemencecik farkına varmalarıdır. Çevrelerine yararı dokunacak hiçbir iş ellerinden çıkmazken, başkaları üzerinde yargıçlığa kalkarlar. Sağlarına sollarına eleştiriler yöneltmekten asla kendilerini alamaz, başkalarına ayak uydurmayı beceremez, hep oyunbozanlık yaparlar. İçlerindeki güvensizlik, bekleyen ve duraksayan bir tutum takınmaya zorlar onları. Bir ödevle karşılaşsalar umutsuzluğa kapılır, ne yapacaklarını kestiremez, verecekleri kararı adeta ileriki bir tarihe ertelemek istiyorlarmış gibi davranırlar. Ellerini kendilerini savunmak için ileri uzatmış, bazen tehlikeyle göz göze gelmemek için yüzlerini çevirmiş kimseler gibi kafamızda canlandırmakla bu tiptekileri de simgesel yoldan tanımlamış oluruz.

Bu insanlarda hiç eksikliğine rastlanmayan diğer karakter özellikleri de pek iç açıcı sayılmaz. Kendilerine güvenemeyenlerin başkalarına da güvenmemek gibi bir eğilimi içlerinde barınmaları, genellikle karşılaşılan bir durumdur. Ne var ki, böyle bir tutumu sergileyen kimselerde kıskançlık ve cimrilik gibi karakter özelliklerinin gelişmesi kaçınılmazdır. Yaşadıkları çoğunlukla inziva hayatı başkalarını sevindirmeye ve başkalarının sevinçlerine katılmaya istek duymadıkları anlamına gelir. Başkalarının sevindiğini görmek çoğu zaman üzer onları, böyle bir sevinçten ötürü adeta küsüp alınır, incinirler. İçlerinde tek tük kimseler vardır ki, kendilerini başkalarından üstün ve yüce bir durumda hissetmeyi başarır. Bu da hayatta kolay kolay sarsıntıya uğramayan bir duygudur. Kendilerini başkalarına karşı bir yücelik içinde gösterme özlemi sonucu ruhlarında öyle duygular uyanabilir ki, alabildiğine karmaşık nitelik taşır, ilk bakışta düşmanca içeriklerini asla ele vermezler.

Eski Psikoloji Ekolü

Bilinçli belirlenmiş bir doğrultuya başvurmaksızın da insanları tanımaya çalışabiliriz. Bunun da genellikle yolu, ruhsal gelişim sürecinden bir tek olayı çekip almak ve bu olaydan yola koyulup insanları tiplere ayırarak bir açıklığa kavuşturmaktır. Örneğin böyle davranarak insanları daha çok düşünceli, daha çok düşünüp taşınabilir ya da daha çok hayallerle oyalanan ve hayatın içine karışmaktan hoşlanmayıp, eylemlere yöneltilmeleri kolay sayılmayanlar ve bir de daha çok etkinlik gösterip daha az düşünen ve hayale daha az yer verenler, hep bir işle oyalanıp hayatın dışında kalmak istemeyenler olarak üç tipe ayırabiliriz. Sözü geçen tipler kuşkusuz vardır hayatta. Ne var ki, böyle bir ayrıma gidersek, incelemelerimize bundan böyle son vermemiz, bir tiptekilerde hayal, ötekilerde eylem gücünün ağır bastığını saptamakla yetinmemiz gerekirdi. Ancak, böyle bir ayrım her zaman için yeterli sayılamaz. Bizim aradığımız, bir şeyin nasıl şu ya da bu duruma geldiği, söz konusu duruma gelmesinin bir zorunluluk taşıyıp taşımadığı, böyle bir şeyin nasıl önlenebileceği ya da böyle bir durum ortaya çıkmışsa, bu durumda nasıl değişikliğe gidilebileceği konusunda açık seçik bir fikre varmaktır. Dolayısıyla, yüzeysel bir bakış açısından kalkılarak yapılmış keyfi sınıflandırmaların akıl ve mantığa dayanması gereken bir insanı tanıma sanatı için işe yaramaz nitelik taşıdığını söyleyebiliriz. Söz konusu tiplere hayatta sık sık rastlamamız, bu durumu değiştiremez.

Dışavurumsal davranışların gelişimi daha başlangıç evresinde, yani ilk çocukluk günlerinde saptamaya çalışan bireysel psikolojinin belirlediğine göre, söz konusu davranışlar tümüyle ya toplumsallık duygusunun ağır basması ya da güçlülük eğilim ve çabasının ön plana çıkmasıyla kendine özgü biçimini kazanır. Böyle bir belirleme, bireysel psikolojinin eline ansızın bir anahtar tutuşturmuş, bu anahtar her insanın hayli bir kesinlikle anlaşılıp sınıflandırılmasına olanak vermiş, kuşkusuz ki bu yapılırken geniş bir alanda çalışmalarını sürdüren bir psikoloğa yaraşan dikkat hiçbir zaman elden bırakılmamıştır. Pek doğal bir koşul olarak benimsediğimiz böyle bir dikkati gösterip ele geçirdiğimiz ölçütten yararlanarak, ruhsal bir olayda toplumsallık duygusu ağır basıp güçlülük eğilimi ve prestij politikası pek yer almıyor mu, yoksa söz konusu olay düpedüz bir hırs niteliği taşıyor da, kişinin başkalarından ne çok ileride bulunduğunu kendisine ya da aynı zamanda çevresine kanıtlama amacı mı güdüyor, bunu saptayabilmekteyiz. Böyle bir temel üzerinde bazı karakter özelliklerini daha açık seçik belirleyip, göz önünde tutabilmemiz, özellikle kişiliğin tutarlılığı açısından bunları anlayarak insanları etkilememiz mümkün olmaktadır.

Mizaç ve İçsalgı Bezleri

Psikolojide ruhsal dışavurumlarla ilgili çok eski bir ayrım da *mizaçlar* ayrımıdır. Mizaçtan ne anlamak gerektiğini söylemek kolay değildir. Bir kimsenin düşünme, konuşma ve davranmadaki çabukluğu, bu eylemler içine yerleştirdiği güç, ritim vb. midir mizaç? Mizaçlar konusunda psikologların açıklamalarını geriye doğru izlersek görürüz ki, psikoloji ruhsal yaşamın incelenip araştırılmasında ilk çağdan beri dört ayrı mizaç saptamaktan öteye geçememiştir. Mizaçların *sanguinik, kolerik, melankolik* ve *flegmatik* olmak üzere dörde ayrılması, Yunan uygarlığının ilk dönemlerine rastlar. Sonraları Hipokrat tarafından da benimsenen bu sınıflandırmaya ileride Romalıların da başvurduğunu görmekteyiz. Bugün bile aynı sınıflandırma, psikolojide önünde saygıyla eğilinen kutsal bir değer taşıyor.

Sanguinik [canlı] denilince yaşam kıvancıyla donatılmış, olayları gözünde pek büyütmeyen, nasıl derler, bu konuda tatlı canlarını sıkıntıya sokmayan, her şeyi en güzel ve en tatlı yanından görmeye çalışan, üzücü durumlarda kuşkusuz üzülen ama yıkılmayan, sevindirici durumlarda kuşkusuz sevinen ama sevincinden de apışıp kalmayan biri canlanır kafamızda. Ayrıntılı bir tanımlama çabasının ortaya koyacağı gibi, "*sanguinikler*" büyük çapta kusurları içermeyen az çok sağlıklı kişilerdir. Oysa bu özelliği diğer üç tipte göremeyiz. Eski bir ozanın benzetisine göre, bir "*kolerik*" ayağının çarptığı taşı büyük bir öfkeyle kaldırıp bir kenara atarken, bir "*sanguinik*" hiç rahatını bozmadan taşın üzerinden yürüyüp geçer. Bireysel psikoloji diliyle söylemek istersek, "*kolerik*", güçlülük eğilimi alabildiğine bir gerginliği içeren, dolayısıyla büyük devinimler yapmadan duramayan, geniş çapta güç denemelerinde bulunan ve düzçizgisel, saldırgan bir davranışla her şeyi ezip geçmek isteyen biridir. Eskiden bu mizaçla safra arasında bir ilişki kurulmuş ve "*safravî*" bir mizaçtan söz açılmıştır. Bugün de "safraları kabarıp taşan" insanlardan söz edildiğini işitmekteyiz. Gerçekte "*kolerikler*", daha ilk çocukluk döneminde gözlemlediğimiz geniş boyutlu devinimlerde bulunan, içlerinde yalnızca bir güçlülük duygusu taşımayıp, aynı zamanda onu dışavuran ve açıkça sergileyen kimselerdir.

Melankolikler, bir başka izlenim bırakır üzerimizde. Daha önce sözü edilen benzetide, yaklaşık "taşı görünce o zamana kadar işlediği bütün günahlar aklına gelen", kendini hüzün verici düşüncelere kaptıran ve gerisin geri dönüp giden biri diye anlatılır. Bireysel psikoloji açısından, bu tiptekiler belirgin olarak duraksayıp bocalayan kimselerdir; karşılaştıkları güçlüklerle başa çıkacakları ve ilerleyebilecekleri konusunda kendilerine güvenleri yoktur, atacakları adımları büyük bir dikkat ve ihtiyatla ölçüp biçer, bir riske girmektense oldukları yerde kalmayı ya da geri gitmeyi yeğlerler. Kısaca, dizginleri daha çok kuşkunun elindedir; başkalarından çok kendilerini düşünür, dolayısıyla yaşamın büyük olanaklarıyla bağlantı kuramazlar. Öylesine kendi dertlerine düşmüş durumdadırlar ki, gözleri hep gerilere ya da kendi içlerine çevrilmiştir.

"Flegmatikler" ise yaşama düpedüz yabancıdır; izlenim toplar ama topladıkları izlenimlerden gerekli sonuçları çıkarmazlar; kendilerini bundan böyle etkileyen bir şey yoktur; hiçbir şeye ilgi duymaz, herhangi bir nedenle özel bir çaba harcadıkları da asla görülmez; kısacası, bunların da yaşamla aralarındaki ilişkiler kopuktur, yaşamın belki de herkesten çok uzağında yer alırlar.

Buna göre, yalnızca *"sanguinikler"*i iyi insanlar olarak gösterebiliriz. Şurasını da belirtelim ki, saydığımız dört mizaçla yukarıda anlatıldığı şekilde saf olarak ancak seyrek karşılaşır, daha çok değişik mizaç öğelerini kendilerinde taşıyan karma tiplere rastlarız. Bu da, söz konusu mizaç ayrımını aslında değerden düşürücü bir durumdur. Birbirinden değişik mizaçlar aynı kimsede kendilerini nöbetleşe açığa vurabilir, örneğin başlangıçta *"kolerik"* olduğu saptanan bir çocuk ileride bir melankoliğe dönüşebilir, hatta belki yaşamının son döneminde bir *"flegmatik"* olup çıkar. Sanguinikler konusunda şunu da söyleyelim ki, bunlar çocukluklarında aşağılık duygusundan en az etkilenen ve organ yetersizlikleri pek göstermeyen, çok güçlü dürtü ve uyarılara hedef olmayan, dolayısıyla rahat gelişebilen, hayatı sevgiyle kucaklayıp onunla içli dışlı bir ilişki içinde yaşayabilen kişilerdir.

Durum böyleyken, bilim ortaya atılıp insan mizacının *iç salgı bezlerine* bağlılığını ileri sürüyor. Tıp, son zamanlarda, kan bezleri de denilen iç salgı bezleri konusundaki bilgilere ağırlık veriyor çünkü. Tiroid bezi, hipofiz bezi, böbrek üstü bezi, paratiroid bezi, erkeklik bezi özellikle söz konusu bezler arasında yer almaktadır. Salgılarını bir kanalla dışarı atamayan bezlerdir hepsi, ürettikleri salgıyı doğrudan kana verirler. Genel görüşe göre, vücuttaki bütün organ ve dokular, kanla organizmanın her bir hücresine taşınan, uyarıcı ve zehirden arıtıcı etkileri içeren, kısaca metabolizma için varlığı mutlaka zorunlu olan salgıların etkisi altındadır. Endokrin, yani iç salgı bezlerinin önemi günümüzde bütünüyle aydınlatılmış sayılamaz. Söz konusu bilim dalı başlangıç evresindedir, henüz tamamen pozitif veriler ortaya koyamamaktadır. Ama insanların karakter ve mizacına kimi açıklamalar getirebileceğini ileri sürerek, psikolojik bir akım oluşturmak gibi bir iddiayla ortaya çıktığı için, bu konuda da birkaç söz söylemeden geçemeyeceğiz.

İlkin, küçümsenmeyecek bir kuşkuyu burada dile getirmekte yarar görüyoruz. Örneğin tiroid bezinin gereği gibi çalışmadığı somut bir hastalık vakasını gözden geçirdiğimiz zaman, alabildiğine flegmatik mizaç özelliklerini taşıyan ruhsal dışavurumlarla da karşılaştığımız kuşkusuz doğrudur. Çünkü şişmiş yüz ifadeleri, ciltlerinin özellikle kaba bir biçim alması, saç durumlarının kötüleşmesi bir yana, hastaların devinimlerinde olağanüstü bir yavaşlık ve uyuşukluk saptamaktayız. Ruhsal duyarlılık hayli zayıflamakta, girişim gücü azalmaktadır.

Ne var ki, böyle bir hastayı, flegmatik mizaç özellikleri gösteren ama neden olarak tiroid bezinde patolojik bir bulgu saptanamayan bir kişiyle karşılaştırırsak, her iki durum arasında asla bir benzerliğin sözü edilemeyeceğini, ortada birbirinden büsbütün farklı iki tablonun bulunduğunu görürüz. Yani şunu belirtebiliriz ki, tiroid bezinin kana akıttığı salgı, bir olasılıkla, ruhsal işlevlerin etkinliğinde rol oynamaktadır. Ne var ki, tiroid bezinin kana akıttığı salgıdaki bir bozukluk sonucu flegmatik mizaç özelliklerinin doğup çıktığını söyleyecek kadar ileri gidemeyiz.

Demek oluyor ki, *hastalığa* bağlı flegmatik mizaç, yaşamda flegmatik diye nitelendirdiğimiz mizaçtan düpedüz ayrılmakta, psikolojik özgeçmişleri bakımından bu tiptekilerin mizaç ve karakterleri, patolojik-flegmatik tiptekilerden tümüyle değişik bir görünüm içermektedir. Psikolog olarak bizi ilgilendiren bu flegmatikler asla kararlı kişiler değildir. Bu kişilerin çoğu zaman açığa vurdukları şaşılacak derecede seri ve şiddetli tepkiler karşısında şaşırmamak elde değildir. Ancak tüm yaşam boyu flegmatik mizaç özelliğini kimse koruyamaz. Gözlemleyegeldiğimiz bir şey varsa, bu mizacın yapay bir örtü, pek duyarlı bir insanın kendisiyle dış dünya arasına yerleştirdiği bir güvenlik mekanizması sayılacağıdır; öyle bir mekanizma ki, belki söz konusu kişiler, böyle bir mekanizmayı kurmaya karşı kendi yapılarından kaynaklanan bir eğilimi içlerinde taşımaktadır. Flegmatik mizaç, güvenlik açısından alınan bir önlemdir; yaşamın yönelttiği sorulara verilen anlamlı bir yanıttır; dolayısıyla, tiroid bezinden kısmen ya da bütünüyle yoksun yaşayan bir kimsenin yavaşlığı, uyuşukluğu ve yetersizliğinden büsbütün farklı nitelik taşır.

Sözünü ettiğimiz bu önemli kuşkunun üzerinden atlayıp geçmemiz düşünülemez; hatta ancak tiroid bezleri gereği gibi çalışmayanlarda flegmatik bir mizacın oluşacağı kanıtlansa bile, biz buna şu itirazı yöneltmekten yine de geri kalmayacağız: İş sanıldığı kadar basit değildir; bir yığın neden ve amacın, bir yığın organsal işlevin ve dış etkinin bir araya gelmesi kişide ilkin organsal bir yetersizlik duygusu uyandırmakta, böyle bir duygu da bireyi birtakım eylemlere sürüklemektedir. Bu tür eylemlerden biri de, kendisinde flegmatik bir mizaç oluşturarak yaşamın tatsız durumuyla yüz yüze gelmekten kaçınma ve kişilik duygusunu yaralayacak davranışlardan kendini kollama girişimidir. Bir başka söyleyişle, patolojik-flegmatik tip de daha önce sözünü ettiğimiz tipten başkası değildir. Ne var ki, söz konusu tipte tiroid bezine bağlı bir organ yetersizliği ve bunun yol açtığı sonuçlar ön planda yer almakta, böyle bir organ yetersizliği ilgili kişiyi yaşamda başkalarından kötü bir yer işgal etmeye zorlamakta, o da bunu uyuşukluk vb. gibi birtakım ruhsal marifetlere başvurarak dengelemeye çalışmaktadır.

Diğer salgı anormalliklerini dikkate alıp bunların açtığı söylenen mizaç özelliklerini incelemek, görüşümüze daha bir güç kazandıracaktır. Örneğin Basedow hastalarında olduğu gibi, kimi insanların tiroid bezi salgısında artma görülür. Bedensel bakımdan bu tür hastaların karakteristik özelliği, kalplerinin daha hızlı çarpması, özellikle nabız frekansının yükselmesi, gözlerin hayli dışarı fırlaması, tiroid bezinin şişmesi ve bütün organizmanın ama en çok ellerin hafif ya da kuvvetli bir biçimde sürekli titremesidir. Bunların yanı sıra, hafif ter de görülebilir ve belki pankreas bezinin etkisi sonucu sık sık sindirim bozukluklarıyla karşılaşılır. Bazen bir sinirlilik hali de tabloya eklenerek, hastalar telaşlı, çabuk kızıp parlayan bir davranışı sergiler ve sık sık anksiyete durumlarından yakınırlar. Hastalığın gelişmiş evresinde bir Basedow hastasını görüp, korkak bir insanı anımsamamak elde değildir.

Ama kim bunun psikolojik korku tablosuyla özdeşliğini ileri sürerse yanılır. söz konusu hastalarda gözlemlenebilen psikolojik durumlar, söylediğimiz gibi telaş, düşünsel ya da bedensel çalışmalara karşı bir çeşit güçsüzlük, hem organik, hem ruhsal kökenli olabilecek halsizliklerdir. Ne var ki, normal olarak acelecilik, telaş ve korkudan yakınan insanlarla yapılacak bir karşılaştırma, aradaki büyük ayrımı ortaya koyacaktır. Tiroid bezi gereğinden fazla çalışanların örneğin alkoliklerdeki gibi kronik zehirlenme belirtileri gösterdiğini ileri sürebilmemize karşın, normalde çabuk kızıp parlayan, acele ve telaşla davranan, kolay korkuya kapılan insanlar karşısında bir başka durumda bulunur, böyle kimselerin ruhsal özgeçmişlerini saptayabiliriz. Yani ortada yalnız birtakım *benzerlikler* vardır, bir karakter ve mizacın planlı şekilde geliştirilmesi diye bir şey asla söz konusu değildir.

Diğer salgı bezlerine de biraz değinmekte yarar görmekteyiz. Salgı bezlerinin gelişimindeki bütün bu değişikliklerin gonad'larla* kendilerine özgü bir ilişkisi vardır. (Ayrıca bkz. Adler, *"Organların Yetersizliği Üzerine Bir İnceleme"*) Bu saptama, günümüzde yaşambilimsel araştırmaların bir ilkesi durumuna gelmiştir; salgı bezlerinde görülen tüm anormalliklerde gonadlarda da bir bozukluğa rastlanmaktadır. Aradaki ilişki ya da her iki yetersizliğin bir arada görülmesinin nedeni henüz saptanmış değildir. Ama bu bezlerde de, tiroid bezinde olduğu gibi, diğer ruhsal etkilerin sözü edilemez. Bu vakada da önceden tanıdığımız organsal olarak yetersiz insan tablosundan daha fazla bir şey pek ele geçirememekteyiz. Öyle bir insan ki, yaşamda güçlükle yolunu izini bulabilmekte, dolayısıyla çok sayıda ruhsal beceri ve güvenlik önlemlerine başvurmaktadır.

* Erbezleri ve yumurtalıklar. (Çev. n.)

Özellikle sanılmıştır ki, karakter ve mizaç, gonadların etkisi altındadır. Ancak, geniş çapta gonad anormalliklerine genel olarak insanlarda sık rastlanmadığı düşünülürse, söz konusu patolojik durumlara istisna gözüyle bakılması gerekir. Ayrıca, dolaysız gonadların çalışmasıyla açıklanacak ruhsal bir tablonun saptanamaması, böyle bir tablonun daha çok gonadları hasta insanın kendine özgü konumundan kaynaklanması, gonadların mizaç ve karakteri etki altında tuttuğu görüşünün sağlam bir psikolojik temel oluşturamayacağı açıktır. Bu konuda saptanabilen bir şey varsa, canlılık ve dirilik için gereken ve çocuğun çevre içindeki konumuna temel oluşturan uyarılardan bazılarının gonadlardan kaynaklandığı ama ilgili uyarıların başka organlarca da üstlenilebileceği, bunların ille de kesin ve ruhsal bir oluşuma yol açmasının gerekmeyeceğidir. (Carlyle)

Bir insanın değerlendirilmesi son derece nazik ve içten bir ödev oluşturduğundan ve bu konuda içerisine düşülecek bir yanılgı ölüm kalım sorunu niteliği taşıdığından, ilgilileri uyararak şu sözleri söylemekten kendimizi alamayacağız: Bedensel güçlüklerle dünyaya gelen çocuklar, ilgili güçsüzlükleri dengeleme bakımından birtakım oyun ve manevralara başvurma konusunda büyük bir ayartıyla karşı karşıya kalır, söz konusu ayartı da bu çocukların kendilerine özgü tuhaf bir ruhsal gelişim çizgisini izlemesine yol açar. Ancak, *üstesinden gelinemeyecek bir ayartı değildir* bu. Nasıl durumda olursa olsun hiçbir organ yoktur ki, insanı belirli bir davranışla yükümlü kılabilsin. Organlar en fazla, insanı belirli bir doğrultu izlemeye ayartıcı bir rol oynayabilir. Yukarıda değindiğimiz sağlıksız görüşler günümüzde varlığını sürdürebiliyorsa, tek nedeni bu tür organsal yetersizliklerle dünyaya gelmiş çocukların ruhsal gelişimlerinde baştan beri karşılaşılan güçlükleri ortadan kaldırmayı kimsenin düşünmemesi, çocukların birtakım hatalara sürüklenmesine izin verilmesi, duruma seyirci kalınıp kendilerine yardım elinin uzatılmaması ve arka çıkılmamasıdır. Dolayısıyla, bireysel psikolojiden kökenini alan *pozisyon psikolojisinin* yeni bir *dispozisyon* psikolojisinin istekleri karşısında yerinden edilmemesini savunmak zorundayız.

Özet

Karakter özelliklerini tek tek ele alıp incelemeye geçmeden önce, şimdiye kadar elde ettiğimiz verileri bir kez daha tekrarlayalım.

Saptadığımız önemli noktalardan biri, ruhsal ilişkiler örgüsünden koparılıp alınmış bir tek ruhsal olaya dayanılarak insanı tanımak gibi bir işe kalkışılamayacağı idi. Böyle bir amaç için, zaman bakımından birbirinden elden geldiğince uzak en az iki olayın karşılaştırılıp, aralarındaki ortak noktanın belirlenmesi gerekiyordu. Böyle bir yolun pratikte çok işe yaradığını söyleyebiliriz; bir kez bol miktarda izlenimin derlenmesini ve sonradan değerlendirilip bir yoğunlaştırma işleminden geçirilerek güvenilir bir yargıya varılmasını mümkün kılmaktadır. Bir tek ruhsal olaya dayanarak bir yargıya ulaşmak istendiğinde, diğer psikolog ve pedagogların karşılaştığı aynı güçlükle karşılaşılacak, hiçbir yarar sağlamayan birtakım beylik davranışlara başvurulacaktır. Ama elden geldiği kadar çok ipucu toplanıp, aralarında kurulan ilişkilerle bir sistem oluşturuldu mu, ilgili sistemdeki kuvvet çizgilerinin yardımıyla bir insan üzerinde açık seçik ve tutarlı bir izlenim edinilebilecektir. Böyle bir sisteme uyulması, insanın ayağının sağlam bir toprağa basmasını sağlayacaktır. İlgili kimse daha bir yakından tanındığı zaman, önceden verilen yargıda kimi değişikliklere başvurulabilecektir kuşkusuz. Pedagojik her girişimden önce, söz konusu kişiyle ilgili olarak tamamen açık seçik bir fikre varılması zorunludur.

Ayrıca, böyle bir sisteme ulaşabilmek için gerekli çare ve yollar üzerinde durmuş, hatta bu amaçla örneğin bizim kendimizde karşılaştığımız ya da ideal bir insandan beklediğimiz ruhsal olaylara başvurmuştuk. Sonra biraz daha ileriye giderek, oluşturduğumuz sistemin belirli bir öğeden, yani sosyal öğeden ayrı düşünülemeyeceğini belirtmiştik. Ruhsal yaşamın olaylarına salt bireysel olaylar gözüyle bakmak yeterli değildir, bunları toplumsal yaşamla ilişkileri içinde kavramamız gerekmektedir. Başkalarıyla bir arada yaşayabilmemiz bakımından önem taşıyan bir ilke olarak da şunu belirtmiştik: *Bir insanın karakteri, bizim için asla ahlaksal bir değerlendirmeye temel yapılamaz, ancak o insanın çevresi üzerine nasıl bir etki yaptığı ve çevresiyle nasıl bir ilişki içinde bulunduğu konusunda toplumsal nitelikli bir bilgi böyle bir temel rolünü oynayabilir.*

Söz konusu düşünceleri geliştirirken tüm insanlara özgü iki olayla karşılaşmıştık. Bir tanesi, insanları birbirine bağlayan ve uygarlığın bütün eserlerini yaratan toplumsallık duygusunun dört bir yandaki varlığıydı. Ruhsal olaylara uyguladığımız ve insanda, etkin toplumsallık duygusunun boyutlarını belirlememizi sağlayan bir ölçüttü bu. Bir kişinin toplum içinde nasıl bir yer tuttuğunu ve kendi insanlığını nasıl açığa vurduğunu, buna hangi yoldan bir verimlilik ve dirimsellik kazandırdığını bilirsek, o kişi hakkında somut bir izlenim edinebiliriz. En sonunda saptadığımız ikinci şey –ki, bu da, karakteri değerlendirmede başvurduğumuz bir diğer ölçüt idi– üstünlük eğilim ve çabasının toplumsallık duygusu üzerinde hepsinden zararlı bir etki yaptığıydı.

Bu iki ipucuna dayanarak, insanlar arasındaki ayrımın toplumsallık duygusuyla güçlülük eğiliminin büyüklük derecesinden kaynaklandığını, her iki etkenin karşılıklı birbirini etkilediği ve ortak çalışmaları sonucu karakter diye nitelediğimiz nesnenin doğup ortaya çıktığı sonucuna vardık.

10.
SALDIRGAN (AGRESİF) TİPİN KARAKTER ÖZELLİKLERİ

Kendini Beğenmişlik (Hırs)

Saygınlık tutkusu, ruhsal yaşamda bir gerginliğin doğmasına yol açar; bu gerginlik nedeniyle insan güçlülük ve üstünlük amacını daha bir açıklıkla gözüne kestirir ve normalden daha yoğun çabalarla söz konusu amaca ulaşmaya çalışır. Sanki tüm yaşam, büyük bir zafer beklentisine dönüşür. Böyle bir insan, nesnelliğe sırt çevirir çünkü yaşamla ilişkisini yitirir, kafasını kurcalayan bir tek sorun vardır, o da başkaları üzerinde nasıl bir izlenim bırakacağı ve başkalarının kendisi hakkında neler düşüneceğidir. Bunun bir sonucu olarak eylemsel özgürlüğü alabildiğine engellenir ve hepsinden sık karşılaşılan bir karakter özelliği, yani kendini beğenmişlik böylece doğup ortaya çıkar.

Kendini beğenmişliğe çok az miktarda da olsa her insanda rastlanır. İnsanın kendini beğenmişliğini apaçık sergilemesinin başkaları üzerinde istenilen etkiyi yapmayacağı düşünülerek ilgili özellik, çoğu zaman güzelce saklanıp gizlenerek çeşitli kılıklara büründürülür. İnsan belirli ölçüde bir alçakgönüllüğü içinde barındırabilir ama yine de kendini beğenmiş olabilir. Kendini beğenmişliğinde o kadar ileri gidebilir ki, ya başkalarının kendisi hakkında vereceği yargıyı hiç önemsemez ya da açgözlülükle söz konusu yargının peşine düşer ve onu kendi lehinde etkilemeye çalışır.

Kendini beğenmişlik belirli bir ölçüyü aştı mı, son derece tehlikeli nitelik kazanır. İnsanı, daha çok görünüşü hedef alan bir sürü yararsız eyleme sürüklemesi, onu daha çok kendini ya da başkalarının kendisi hakkında vereceği yargıyı düşünür duruma getirmesi bir yana, gerçekle bağın kolaylıkla kaybolmasına yol açar. İnsanlararası ilişkilere karşı anlayış göstermez, her türlü bağın uzağında yaşar, yaşamın kendisinden neler istediğini ve kendisinin insan olarak yaşama neler vermek zorunda olduğunu unutur. Kendini beğenmişlik, başka hiçbir olumsuz özellikte görülmedik şekilde insanı özgür gelişiminden alıkoyacak gücü gösterir; çünkü kendini beğenmiş kişi herhangi bir davranışta bulunurken, acaba işin sonunda kendisi için bir çıkar söz konusu mudur diye düşünür hep.

Bazen insanlar, kendini beğenmişlik ya da kibir sözcüğü yerine kulağa daha hoş gelen *hırs* sözcüğünü kullanarak kendilerini biraz temize çıkarmaya çalışır. Birçok insan vardır ki, kendisinin pek hırslı bir kişi olduğunu gururla açığa vurur. Bazıları da "hamaratlık" sözcüğüne sığınır. Topluma yararı dokunduğu süre, hamaratlığa bir itirazımız olamaz. Ne var ki, genellikle ilgili deyimlere başvurulmasının nedeni, alabildiğine bir kendini beğenmişliği kamufle etmekten başka bir şey değildir.

Kendini beğenmişlik, çok geçmeden insanı oynanan bir oyunun gerçek bir oyuncusu olmaktan çıkarıp, bir oyunbozana dönüştürür. Kendini beğenmişler kendini beğenmişliklerine doyum sağlamaktan alıkonuldu mu, hiç değilse başkalarına üzüntü vermek, acı çektirmek isterler. Kendilerini beğenmişlikleri henüz gelişmekte olan çocukların nazik durumlarda bütün prestijlerini seferber ederek kendilerinden güçsüzlere güçlerini kanıtlamaya kalktığını sık sık gözlemleriz. Kimi çocukların hayvanlara eziyet etmesi de yine aynı nedenden kaynaklanır. Bu arada artık eskisi gibi atak davranamayan daha başka çocuklar ise, akıl almaz ayrıntılara başvurarak kendini beğenmişliklerine doyum sağlamaya bakar, çalışma turnuvalarının yapıldığı büyük pistin uzağında, kaprislerinin yarattığı bir ikinci savaşın alanında oyalanarak saygınlık isteklerini gerçekleştirmeye çaba harcarlar. Yaşamın güçlüğünden yakınıp, hayatta biraz haksızlığa uğradıklarını ileri sürenler, bu gibi kimseler arasında yer alır. Kendilerine sorarsanız, doğru dürüst eğitilmiş ya da falanca terslikle karşılaşmamış olsalar, herkesten ileri durumda bulunacaklardır. Bu ve benzeri sızlanmaları yineleyip dururlar. Hep bir bahane bulur, yaşamın cephe kesimini boylamaktan yakayı sıyırır, kendilerini beğenmişlik duygularını bol bol doyuma kavuşturacak düşler görürler.

Böyleleri karşısında diğer insanların durumu imrenilecek gibi değildir; kendini beğenmişlerin büyük ölçüde yergilerine hedef olurlar. Kendini beğenmiş kişi, uğradığı başarısızlıkların suçunu âdet olduğu üzere, kendisi üstlenmeyerek başkalarının üzerine yıkmaya başlar. Hep kendisi haklı, başkaları haksızdır; oysa yaşamda önemli olan haklı ya da haksız sayılmak değil, ilerlemek ve başkalarının ilerlemesine katkıda bulunmaktır. Gelgelelim, kendini beğenmişlerin ağzından işitilen hep yakınma ve özür dilemelerdir. İnsan ruhunun birtakım numara ve oyunlarıdır bunlar; kendini beğenmişlik duygusunu ayakta tutabilmek, üstünlük duygusunun yara almadan varlığını sürdürmesini sağlayıp, bir sarsıntı geçirmesini önlemek için başvurulan önlemlerdir.

İnsanlığın büyük eserlerinin, hırs denilen şey olmadan yaratılamayacağı ileri sürülür sık sık. Ama bu, gerçekle ilgisiz bir görüş ve yanlış bir perspektiften başka bir şey değildir. Kendini beğenmişlikten arınmış kimse gösterilemeyeceği için, herkeste ilgili özellikten bir parça var demektir. Ancak, insanın izleyeceği temel doğrultuyu belirleyen ve yararlı işler yapması için onu gerekli güçlerle donatan, böyle bir özellik değildir kuşkusuz. Toplum hiç hesaba katılmadan, dâhice bir işin başarılabileceği düşünülemez. Bunun tek koşulu, her zaman toplumla ilişkinin sürdürülmesi ve toplumu ileriye götürme konusunda bir isteğin duyulmasıdır. Yoksa elde edilecek başarıya değerli gözüyle bakmamız olanaksızdır. Bir başarıda kendini beğenmişlik rol oynarsa, kuşkusuz salt aksatıcı ve engelleyici nitelik taşır bu rol; başarıyı olumlu yönde pek etkileyemez.

Bugünkü toplumsal düzende insanın kendini beğenmişlikten tümüyle yakayı sıyırması gerçekleşecek gibi değildir. Bir kez bunu bilmek yararlıdır bizim için; böylelikle uygarlığımızın alabildiğine güçsüz bir yanına parmak basmış oluruz. Öyle bir güçsüzlük ki, bir sürü insanın mahvolup gitmesine, ömür boyu mutsuzluk içinde yaşamasına ve her zaman felakete kaynaklık eden yerlerde oyalanmasına yol açar. Böyleleri olduklarından daha iyi görünmeyi kendilerine amaç edindiklerinden, başkalarıyla geçinemez, yaşama ayak uyduramazlar. Dolayısıyla, bir kimsenin kendisine biçtiği yüksek değeri pek umursamayan gerçekle kolaycacık çatışma durumuna girerler. Kendilerini beğenmişlikleri, bu gibi kimseleri başkalarının alaylarına konu yapmaktan öte bir işe yaramaz. İnsanlığın karşılaştığı bütün çapraşık durumlarda, kendini beğenmişlik duygusuna doyum sağlamadaki başarısızlık en önemli etken rolünü oynar. Karmaşık bir kişilik yapısı gösteren birini anlamak istiyorsak, bu kimsede kendini beğenmişliğin hangi boyutlara ulaştığını, bu kimsenin hangi doğrultuda devindiğini ve ne gibi yollara başvurarak kendisine doyum sağlamaya çalıştığını araştırmak izlenecek önemli bir yoldur. Söz konusu durumlarda hep ele geçireceğimiz bir sonuç vardır ki, o da kendini beğenmişliğin toplumsallık duygusuna önemli ölçüde sekte vurduğudur. Kendini beğenmişlikle toplumsallık duygusu birbiriyle bağdaşmaz hiç; çünkü kendini beğenmişlik, toplumsallık ilkesine boyun eğmeye yanaşmaz.

Ancak, kendini beğenmişliği bekleyen kötü akıbet, yine kendisinden kaynaklanır; çünkü ilgili özellik, hiçbir şeyin önünde duramayacağı mutlak doğrular gibi toplumsal yaşamda gelişip ortaya çıkan karşıt mantıksal nedenlerin tehdidi altında bulunur. Dolayısıyla, henüz çok erkenden kendini saklamak, bir başka kılığa bürünmek, dolambaçlı yollar izlemek zorunda kalır; nitekim ilgili özelliği kendisinde barındıran kişi de, kendini beğenmişliğine doyum sağlamak için gerekli gördüğü görkem ve zaferi ele geçirip geçiremeyeceği konusunda kuşkular içinde kıvranır. Kendisi böyle düşler ve düşüncelerle oyalanırken, zaman geçip gider. Derken sonuçta bir bahane kalır elinde, o da harekete geçmesi için bundan böyle koşulların elverişli sayılamayacağıdır. Genellikle şöyle bir seyir izler durum: Söz konusu kimseler, yaşamda kendilerine hep ayrıcalıklı bir yer arar, kıyıda kenarda durur, çevrelerinde olup bitenleri gözlemlemekle yetinirler. Yürekleri kuşkuyla doludur, insan soydaşlarına düşman gözüyle bakar, bir savunma, bir savaş durumu yaşıyormuş gibi bir tutum takınırlar. Çoğu zaman kararsızlık içinde bocalar, insana oldukça mantıklı gelen derin düşüncelere dalar, bunda da haklı gibi görünürler. Ne var ki, varlıklarının temel sorununa el atmayı unutur, yaşamla, toplumla, yüklenmeleri gereken ödevlerle ilişki kurmayı ihmal ederler. Yakından bakıldığında bir kendini beğenmişlik uçurumuna yuvarlandıkları anlaşılır, herkesten üstünlük özlemlerini akla gelmedik yollardan dışa yansıtırlar. Davranışlarında, giyinişlerinde, konuşma biçimlerinde, başkalarıyla ilişkilerinde bu özlem açığa vurur kendini. Kısaca, nereye bir göz atılsa herkesten ileri geçmeye çalışan ve bu amaçla başvuracağı çarelerin seçiminde hiç titizlik göstermeyen kendini beğenmiş bir insanla karşılaşılır. Kendini beğenmişliğin bu gibi dışavurumları çevredekiler üzerinde hoş bir izlenim bırakmadığından ve kendini beğenmişler, eğer akıllı kimselerse, toplumun yasalarını çiğnediklerini ve topluma ters düştüklerini çok geçmeden fark ettiklerinden, söz konusu özellikte kimi zaman bazı yumuşatmalara başvururlar. Dolayısıyla, kendini beğenmiş kişi bazen alabildiğine alçakgönüllü bir izlenim uyandırmaya çalışır, dıştan neredeyse sallapati bir kimse görünümü sergiler; bununla amaçladığı tek şey de, kendini beğenmiş biri sayılamayacağını kanıtlamaktır. Anlatıldığına göre, bir gün Sokrates, konuşmak için kürsüye çıkan hırpani kılıklı birine şöyle seslenir: *"Ey Atinalı genç, kendini beğenmişliğin, üstündeki giysinin yırtıklarından başını çıkarmış sırıtıyor."*

İnsanlar çoğunlukla kendilerini beğenmiş kimseler olmadıklarına inanırlar. Dikkatlerini dış görünümleri üzerinde toplar, kendini beğenmişlik denilen şeyin çok daha içerilerde yuvalandığından habersiz yaşarlar. Örneğin böyle bir kendini beğenmişlik, kişinin toplulukta hep konuşması, susmak nedir bilmemesi, bazen kendisine konuşma fırsatı verilip verilmediğine bakarak bu topluluğu değerlendirmek istemesiyle belli eder kendini. Yine kendini beğenmiş kimi insan vardır ki, öne çıkmaya hiç yanaşmaz, kalabalık arasına hiç karışmayarak, kendini topluluklardan uzak tutar. Topluluktan böyle bir kaçış da, değişik biçimlerde kendini açığa vurur: Ya alınan bir davet geri çevrilir ya da bir hayli ricadan sonra kalkılıp gidilir. Yine kendini beğenmiş birçok kimse vardır ki, topluluk arasına karışması ancak belirli koşullara bağlıdır; dünyaları ben yarattım havası içinde yanına yaklaşılmaz bir tavır takınır, bazen böbürlenerek kendisinin yüksek bir kimse olduğunu ileri sürer. Bazıları da, *bütün* toplantılarda hazır bulunmayı bir tutku edinir.

Bu gibi şeylere önemsiz ayrıntılar gözüyle bakmak doğru değildir; hepsi de çok derinlerde saklı yatan nedenlerden kaynaklanır. Gerçekte kendini beğenmiş insan, toplumsal yaşamı hiç umursamayan biridir; toplumsal yaşamı ileriye götürmekten çok engeller, onun gelişimini aksatır. Bütün bu tipleri tüm girdisi çıktısıyla eksiksiz anlatabilmek için büyük yazarların yaratıcı güçleri gereklidir. Kendini beğenmişlikte o yukarılara doğru tırmanan çizgiyi açık seçik gözlemleyebiliriz; öyle bir çizgi ki, bir insanın yetersizlik duygusuyla kendisi için alabildiğine büyük bir amaç belirlediğini ve başkalarından üstün olmaya çalıştığını gösterir. Kendini beğenmişliği özellikle dikkate çarpan bir kimsenin, kendisine fazla bir değer vermediği ve bu değer vermeyişinin çoğu zaman kendisinin de ayrımına varmadığını düşünebiliriz. Ama kendini beğenmişliklerinin bir yetersizlik duygusundan kaynaklandığının bilincinde olan kimseler de vardır kuşkusuz. Ancak, bunu bilmek, söz konusu kimseler için pek önem taşımaz, dolayısıyla bilgilerinden gereği gibi yararlanamazlar.

Kendini beğenmişlik insanın ruhsal yaşamının daha erken bir döneminde gelişip ortaya çıkar, hep de çocuksu bir yanı vardır, kendini beğenmiş kimseler her zaman çocuksu bir görünüm sergiler. Böyle bir karakter özelliğinin oluşumuna yol açan durumlar çeşitlidir. Bazen doğru dürüst eğitilmediği için küçüklüğünden eziklik duyan bir çocuk, ihmal edildiği, evdekilerden gerekli ilgiyi görmediği duygusuna kapılır. Bazen de çocuklar, söz konusu özelliği bir aile geleneği gibi atalarından devralır. Bu gibi kimselerin ağzından sık sık, anne ve babalarının da kendilerini başkalarından ayıracak ve başkaları karşısında kendilerine ayrıcalık sağlayacak böyle "aristokrat" bir özelliğe sahip olduklarını duyarız. Ancak, söz konusu kof isteğin altında, kendini başkalarına benzemeyip "olağanüstü" bir aileden gelen, mükemmel amaç ve duygularla donatılıp doğuştan bir ayrıcalığa hak kazanmış, herkesten üstün bir kimse gibi hissetme eğiliminden başka bir şey yatmaz. Bir ayrıcalık iddiasıdır ki, kendisine izleyeceği doğrultuyu gösterir, davranışlarını yönetir ve dışavurum biçimlerini belirler. Gelgelelim yaşam bu tiplerin gelişimini kolaylaştırmaya pek elverişli nitelik taşımadığından ve bu gibileri çevreden düşman davranışı gördüğü ya da alay konusu yapıldığı için, içlerinden çoğu kısa süre sonra gözleri korkarak toplumdan elini eteğini çeker, münzevi bir hayat sürmeye başlar. Kimseye hesap vermek zorunda olmayıp kendi dört duvarları içinde yaşadıkları sürece, sarhoşluklarından bir türlü ayılıp kendine gelemez, hatta tutumlarını haklı birtakım nedenlere oturtmaya bakarlar. Bu tipler arasında üst düzeyde eğitim ve öğrenim görmüş, yetenekli insanlar yer alır çoğu zaman. Beceri ve yeteneklerini terazinin bir kefesine koysalar, küçümsenmeyecek bir ağırlık oluşturacaktır. Ne var ki, kendilerini bir sarhoşluk havasına kaptırarak bu durumu kötüye kullanırlar. Toplumda aktif rol oynamak için hayli ağır koşullar öne sürerler. Falan ya da filan şeyi yapmış, öğrenmiş ya da bilmiş olsalardı, başkaları falan ya da filan şeyi yapsa veya yapmasaydı, bazen de kadınlar ya da erkekler böyle olmasaydı gibi yerine getirilemeyecek koşullardır bunlar; ne kadar istense de hiç biri gerçekleştirilemez. Bu da gösterir ki, boş bahanelerdir hepsi, ancak nelerin ihmal edilip elden kaçırıldığını insana unutturacak bir içkinin hazırlanıp kotarılmasına elverişli nitelik taşırlar.

Dolayısıyla, bu insanların içleri hayli düşmanca bir duyguyla doludur, başkalarının acılarını hafife almaya ve bu acılar üzerinden atlayıp geçme eğilimi gösterirler. Nitekim büyük insan sarrafı La Rochefoucault, bu tiptekilerle ilgili olarak şöyle der: Başkalarının acılarına kolaycacık katlanabilirler; içlerindeki düşmanlık, çoğu zaman sert yergiler biçiminde açığa vurur kendini. Hiçbir şeyde en ufak iyi bir yan bırakmaz, alay ve suçlamalarıyla her şeye yetişirler; kendilerini sürekli haklı çıkarmaya bakar, her şeye lanet okurlar. Oysa bize göre kötüyü bilip tanımak ve mahkûm etmek fazla bir önem taşımaz; insanın hep kendisine sorması gereken soru, var olan koşulların düzeltilmesine *kendisinin* nasıl bir katkıda bulunduğudur. Gelgelelim, kendini beğenmiş kişiler, yeter ki yapacakları bir hamleyle çevresindekilerin üzerinde bir yere çıkıp otursun ve karalayıp kötülemenin asitiyle onları dağlasın, başka şey istemezler. Çoğunlukla bu konuda sahip oldukları inanılmaz ölçüde zengin deneyimden geniş ölçüde yararlanırlar. Alabildiğine ince esprili, şaşılacak derecede hazırcevap kişiler bulunur aralarında. Her şey gibi, espri ve hazırcevaplık da kötüye kullanılabilir ve büyük yergi üstatlarında görüldüğü gibi, kötü bir huy bir sanat aşamasına çıkarılabilir. Bu tiptekilerin bir türlü doyamadığı aşağılayıcı ve küçümseyici davranış, kendini beğenmişlik özelliğinde sık görülüp bizim değerden düşürme eğilimi dediğimiz bir olayın dışavurumudur. Kendini beğenmiş kimsenin hangi noktayı saldırısına hedef seçtiğini bize gösterir; bu da, başkalarının taşıdığı değer ve önemdir. Böylece, ilgili kişiler, başkalarını batırarak kendilerine bir üstünlük duygusu sağlamaya çalışır. Bir kimsenin değerini benimsemeyi kendileri için bir aşağılama sayarlar. Buradan da yine, söz konusu kişilerin ruhlarının çok derinliklerinde bir güçsüzlük duygusunun yaşadığı sonucuna varabiliriz.

Kendisinde söz konusu özelliklere rastlanmayan kimse gösterilemeyeceğinden, pekâlâ bu irdelemelerden yararlanıp kendi üzerimizde uygulayacağımız bir ölçüt ele geçirebiliriz.

Bin yıllık bir geçmişe dayanan bir uygarlığın, içimize serpiştirdiği nesneleri kısa sürede söküp atamasak da, körlükle davranıp bir an sonra zararlı olduğu anlaşılacak yargılara kendimizi bağımlı kılmaktan el çekmemiz ileri bir adım sayılacaktır. Başka türlü insanlar olmanın ya da çevremizde bu gibi insanlar görmenin özlemini çekiyor değiliz; birbirimize elimizi uzatmak, birbirimizle bir dayanışma, bir işbirliği içinde yaşamak benimsediğimiz bir yasadır. İşbirliğini her zamankinden çok ihtiyaç duyduğumuz günümüzde, kişisel kendini beğenmişliklerin yeri yoktur. Özellikle bizimki gibi dönemlerde kendini beğenmişliği bekleyen çelişki ve çatışmalar pek sivri ve kaba nitelik taşımakta, böyle bir tutumdaki insanlar pek kolay başarısızlığa uğramakta, sonunda ya kendileriyle savaşılarak saf dışı edilmekte ya da acımalara konu yapılmaktadır. Öyle görülüyor ki, özellikle içinde yaşadığımız çağ, kendini beğenmişlik için elverişli nitelikten yoksundur; dolayısıyla, hiç değilse bir kimsenin kendini beğenmişliğine toplum için yararlı alanlarda doyum sağlamasını mümkün kılacak yolların aranması gerekiyor.

Kendini beğenmişliğin çoğunlukla hangi yollardan etkinliğini sürdürdüğünü aşağıdaki örnekle açıklamaya çalışalım.

Birden çok kardeşin en küçüğü olan genç bir kadın, çocukluğunun erken bir döneminden başlayarak evdekilerce şımartılmıştır. Özellikle annesi, etrafında pervane olmuş, kızının her arzusunu yerine getirmiştir. Bu yüzden, vücutça da pek güçsüz sayılan kızın istekleri ölçüsüz derecede artmıştır. Derken kız günün birinde bir şey keşfeder, hastalandığı zaman çevresindekiler üzerindeki egemenliğinin her zamankinden geniş boyutlara ulaştığını sezer. Çok geçmeden, hastalık gözüne önemli bir servet gibi görünmeye başlar. Normalde insanların hastalanmaya karşı duyduğu hoşnutsuzluğu duymaz olur, zaman zaman kendini iyi hissetmemeye hiç de tatsız bir gözle bakmaz. Çok sürmeden bu konuda öylesine ustalaşır ki, istediği zaman hastalanmayı başarır ama özellikle kafasına koyduğu bir şeyi yapmak istediğinde bu yola başvurur. Ama hep de kafasında gerçekleştirmek istediği bir şey bulunduğundan, başkaları karşısında her zaman hasta bir durumda yaşamaya başlar. Çocuklarda ve büyüklerde *hastalanmanın* bu türüne pek sık rastlarız; söz konusu kimseler, sahip oldukları gücün böylelikle artıp büyüdüğünü hisseder, aile içinde baş köşede bir yeri ele geçirir, çevresindekileri kayıtsız şartsız egemenlikleri altına alırlar. Hele bir de zayıf yapılıysalar, söz konusu durumun gerçekleşme olasılığı alabildiğine büyür. Kuşkusuz böyle bir yolu izleyenler, daha önce sağlıkları konusunda çevresindekilerin kapıldığı tasa ve endişelerin tadını alanlardır. Bu arada, söz konusu kişiler bu durumun gerçekleşmesine katkıda bulunur, örneğin yemek yemekte biraz nazlı davranırlar. Bununla da küçümsenmeyecek başarılara kavuşur, örneğin sağlıksız bir görünüm sergiler ve evdekileri ahçılık konusundaki bütün hünerlerini göstermeye zorlarlar. İçlerinde bir özlem duygusu gelişir, yanlarında hep biri bulunsun ister, yalnız bırakılmaya hiç gelemezler. Varmak istedikleri amaca ulaşmaları da kolaydır, kendilerini hasta göstermeleri ya da başkaca bir tehlike içinde bulundurduklarını açığa vurmaları yeterlidir, bunun da tek çaresi özdeşleşme yoluyla bir hastalığın ya da bir güçlüğün kucağında soluğu almaktır. İnsanın böyle bir özdeşleşme yeteneğine ne büyük ölçüde sahip olduğunu, uykuda görülen düşler bize gösterir; düşte insan, sanki belirli bir durum gerçekten varmış gibi bir izlenime kapılır.

Söz konusu kimseler böyle bir hastalık duygusunu içlerinde yaratabilme gücüne sahiptir. Hem de bunu öylesine ustalıkla yaparlar ki, uydurmanın, düzmeceliğin ve kuruntunun asla sözü edilemez. Bir durumla özdeşleşmenin, sanki o durum gerçekten varmış gibi bir sonuç doğurduğu bilmediğimiz bir şey değildir. Örneğin bu insanlar mideleri bulanıyormuş gibi gerçekten kusabilir, kendilerini tehdit eden bir tehlike varmış gibi gerçekten korkuya kapılabilirler. Bazen bu işi nasıl becerdiklerini de ele verdikleri görülür. Örneğin hastamızın açıkladığına göre, bazen "sanki hemen bir yerine felç inecekmiş" gibi bir korkuya kapılır. Kimi insanlar vardır, diyelim bayılacaklarını öylesine ayrıntılı biçimde tasarlarlar ki, gerçekten de bayıldıkları görülür, herhangi bir kuruntudan ya da uydurmadan söz edilemez. Bir kimse bu yoldan çevresindekilerin karşısına hastalık belirtileri ya da en azından sinirsel semptomlarla dikildi mi, çevresindekilerin onun yanından bir yere ayrılmaması, ona göz kulak olması gerekir kuşkusuz; çünkü toplumsallık duygusu bunu gerektirir. Dolayısıyla, böyle bir hasta da amaçladığı güçlü konumu ele geçirir.

Böyleleri insanın soydaşlarına geniş ölçüde saygı göstermesini isteyen toplum yasasıyla çelişkiye düşer. Genellikle soydaşlarının mutluluğuna katkıda bulunmak bir yana, bu mutluluğu engellemekten kolay kolay kendilerini alamaz. Tüm güçlerini, tüm kültürlerini ve eğitimlerini seferber ederek insan soydaşlarını düşünmenin üstesinden gelebilirler belki, hiç değilse çevresindeki bir kişiyle çok yakından ilgileniyorlarmış süsünü uyandırabilirler. Ama yine de davranışlarının dayandığı temel, *kendini sevmekten* ve kendini beğenmişlikten başka bir şey olmayacaktır. Bizim hastamızda da işte böyle bir durum söz konusuydu. Hastamızın kendi aile bireylerine karşı açığa vurduğu ilgi görünürde tüm sınırları aşıyor, örneğin annesi kahvaltısını odasına getirmekte yarım saat gecikmeyegörsün, alabildiğine büyük bir meraka kapılıyor, kocasını yataktan kaldırıp annesinin başına bir şey gelip gelmediğine baktırmadan içi bir türlü rahat etmiyordu. Annesini yavaş yavaş kahvaltıyı tam zamanında getirmeye alıştırmıştı. Bir işadamı olarak müşterilerini ve ticari yaşamındaki dostlarını düşünmesi gereken kocasının durumu da pek başka türlü sayılmazdı; eve ne zaman belirlenen saatten biraz geç gelse karısını yığılıp kalmış, korkudan ter içinde kalmış buluyor, karısı perişan bir halde, o gelinceye kadar nasıl alabildiğine korkunç acılar içinde kıvrandığını anlatıyordu. Dolayısıyla, adam da bu gibi durumlarda dakik olmaktan başka çıkar yol görememişti.

Birçok kimse böyle davranmaktan kadının bir çıkarı olmadığını, sözü edilen durumların kadın için büyük zaferler sayılamayacağını söyleyecektir. Ne var ki, ilgili davranış *bütünün ancak küçük bir parçasıdır*, yaşamın tüm ilişkileri açısından bir "unutma bak!" uyarısı anlamını taşır, karşıdaki kişi eğitilmeye çalışılır böylece. Kadının ruhu dizginlenemeyecek bir hükmetme hırsıyla dolup taşar ve bu hırsın doyuma kavuşturulması bir bakıma kendini beğenmişlik duygusunun da doyuma kavuşturulmasıdır. Beri yandan kadının, istediğini elde etmek için çok çaba harcaması gerekecektir; bütün bunlar düşünülürse, bu kadın için söz konusu davranışın bir zorunluluk durumuna geldiği anlaşılmaktadır. Söyledikleri mutlaka ve anında yapılmadı mı, içi bir türlü rahat etmez kadının. Ama ortak bir yaşam, karşıdaki kişinin belirlenen saatte eve gelmesinden oluşmaz, daha başka binlerce ilişki vardır ki, kadının bu emredici tutumuyla düzenlenir; binlerce emir vardır ki, kadının korku nöbetleri kendilerine eşlik eder. Kadın o kadar büyük bir tasa ve meraka kapılır ki, karşıdaki kişi için istediğini mutlaka yerine getirmekten başka çıkar yol yoktur. Buradan görüldüğüne göre, *tasa ve merak kendini beğenmişlik duygusunun doyuma kavuşturulmasında bir araç olarak kullanılmaktadır.*

Söz konusu davranış çoğunlukla o dereceyi bulur ki, buna başvuran için istenilen şeyin yapılması, yapılan şeyin kendisinden daha çok önem taşır. Bunu altı yaşındaki bir kızda açıkça gözlemleyebiliriz. Kız öylesine *inatçı* biridir ki, aklına ne gelirse yapılmasına çalışır, gücünü çevresindekilere gösterip onları dize getirmek isteğiyle dolup taşar içi, bu davranışının neye mal olacağına hiç aldırmaz. Kızla iyi geçinmek isteyen ama bunu nasıl başaracağını bilemeyen anne bir defasında kızına bir sürpriz yapmak ister, onun en sevdiği yemeği pişirerek şu sözlerle getirip önüne koyar: "Pek sevdiğini bildiğim için, bu yemeği yaptım sana." Ne var ki, kız nefis yemeği devirip yere döker, ayaklarıyla üzerinde tepinirken şöyle bağırır: "İstemiyorum işte! İstemiyorum! Sen getiriyorsun çünkü, ben kendi istediğim yemeği yerim." Bir başka kez, annesi okulda büyük teneffüs için kahve mi, süt mü istediğini sorunca, kapıda dikilen kız açıkça işitilebilir bir sesle şöyle mırıldanır: "O süt dedi mi kahve içerim ben, o kahve dedi mi süt içerim."

İçindeki niyeti açık seçik belli eden bir kızdı bu. Ama unutmayalım ki, çoğu çocuk aynıdır da niyetini açığa vurmaz; her çocukta biraz bu kızdaki özellik bulunur, olağanüstü bir çaba ve enerjiyle istediğini çevresindekilere yaptırmaya çalışır, bunun kendisine yarar sağlamayacağını, hatta zararı dokunacağını bile bile böyle bir davranışı sergiler. İradelerini özgürce kullanabilecekleri düşüncesi şu ya da bu şekilde kafalarına sokulmuş, böyle bir ayrıcalıkla donatıldıkları duygusu kendilerine aşılanmış çocuklardır hepsi. Böyle bir düşünce ve duygunun çocuklarda uyandırılmasına yol açacak nedenler ise günümüzde hiç eksik değildir. Bunun da sonucu olarak büyükler arasında insan soydaşlarının ilerlemesine yardım edecekken, kendi isteklerini gerçekleştirmeyen çalışan kişilere daha sık rastlarız. Bazı insanlar kedini beğenmişliklerinde o kadar ileriye gider ki, dünyanın en doğal işi sayılacak, hatta mutluluklarını belirleyecek bir şey bile olsa, bir başkasının kendilerine salık verdiği bir işi yapacak gücü gösteremezler; her konuşmada bir itiraz fırsatı kollar, böyle bir anı bekleyip dururlar. Kimi insanların istemleri kendini beğenmişlik sonucu öylesine uyarılıp kamçılanır ki, "evet" demek isteseler de yine "hayır" sözü çıkar ağızlarından.

İnsanın her istediğinin sürekli yerine getirilmesi gibi bir durum, aslında yalnız aile çevresinde söz konusu olabilir, hatta bazen bunun burada bile gerçekleşemediği görülür. Başkalarıyla ilişkilerinde insanın üzerinde sevimli ve uysal bir izlenim bırakan kimseler, çoğunlukla bu tipler arasında yer alır. Ne var ki, böylelerinin başkalarıyla dostluk ve ahbaplığı uzun ömürlü değildir, çok geçmeden sona erer ve zaten bu dostluğun pek de arzu edildiği söylenemez. Gelgelelim, yaşam insanları bir araya getirici özellik taşıdığından, bazen ilgili kimselerden birini görürüz, kalpleri bir yandan fetheder durur, öte yandan fethettiği kalpleri yine yüzüstü bırakıp gider. Hemen hemen her zaman *aile çevresi içinde kalmak* isteyen kimselerdir, bunlar. İşte bizim hastada da durum tıpkı böyleydi. Aile çevresi dışındaki sevimli ve güleryüzlü davranışıyla herkesin sempatisini kazanmıştı; gelgelelim, ne zaman sokağa çıksa çok geçmeden yine kendini gerisin geri eve atıyordu. Dışarıdan ailesine dönüp gelmesi çeşitli şekillerde gerçekleşmekteydi. Diyelim bir toplantıya gitti, ansızın başına bir ağrı giriyor, ister istemez evin yolunu tutuyor, çünkü toplantıda mutlak üstünlüğünü evdeki kadar güçlü bir biçimde hissedemiyordu. Yani hastamız o yaşamsal kendini beğenmişlik sorununu ancak ailesi içinde çözümleyebiliyorsa, kendisini gittiği yerden aile çevresine geri döndürecek, aile çevresi dışında rahatını kaçıracak bir şeylerin olup bitmesi gerekiyordu. Sonunda iş o dereceye varmıştı ki, ne zaman yabancı insanlarla bir araya gelse korku ve heyecan nöbetleri geçirmeye başlamıştı. Tiyatroya gidemez olmuş, çok geçmeden de sokağa hiç çıkamaz duruma gelmişti; çünkü sokakta başkalarının kendi iradesine tabi olduğu duygusunu yitirmekteydi. Aradığı durumlar aile çevresinin *dışında*, yani sokakta ele geçirilecek gibi değildi. Bu da, yanında kendi "saray erkânından" kişiler olmadan tek başına niçin sokağa çıkmaya yanaşmadığını açıklamaktaydı. Çevresinde sürekli kendisiyle ilgilenecek kişiler görmek, sevdiği ideal bir durumdu. Araştırmalarımız, onun bu davranış modelinin erken çocukluk döneminden kaynaklandığını göstermişti. Hastamız birkaç kardeşin en küçüğüydü evde, zayıf ve hastalıklı bir kızdı; kendisine öbür kardeşlerden daha bir sıcaklık ve sevecenlikle davranılması gerekmişti. O da böyle el üstünde tutulmayı tüm gücüyle benimsemiş, bir daha bundan yoksun kalmak istememişti. Böyle davranmasının sonucunda yaşamın koşullarıyla çelişkiye düşmeyip söz konusu koşullar kendisini rahat bırakmış olsaydı, bir kez saptadığı yoldan belki hiç dönmeyecekti. Başkalarının itirazına hiç izin vermeyecek kadar güçlü huzursuzluğunun ve korku belirtilerinin gösterdiğine göre, kendini beğenmişlik sorununu çözümleyeyim derken yanlış bir yola sürüklenmişti. Bulunan çözüm yolu için iyi denilemezdi, çünkü toplu yaşam koşullarına uymak gibi bir isteğe yer vermiyordu. Sonunda rahatsız edici belirtiler işi o kadar azıtmıştı ki, hastamız bir hekime görünmek zorunda kalmıştı.

Kadının yıllardan beri kurmaya çalıştığı yaşam planı üzerindeki örtünün yavaş yavaş aralanması gerekmekteydi. Tedaviye karşı gösterdiği direniş büyüktü; bunun da nedeni, hekime başvurmasına karşın yaşamında içten içe herhangi bir değişikliği istememesiydi. İleride de aile çevresinde egemenliğini sürdürse sokakta korku nöbetlerine yakalanmasa güzel bir şey olacaktı kendisi için. Gelgelelim, birini alıp öbürünü bırakmak olanaksızdı; alınacak şeyin karşılığında bir bedelin ödenmesi gerekiyordu. Tedavi sırasında bilinçsiz yaşam planının tutsağı olduğu, ilgili planın avantajlarının zevkini çıkarmak istediği, sakıncalarından ise korktuğu açık seçik anlatıldı kendisine.

Bu örnek, ileri derecede kendini beğenmişliğin nasıl tüm yaşam için bir yük oluşturup, insanın ilerlemesini engellediğini ve sonunda bir yıkıma yol açtığını gayet belirgin olarak göstermektedir. Kendini beğenmişliğin yalnızca yararlarına çevrilmiş gözlerin ortadaki ilişkileri gereği gibi algılamayacağı açıktır. Bu yüzden birçok kimse hırsın, daha doğru bir deyimle kendini beğenmişliğin tümüyle değerli bir özellik sayılacağına iyice inanmıştır; çünkü bu özelliğin her zaman bir hoşnutsuzluk kaynağı oluşturduğunu, kendisine rahat ve uyku yüzü göstermeyeceğini fark etmez.

Buna bir başka örnek olarak da şu vakayı verebiliriz. Yirmi beş yaşındaki bir genç, tam son sınavlarına girip de okulu bitireceği bir sırada vazgeçer, çekilir bir kenara; çünkü ansızın üzerine bir duygu çullanmış, hiçbir şeyle ilgilenmez olmuştur. Alabildiğine sıkıcı ruh durumları yakasına yapışır, kendi kendini karalayıp kötüler, yeteneksiz ve mıymıntı biri olduğu düşüncesini kafasından bir türlü söküp atamaz. Çocukluğunu anımsayarak anne ve babasına en ağır suçlamaları yöneltir, onların anlayışsızlığının kendisini doğru dürüst gelişmekten alıkoyduğuna inanır. Böyle bir hava içinde yaşarken, insanların gerçekte bir değer taşımadığını ve kendisini hiç ilgilendirmediğini düşünür. Söz konusu düşünceler, nihayet kendisini toplumdan soyutlamasına yol açar.

Bu durumda da yine kendini beğenmişliğin alttan alta itici güç rolünü oynadığı görülmektedir; ilgili özellik, kendisini denemeden geçirmek zorunda kalmaması için hastamızın eline çeşitli bahane ve mazeretler tutuşturur. Çünkü tam gireceği sınavlardan önce kafasına bu çeşit düşünceler üşüşen hastamız, başkalarının karşısına çıkmaktan çekinmeye başlamış, ruhunu geniş ölçüde bir isteksizlik sarıp kendisini işe yaramaz duruma getirmiştir. Ne var ki, bütün bunlar onun için kesin bir önem taşımaktaydı. Çünkü bir şey başarıp ortaya koyacak gücü gösteremediğinde kişisellik duygusu esenliğe çıkacaktı. Altında gerilmiş bekleyen bir ağ hazırda bulunuyordu; darda kaldığında içine atlayıverecek, eleştirilerden yakasını kurtaracaktı. Hasta olduğu, içyüzü karanlık bir yazgı tarafından işe yaramaz duruma getirildiği düşüncesiyle avutabilecekti kendini. İnsanın tehlikeli durumlarla yüz yüze gelmesine izin vermeyen böyle bir davranış da, kendini beğenmişliğin bir başka türünü oluşturmaktadır. Beceri ve yeteneği üzerinde karar anının arifesinde, ilgili özellik hastamızı bir dönüş yapmaya zorlamaktaydı. Halen içinde bulunduğu parlak durumu, uğrayacağı bir yenilgiyle kaybedebileceğini düşünmekte, yetenekliliği konusunda kuşku duymaktadır. Kendilerini toparlayıp bir türlü kesin karar veremeyen tüm insanların gizi de, işte burada saklı yatıyor.

Hastamız da söz konusu kimseler arasında yer almaktadır. Aslında hep böyle davranan biri sayıldığını araştırmalarımız ortaya koymuştur. Ne zaman bir karar anı yaklaşsa hep bocalamış, döneklik göstermiştir. Daha çok bir insanın devinim çizgisiyle hal ve gidişini inceleme ve araştırma konusu yapan bizler için böyle bir davranışın içerdiği tek bir anlam vardır: Kendi kendini frenlemek ve olduğu yerde kalıp ileriye gitmemek.

Hastamız, ailenin en büyük çocuğu ve tek erkek evladıydı; dört kız kardeşi vardı. Aile içinde beş çocuktan yalnızca onun yüksek öğrenim görmesi kararlaştırılmıştı. Adeta ailenin gözbebeği olup, kendisinden çok şey beklenmekteydi. Babası oğlunu hırslı bir kimse gibi yetiştirmek için hiçbir fırsatı kaçırmamış, ileride ne büyük bir adam olacağını kendisine hep tekrarlayıp durmuştu; dolayısıyla, hastamızın gözü çok geçmeden bir tek amaçtan başkasını görmez olmuştu: Herkesten ileri geçmek. Derken kendisinden beklenilenleri yapabileceği konusunda bir güvensizliğe kapılmış, kendini beğenmişliği onu geri çekilmeye zorlamıştı.

Bu durum, hırs ve kendini beğenmişlik özelliğinin gelişimi sırasında nasıl kendiliğinden zarların atılıp, ileriye giden yolu yürünmez duruma soktuğunu göstermektedir. Kendini beğenmişlik, toplumsallık duygusuyla alabildiğine büyük bir çelişki içine sürüklenmekte, ilgili çelişkiden insanı kurtaracak bir çıkar yol bulunamamaktadır. Durum böyleyken, kendini beğenmiş kişilerin, çocukluklarından başlayarak toplumsallık duygusunda hep bir gedik açmaya ve bir kez tuttukları yolu izlemeye çalıştıklarını görürüz. Böyleleri, bir kentin planını kendi hayal güçlerine göre hazırlayıp, ellerinde böyle bir planla kenti dolaşmaya çıkan ve her şeyi o dikkafalılıklarının ürünü planda işaretledikleri yerde bulmaya uğraşan insanlara benzer. Elbette aradıklarını asla bulamaz ve bunun sorumlusu olarak gerçeği suçlarlar. Kendini beğenmiş, dikkafalı insanların yazgısı aşağı yukarı böyledir. İnsan soydaşlarıyla ilişkilerinde kendini beğenmişlik ilkesini ya zorla ya da hile ve entrikayla geçerli kılmaya çalışırlar. Pusuda bekler, başkalarını haksız çıkaracak ya da hatalarını kanıtlayacak bir fırsat gözlerler hep. Başkalarından akıllı ya da daha iyi insanlar olduklarını gösterebildiklerinde, mutluluk duyarlar. Oysa karşısındakiler buna pek dikkat etmez ama savaş çağrısını yine de kabullenirler; bir süre devam eden savaş kendini beğenmiş kişilerin ya zaferi ya da yenilgisiyle sonuçlanır; ne var ki, kendini beğenmiş kişiler, her iki durumda da savaştan kendi üstünlüklerinin ve haklılıklarının bilinciyle çıkarlar.

Ucuz oyunlar, numaralardır bunlar. Böyle bir yoldan herkes, canı istediği şeye sahip olduğu kuruntusunu içinde yaşatabilir. Ve sonunda, hastamızda görüldüğü gibi, ansızın bir okulda okumak, bir kitabın bilgeliğine boyun eğmek ya da gerçek becerisinin boyutlarını ortaya çıkaracak bir sınavı sineye çekmek zorunluluğuyla yüz yüze gelir ve tüm yetersizliklerinin bilincine varırlar. Olaylara bakıştaki yanlış perspektifin kendilerini içerisine soktuğu durumu aşırı ölçüde önemser ve sanki yaşamlarının tüm mutluluğu, tüm anlam ve önemi söz konusuymuş gibi değerlendirirler her şeyi. Kimsenin katlanamayacağı bir gerilimin içine sürüklenirler.

Ayrıca, başkalarıyla her karşılaşmaları onlar için büyük ve olağanüstü bir olay olup çıkar. Birinin onlara seslenişi, biri tarafından yöneltilen bir söz, yengi ya da yenilgi açısından yorumlanıp değerlendirilir hep. Aralıksız bir savaş sürer gider. Kendini beğenmişlik, hırs ve büyüklenme özelliklerini kendilerine yaşam modeli yapan kişilerin önüne habire yeni güçlükler çıkarır bu savaş, yaşamın gerçek sevinçlerinden onları yoksun bırakır. Çünkü ancak koşullar benimsendiği zaman, yaşamın sevinçleri ele geçirilebilir. Bu koşulları bir kenara iten kimse, kıvanç ve mutluluğa götüren yolu kendi eliyle kendisine kapatır, başkaları için memnunluk ve mutluluk kaynağı olan her şeyden ister istemez el çeker. Düşler ve hayaller kurarak, başkalarından yüce ve üstün olduğu duygusunu yaşatır içinde; ama bu duygunun hiçbir yerde hiçbir şekilde gerçekleştiğini göremez. Bir şekilde böyle bir şeyle karşılaşsa bile, saygınlığını yadsımaktan zevk duyan yeterince insan bulur karşısında. Bunu önleyecek hiçbir çare yoktur. Kimse bir kişinin üstünlüğünü benimsemeye zorlanamaz. Dolayısıyla, kendini beğenmiş kişiye kala kala kendisi hakkında vereceği tümüyle kesinlikten uzak ve büyüklenmeyle dolu yargısı kalacaktır. Böyle bir kişinin zaman bulup gerçek başarılar elde etmesi ya da insan soydaşlarının ilerlemesine yardımcı olması güçtür. İçlerinde kazançlı çıkacak kimse yoktur böylelerinin. Hepsi de sağdan soldan gelecek saldırılara hedef oluşturur, sürekli bir tükenişin pençesinde kıvranırlar. Sanki her zaman dışa karşı bir büyüklük ve üstünlük sergilemek gibi sebat ve hamaratlık isteyen bir ödevi üstlenmişlerdir.

Oysa bir *insanın değerinin,* başkalarının gelişim ve ilerlemesine yardım etmek gibi haklı bir nedenden kaynaklanması bir başka durumdur. Böyle bir durumda insan değer ve önem peşinde koşmaz, değer ve önem kendiliğinden gelip insanı bulur. Başkaları çıkıp ilgili değer ve önemi yadsısa bile, bunun bir hükmü olmaz. İnsan, bütün umudunu kendini beğenmişliğine bağlamadığı için, söz konusu yadsımalar karşısında serinkanlılığını yitirmez. Kesin önem taşıyan bir şey varsa, insanın bakışlarını kendi şahsına yöneltmesi, kendi kişiliğini yüceltme yolunda sürekli bir arayış içinde bulunmasıdır. Kendini beğenmiş kimse, hep bekleyen ve hep alan biri durumundadır. Gelişmiş bir toplumsallık duygusunu içinde barındıran ve "Başkalarına ne verebilirim?" sorusunu soran biri tüm karşıtlığıyla kendini beğenmiş kişiyle yan yana getirildiğinde arasında ne büyük bir değer farkının bulunduğu hemen anlaşılacaktır.

Bu da, ulusların daha binlerce yıl önce müthiş bir kesinlikle sezdiği ve İncil'in o bilgelik dolu *"Vermek almaktan daha hayırlıdır"* sözünde dile gelen bakış açısına götürür bizi. Alabildiğine eski bir insanlık deneyiminin dışavurumu sayılan bu sözün anlamı üzerinde düşündük mü görürüz ki, burada anlatılmak istenen ruhsal bir durumdur; vermenin, kollayıp gözetmenin, yardım elini uzatmanın insanın ruhunda yarattığı havadır; bu hava, ruhsal yaşamda kendiliğinden bir denge ve uyum sağlar, veren kimsenin kendiliğinden ele geçirdiği bir Tanrı armağanıdır adeta. Daha çok almaya eğilimli kimse ise, çoğu zaman dağınık ve tutarsız biridir; hoşnut olmak nedir bilmez, tam bir mutluluğa ulaşabilmek için elindekiler dışında daha nelere kavuşması ve neleri kendisine mal etmesi gerekeceği düşüncesiyle oyalanıp durur hep. Gözlerimi çevirip de başkalarının gereksinimlerine bakayım demez; başkalarının mutsuzluğunu kendi mutluluğu saydığından, bir uzlaşmanın sağlayacağı huzur düşüncesine kafasında yer yoktur. Dikkafalılığının yarattığı yasalara başkalarının boyun eğmesini ister amansız bir tutumla, var olandan başka bir gökyüzü ister, bir başka türlü düşünce ve duygu ister. Kısaca, onda gördüğümüz her şey gibi hoşnutluk ve alçakgönüllülük duygusundan uzaklığı da alabildiğine dehşet vericidir.

Kendini beğenmişliğin tamamen dışsal ve daha ilkel biçimlerini sergileyen kimseler ise, aşırılığa kaçarak giyinir, süslenip püslenir, başkalarının dikkatini üzerlerine çekmek ister, bu davranışlarıyla geçmiş çağlardaki görkemli görünmek, caka satmak isteyen insanları anımsatırlar. Bugün bile ilkel kavimlerde aynı durumla karşılaşırız; örneğin, ilkel bir insan çok uzun bir tüyü saçlarında taşımaktan dolayı gururlanıp böbürlenir. Pek çok insan son modaya uygun giyinip kuşanmaktan alabildiğine haz duyar. Yanlarında taşıdıkları portreler ve çeşitli ziynet eşyaları, kimi zaman başvurdukları sert sloganlar, savaşçıl amblemler ve düşmanı korkutacak silahlar, bu insanların kendini beğenmişliklerini gösteren belirtilerdir. Özellikle erkeklerde gördüğümüz cinselliği çağrıştıran figür ve dövmeler vb. hoppa ve hafifmeşrep bir izlenim bırakır üzerimizde.

Böyle bir manzara karşısında bencil bir çabanın gösterildiği, hayasızlıkla da olsa karşıdakinin etkilenmek istendiği duygusuna kapılırız. Çünkü hayasızca davranmak, bazı insanlara bir tür büyüklük ve üstünlük duygusu sağlar. Bazıları da sert ve duygusuz, dikbaşlı ya da kendi içine kapanık ve soğuk bir davranışı sergilemeleri durumunda böyle bir duyguya kavuşur. Ne var ki, bu davranış da bazen gösterişten başka bir şey değildir; gerçekte böyleleri, kabalıktan ve hoyrat şövalyelikten daha çok yufkayürekliliğe yakın kişilerdir.

Özellikle erkek çocuklarında toplumsallığa karşı bir tür duyarsızlık, düşmanca bir tutum gözlenir. Başkalarının acı çekeceği bir rolü seve seve üstlenen kendini beğenmiş insanların duygularına seslenmek, izlenecek en kötü yoldur. Çünkü böyle davranmak çoğunlukla onları daha fazla kamçılar, tutumlarını sertleştirmelerine yol açar. Genel olarak böyle bir durumda karşılaşılan tablo şudur: Örneğin anne ve baba, ricayla böyle bir kimseye yaklaşır, üzüntülerini açığa vurur, ilgili kişi ise onların acılarından kendine adeta bir üstünlük duygusu sağlamaya bakar.

Kendini beğenmiş kişilerin kendilerini maskelemekten hoşlandığını daha önce belirtmiştik. Kendini beğenmiş kimseler, egemenlikleri altına alabilmek için çoğu zaman başkalarının gönüllerini kazanıp onları kendilerine bağlamak zorundadır. Dolayısıyla, bir insanın güleryüzlü, dost ve nazik davranışına bakarak hemen ona bağlanmaktan sakınmalı, böyle bir görünümün arkasında başkalarından ileriye geçmek ve başkalarını egemenliği altına almak için çalışan savaşçıl ve saldırgan birinin saklı yatabileceği unutulmamalıdır. Çünkü böylelerinin giriştiği savaşta ilk adım, karşı tarafta güvenlik içinde bulunduğu sanısını uyandırmak ve onu ihtiyatı elden bırakacak duruma getirmektir. Savaşın bu ilk evresinde, yani bu dostluk ve güleryüzlülük döneminde, toplumsallık duygusuyla donatılmış biri karşısında bulunulduğu sanısına kapılmak işten bile değildir. Ne var ki, birincisini izleyen ikinci perde bize yanıldığımızı gösterir. Çoğunlukla haklarında "Beni düş kırıklığına uğrattı" sözü kullanılmadan durulamayan ve iki ruh taşıdığı öne sürülen kimselerdir bunlar. Ama gerçekte hepsinin de güleryüzlü bir başlangıcı savaşçıl bir tutumla sürdüren bir tek ruhları vardır. Başlangıçtaki yüze gülüp karşısındakini tuzağa düşürme işi o denli geniş boyutlara ulaşır ki, bundan *bir ruh avcılığı* doğup çıkabilir ortaya. İlgili kişiler çoğunlukla alabildiğine bir *özveri* sergiler; tek başına böyle davranmak bile onlar için adeta bir zaferden farksızdır. Alabildiğine saf ve temiz bir insanlığı ele veren sözleri ağızlarından eksik etmez, eylemleriyle de sözde bunu kanıtlamaya çalışırlar. Gelgelelim, bunu çoğunlukla öylesine gösteriş düşkünü bir tavırla yaparlar ki, durum, işin acemisi olmayanların hemen dikkatini çeker. Bir İtalyan kriminoloji profesörü şöyle demiştir: *"Bir insanın ideal davranışı belirli bir ölçüyü aşıp da, iyi kalpliliği ve insancıllığı göze batar bir boyut kazandı mı, durumdan kuşku duymanın yeridir."* Böyle bir görüş karşısında da ihtiyatı elden bırakmamak gerekir; ancak ilgili görüşün kuram ve pratikte haklı nedenlere dayandığı gerçeğine de gözlerimizi kapatamayız. Goethe de Venedik apigramlarının birinde buna yakın bir düşünceyi şöyle dile getirir:

Her hayalperesti çarmıha gerin otuz yaşında,
Tanımaya görsün dünyayı bir kez, aldatılan aldatan olup çıkar.

Genellikle bu tipteki insanları tanımak kolaydır. Yüze gülen ve yaltaklanan davranışları sevilmez, tiksindirir bizi; çok geçmeden böylelerinden kendimizi sakınmaya, kollamaya başlarız. Açgözlü insanlara doğrusu böyle bir yola başvurmaktan el çekmelerini salık vermemiz gerekir. Söz konusu yolu izlememek, daha sade bir çareye başvurmak kendilerine daha çok yarar sağlar.

Ruhsal gelişimde karşılaşılan başarısızlıkların hangi durumlarda ortaya çıkacağını kitabın "Genel Bilgi" bölümünde görmüştük. *Eğitimleri güçlük doğuran çocuklar,* çevreleriyle bir savaş durumunu sürdürür. Eğitim işini üstlenenler yaşam mantığından kaynaklanan yükümlülüklerini bilseler de, aynı mantığı çocuk için de bağlayıcı kılmanın olanağı yoktur. Tek çıkar yol, bir savaş durumunun baş göstermesini elden geldiğince önlemektir; bu da çocuğa nesne değil, özne gözüyle bakılarak, ona diğer insanlarla tamamen eşit haklara sahip biri, kısaca bir arkadaş gibi davranarak sağlanır. Böyle yapıldı mı, çocukların bir ezilmişlik ve ihmal edilmişlik duygusuyla çevrelerine karşı savaşçıl bir tutum takınması kolay olmaz pek, bu tutumdan içinde yaşadığımız uygarlıkta ikiyüzlü hırs gelişip ortaya çıkma olanağını pek bulamaz; öyle bir hırs ki, tüm düşünce, davranış ve karakter özelliklerimizde çeşitli derece ve miktarlarda yer alır ve her zaman yaşamı güçleştiren bir etken rolünü oynar, bazen de çetin sorunlara, yenilgilere ve kişilik yapısında yıkımlara yol açar.

Hepimizin insanı tanımaya yönelik bilgilerimizi ilk planda sağladığımız kaynaklar sayılan masalların, kendini beğenmişlik özelliğini ve bunun yol açacağı tehlikeli sonuçları gösteren bir sürü örneği içermesi çok karakteristiktir. Biz burada kendini beğenmişliğin serbestçe gelişip serpilişini ve bunun yol açtığı otomatik çöküşü gayet belirgin çizgilerle göz önüne seren bir masaldan söz açacağız. Andersen'in *"Sirke Testisi"* adlı masalıdır bu. Bir balıkçı avladığı bir balığı serbest bırakır; buna teşekkür etmek isteyen balık da balıkçıya bir dilekte bulunmasını söyler. Balıkçının dileği gerçekleşir. Ne var ki, balıkçının bir karısı vardır, gözü yukarıda olup hiçbir şeyle yetinmez; ilkin kontes, sonra kral, en sonunda da Tanrı olmak isteyerek, balıkçıyı sürekli olarak balığa yollayıp durur. Kadının son isteğine içerleyen balık da, balıkçıya artık hiçbir dilekle kendisine gelmemesini söyler.

Açgözlülük sınır diye bir şey tanımaz, büyür, gelişir sürekli. Gerek masalda, gerek yaşamda, gerekse kendini beğenmiş kişinin cadı kazanından farksız ruhsal yaşamında güçlülük eğiliminin giderek büyüyüp sonunda bir *Tanrısallık idealine* dayandığını gözlemlemek ilginçtir. Söz konusu vakaların en ağırlarında karşılaşıldığı üzere, böyle bir kimsenin ya bir Tanrı ya da Tanrı'nın yerini alan biri gibi davrandığı ya da sanki bir Tanrı'ymış gibi belirli isteklere kapılıp, belirli amaçlar güttüğünü görmek için çoğunlukla, uzun boylu araştırmalara gerek yoktur. Böyle bir durum, yani *Tanrı gibi olma çabası*, böyle birinin kişiliğinin sınırlarını aşma yolunda içinde taşıdığı eğilimin en uç noktasını oluşturur. Özellikle günümüzde alabildiğine sık karşılaştığımız bir durumdur bu. *Spiritizm ve telepati* fenomenleri çevresinde yoğunlaşan tüm çaba ve ilgiler, bize öyle insanların varlığını gösterir ki, kendileri için belirlenmiş sınırları bir an önce aşmakta sabırsızlanır, normal insanlarda rastlanmayan birtakım güçleri ellerinde bulundurdukları kuruntusuna kapılır, zaman ve mekânın dışına çıkıp örneğin ölmüş kişilerin ruhlarıyla bağlantı kurmaya çalışarak, zaman öğesini adeta ortadan silip atmaya kalkarlar. İşi biraz daha derinleştirirsek, insanlardan büyük bölümünün hiç değilse Tanrı'nın yanı başındakendilerine küçük bir yer sağlama eğilimini içlerinde barındırdıklarını saptarız. Günümüzde hâlâ uyguladıkları eğitimle insanları Tanrı'ya benzer duruma getirmek idealini gerçekleştirme amacını güden pek çok akım vardır. Eskiden bütün dinsel eğitimlerin paylaştığı bir idealdir bu. Böyle bir eğitimin sağladığı sonucu ise, dehşetle anımsamamak elde değildir. Dolayısıyla, eğitim açısından daha sağlam bir ideali arayıp bulmak gereği ortadadır. Ne var ki, sözü edilen eğilimin insan ruhuna alabildiğine güçlü bir şekilde kök salmış olmasının şaşılacak yanı yoktur. Psikolojik nedenler bir yana, insanların büyük bir bölümünün insanın özüne ilişkin ilk bilgilerini hemen hemen Kutsal Kitap'taki sözlerden edinmesi ve Kutsal Kitap'ta Tanrı'nın kendini *model alarak* insanı yarattığının yazılı olması bunda büyük rol oynamakta, ilgili sözler çocuk ruhunda çoğu zaman tehlikelere yol açan önemli izler bırakmaktadır. İncil'in harikulade bir yapıt olduğu ve gerekli olgunluğa erişilince her zaman hayranlıkla okunacağı kuşkusuzdur. Ama okuma işinin çocuklardan başlatılması istendi mi, hiç değilse onlara bazı açıklamalarda bulunmak, alçakgönüllülük denilen şeyi öğretmeye çalışmak, onları birtakım sihirli güçlerin varlığı kuruntusuna kapılmaktan ve sözde Tanrı'ya benzer biçimde yaratıldıkları için her şeyin onlara boyun eğmesini istemekten onları alıkoymak gerekir.

Çocuklarda sık karşılaşılan benzeri bir ideal de, tüm isteklerin gerçekleştiği *ekmek elden su gölden* ülkesidir. Kuşkusuz çocuklar masallarda karşılaştıkları bu gibi hayallerin gerçekliğine asla ihtimal vermez. Ne var ki, *sihir* ve *büyüye* karşı ne müthiş ilgi duydukları düşünülürse, en azından bu konuda kafa yormak ve derinleşmek gibi bir ayartıya karşı duramadıkları kesindir. Büyüleme ve büyü yoluyla başkalarını etkileme düşüncesinin insanlar arasında hayli savunucusu vardır ve bu tür bir düşüncenin çok ileri yaşlara kadar bu gibi kimselerin kafasından asla çıkmadığı görülür. Ancak, kadının erkek üzerinde yaptığı büyüleyici etki konusunda bu düşünce ve duyguları paylaşmayan kimse gösterilemez. Bugün de hâlâ öyle insanlara rastlarız ki, sanki cinsel ilişki kurdukları erkek ya da kadının büyüleyici gücünü üzerlerinde hissediyorlarmış gibi davranırlar. Bunu düşünürken, söz konusu inancın şimdikinden çok daha yaygın olduğu bir dönem geliyor aklımıza; öyle bir dönem ki, kadınlar en sudan nedenlerle büyücü ya da cadı gözüyle yakılma tehlikesiyle karşı karşıya kalmış, söz konusu durum bir karabasan gibi tüm Avrupa'nın üzerine çöreklenmiş, kısmen kader yolunu çizmiştir. Bir milyon kadının, söz konusu hezeyana kurban gittiği hatırlanırsa, asla önemsiz bir hata sayılamayacak bu durum, olsa olsa engizisyon mahkemelerinin ya da bir dünya savaşının yol açtığı yıkımla kıyaslanabilir.

Tanrı gibi olma çabasını gözden geçirdiğimizde, *dinsel gereksinimlerine doyum sağlayan kişilerin* kendini beğenmişliklerinin amacına ulaşmaktan başka bir şeyi umursamadıklarını saptarız. Örneğin, ruhsal bakımdan yıkılmış biri için başkalarının üzerinden atlayarak Tanrı'yla bağlantı kurmanın ve onunla bir diyaloğu sürdürmenin ne büyük önem taşıyacağını, böyle bir kimsenin nasıl dindarca eylem ve yakarışlara başvurarak Tanrı'nın, iradesini kendisi için gerekli gördüğü yollara kanalize edebileceğine inandığını, Tanrı'yla nasıl senli benli bir ilişki içinde yaşadığını ve bu yoldan kendisini Tanrı'ya alabildiğine yakın hissettiğini düşünelim. Bazen söz konusu davranışlar gerçek dindarlık denilen şeye o denli uzak düşer ki, üzerimizde hastalık belirtileri gibi bir izlenim bırakır. Örneğin, dua okumadan uyuyamayan, böyle yapmasa uzaktaki bir insanın başına bir felaket gelebileceğine inandığını açıklayan bir kimsenin durumu böyledir. Böyle bir açıklamayı tersine çevirip, "Ben bu duayı okursam, o zaman başına bir şey gelmez" gibi anlarsak, ilgili açıklamanın bir övünmeden, bir yüksekten atmadan başka bir şey sayılamayacağını görürüz. Bir kimsede sihirli bir büyüklüğe sahip olduğu duygusunu kolaycacık uyandıracak davranışlardır bunlar. Örneğin, sözünü ettiğimiz kişi ettiği duayla birinin başına gelecek felaketi önlemiş görür kendini. Ayrıca gündüz düşlerinde de bu gibi kişiler insani ölçülerden hayli uzaklaşır. Yapılanların tümü boş girişimler, nesnelerin gerçek özünü değiştirmeyip yalnızca hayalde bir değer taşıyan ve kişiyi gerçekle dostluk kurmaktan alıkoyan eylemlerdir.

Uygarlığımızda kuşkusuz sihirli bir güce sahip olduğu duygusunu insanda uyandıran bir nesne vardır ki, o da *para*'dır. Çoğu kişi, para sayesinde her şey elde edilebilir sanır; hırs ve kendini beğenmişliğin şu ya da bu şekilde parayla ve mal mülkle ilgili olmasının şaşılacak yanı yoktur. Dolayısıyla, mal mülk edinmek için harcanan, neredeyse bir hastalık belirtisi ya da ırksal nedenlerden kaynaklanan bir belirti gözüyle bakılacak katıksız çabayı anlayabilmekteyiz. Ne var ki, bu da yine kendini beğenmişlikten başka bir şey değildir; kendini beğenmişlik bir kimsenin hep daha çok şeye ulaşmak, elinde bu büyülü güçten de biraz bir şeyler bulundurmak ve böylece bir üstünlüğe kavuşmak istemesine yol açar. Aslında yeterince para sahibi olmasına karşın hâlâ para peşinde koşan gayet varlıklı kimselerden biri, şöyle bir itirafta bulunmuştur: "Evet, öyle bir güç ki, insanı dönüp dolaşıp kendisine çekiyor." Bu kişi durumu anlamıştı ama çoğunluk bunu anlayacak yeteneği gösteremez. Güç sahibi olmak bugün para ve mal mülke öylesine bağlı duruma gelmiş bulunuyor, zengin olma ve mal mülk edinme çabası bazılarına öylesine doğal görünüyor ki, para pul peşinde koşan çoğu kişiyi önüne katıp götüren gücün kendini beğenmişlikten başka bir şey sayılamayacağı fark edilmiyor.

Son olarak konunun tüm ayrıntılarını gözlerimizin önüne serecek bir vakadan daha söz açacağız. Bu vaka, aynı zamanda kendini beğenmişliğin büyük rol oynadığı bir başka durumu da anlamamızı sağlayacaktır: *ihmal* ve *bakımsızlık.* Ortada iki kardeş vardır; erkek olan küçüğü beceriksiz bir çocuk sayılır, abla ise becerikliliğiyle ün yapmıştır. Erkek çocuk ablasıyla rekabet durumundadır; sonunda başarı kazanamayacağını anlayıp, yarıştan el çeker. Daha baştan beri evdekilerden gereken ilgiyi görmemiştir. Son durum üzerine her ne kadar kendisine yardım eli uzatılır ve düştüğü güçlüklerden kurtarılmak istenirse de, sırtında hissettiği yükte bir hafifleme olmaz, yetersiz sayıldığı yolunda *gerçek denilemeyecek* bir duyguyla dolup taşar içi. Çünkü çocukluktan beri ablasının güçlüklerle daha kolay başa çıkabileceği, kendisinin ise dünyadaki küçük işler için yaratıldığı düşüncesi kafasına sokulmak istenmiştir. Ablasının daha elverişli konumundan ötürü kendisinin bir yetersizlikle donatıldığı gibi hiç doğru sayılmayacak bir sonuca varmıştır. Üzerinde böyle bir yükle okula başlamış, burada her ne pahasına olursa olsun yeteneksizliğini itirafa yanaşmayan karamsar bir çocuk yaşamını sürdürmüştür. Zamanla yaşı ilerlemiş ve buna paralel olarak aptal bir çocuk gibi bakılmayarak, yetişkin bir insan davranışı görmek için duyduğu özlem giderek büyümüştür. Henüz on dört yaşındayken sık sık büyüklerin düzenlediği toplantılara katılmaya başlamıştır. Ruhunun derinliklerine kök salan aşağılık duygusu kendisi için sürekli bir uyarı kaynağı oluşturmuş, nasıl edip de büyük bir beyefendi rolünü oynayabileceğini durmadan düşünüp taşınmaya başlamıştır. Günün birinde de fahişelerin arasında almış soluğu, o gün bugün onlardan bir türlü kopamamıştır. Böyle bir yaşam bir sürü para harcamasını gerektirdiğinden, içindeki büyük adam sevdası da babasından para istemesine izin vermediğinden, fırsat buldukça babasının kasasından para çalmaya koyulmuştur. Söz konusu hırsızlıklar onu asla rahatsız etmemiş, kendisini babasının kasası üzerinde istediği gibi tasarruf yetkisini ele geçiren bir büyük adam gibi görmüştür. Bu, bir zaman sürmüş, erkek çocuk günün birinde sınıfta kalmak gibi ağır bir başarısızlık tehlikesiyle yüz yüze gelmiştir. Böyle bir durum, yeteneksizliğinin bir kanıtını oluşturacaktır, dolayısıyla buna asla izin vermemesi gerekmektedir. Derken yaptıkları için ansızın vicdan azabı duymaya başlar; giderek artan vicdan azabı da kendisini sonunda öylesine rahatsız etmeye başlar ki, okuldaki çalışmalara ayak uyduramaz olur. Durum da düzelir böylece; çünkü sınıfta kalır bu durumu artık kendisine ve başkalarına karşı bağışlatabilecek, duyduğu vicdan azabının kendisini pençesinde kıvrandırdığını, yerinde kim olsa sınıfta kalacağını söyleyebilecektir. Ayrıca, onu okula ayak uydurmaktan alıkoyan bir neden de ileri derecede dalgınlığıdır. Bu dalgınlık, kendisini durmadan başka şeyler düşünmeye zorlar. Böylece bütün gün geçer, gece olur, o da, yorgun argın, ders çalışmak isteyip çalışamadığı bilinciyle gidip yatar yatağına. Oysa gerçekte ödevlerini asla umursamayan biridir. Rolünü başarıyla oynamasına yardım eden başka durumlar da vardır kuşkusuz. Sabahleyin erkenden kalkması gerekir, dolayısıyla bütün gün uykulu ve yorgundur; sonunda derslerde dikkatini hiç mi hiç toplayamaz duruma gelir. Düşüncesine göre, böyle birinden, ondan daha becerikli ablasıyla yarışmasını kimse isteyemez. Bunun da nedeni yeteneksiz olması değildir; her şey, ikinci plandaki elverişsiz birtakım koşullardan, örneğin yaptıklarına pişman olmasından, kendisine hiç rahat yüzü göstermeyen vicdan azaplarından kaynaklanmaktadır. Böylece kendisine yöneltilecek tüm suçlamalara karşı silahlanır, dört bir yandan gelecek saldırılara karşı kendisini güven altına alır; kötü bir durumla karşılaşması bundan böyle olanaksızdır. Sınıfta kaldı diyelim; hafifletici nedenler vardır elinde, hiç kimse yetersiz sayılacağını ileri süremez. Sınıfını geçtiğini düşünelim; bu da kendisinde varlığı bir türlü kabullenilmek istenmeyen becerisinin bir kanıtını oluşturacaktır.

İnsanı böyle sapa davranışlara ayartan kendini beğenmişliğidir kuşkusuz. Bu vakadan görülüyor ki, gerçekte var olmayan sözde bir yeteneksizliğin ortaya çıkmasını önlemek için, insan hatalı davranışında sefaletin kucağına yuvarlanacak kadar ileri gidebilmektedir. Bu da söz konusu kişinin yaşamına hırs ve kendini beğenmişliği getirip yerleştirebilmekte, onu doğallığından yoksun bırakıp, gerçek insani hazları, yaşam kıvancını ve mutluluğu elinden çekip alabilmektedir. Yakından bakıldığında, bütün bunlara sadece bayağı bir hatanın yol açtığını görmekteyiz.

Kıskançlık

Alabildiğine sık rastlanmasıyla dikkatimizi üzerine çeken bir karakter özelliği de kıskançlıktır. Bununla anlatılmak istenen, yalnızca sevgide değil, tüm insani ilişkilerde karşılaşılan, özellikle çocukluk döneminde görülen kıskançlıktır; söz konusu dönemde bazen kardeşlerden biri ötekinden üstün olmak isteyerek, hırs duygusunun yanı sıra kıskançlık duygusunu geliştirir kendisinde, düşmanca ve savaşçıl tutumunu böylece açığa vurur. İhmal edilmişlik duygusundan, hırsın bir başka biçimi, yani tüm yaşam boyu insanın yakasını bırakmayan kıskançlık özelliği doğup ortaya çıkar.

Çocuklarda hemen her zaman rastlanır kıskançlığa; hele küçük bir kardeşleri dünyaya gelip anne ve babanın ilgisini daha çok üzerine çekmesi durumunda bu duygu kendini belirgin olarak açığa vurur; öyle ki, büyük çocuk tahtından alaşağı edilmiş bir kral gibi görür kendini. Daha önce çevreleri sıcak bir ilgiyle kuşatılmış çocuklar, özellikle kıskançlığa kapılır. Bir çocuğun bu konuda ne kadar ileriye gidebileceğine, henüz sekiz yaşında olmasına karşın o zamana kadar kıskançlıktan üç cinayet işlemiş bir kızı örnek gösterebiliriz.

Bu kız, gelişim bakımından biraz geride kalmış bir çocuktu. İnceliği ve narinliği nedeniyle evde pek işe koşulmamıştı, dolayısıyla hayli rahat bir yaşam sürmekteydi. Ama altı yaşındayken bir kız kardeşi dünyaya gelince, durum değişti birden. Kız, bambaşka bir çocuğa dönüştü, gözü hep kardeşinin üzerindeydi, içi kin ve nefretle dolup taşarak kardeşini izlemeye koyuldu. Ne yapacağını şaşıran anne ve baba sert bir tutumla işe el atarak, her kötü davranışı için kendilerine hesap vereceğini kızın kafasına sokmaya çalıştılar. Günlerden bir gün köyün kıyısından akan çayda küçük bir kız ölü bulundu. Kısa bir süre sonra yine benzeri bir olay baş gösterdi. Sonunda kız yine küçük bir çocuğu suya itmek üzereyken suçüstü yakalandı. Öbür cinayetleri de kendisinin işlediğini itiraf etti; bir psikiyatri kliniğine yatırılarak gözetim altında tutuldu, sonra da bir ıslahevine yollandı.

Kızın kıskançlığı zamanla kendi öz kardeşinden koparak başka küçük kızlara kaymış, oğlanlara karşı düşmanca duygular beslemediği dikkati çekmişti. Sanki kız, öldürdüğü küçük kızlarda kendi kardeşini görmüş ve işlediği cinayetlerle ihmal edilmesinin öcünü evdekilerden almak istemişti.

Kardeşler değişik cinsiyetlerden ise, kıskançlık duygularının uyanması daha kolay gerçekleşmektedir. Bilindiği üzere uygarlığımızda bir kız için durum hiç iç açıcı değildir. Oğlan çocukları günümüzde çoğu kez el üstünde tutulur, kızlardan daha büyük bir özen ve sevgi görür, kızların sahip olmadığı daha bir sürü ayrıcalıkla donatılırlar. Kendilerini söz konusu ayrıcalıkların dışında gören kızlar, oğlanlara gösterilen yakınlık karşısında kolayca bir hoşnutsuzluk ve hınç duygusuna kapılır.

Böyle bir durumun kuşkusuz her zaman şiddetli bir düşmanlığa yol açması gerekmez. Bazen öyle olur ki, büyük kardeş küçük kardeşe karşı büyük bir sevgi besler, küçük kardeşiyle tıpkı bir anne gibi ilgilenir; ne var ki, psikolojik bakımdan ikinci durum mutlaka birincisinden değişiktir denilemez. Bir abla, küçük erkek kardeşine kendisini bir anne yerine koyarak davranabiliyorsa, kardeşinden üstün biri konumunu ele geçirmiş sayılır, yani kardeşine anne rolünde istediği gibi davranabilecektir. Kısaca, kendisi için tehlikeli bir durumu yararlı bir duruma dönüştürmenin üstesinden gelmiştir.

Kardeşler arasındaki ilişkinin sık görülüp, yine kolayca kıskançlık duygularının doğmasına yol açan bir başka biçimi de, bir tür büyük yarıştır. Evdekilerden gereken ilgiyi görmediği duygusu abla için bir dürtü oluşturur ve onu sürekli ileriye doğru iter; sonunda abla harcadığı çaba ve enerjiyle erkek kardeşinin oldukça önüne geçer. Bu sırada doğanın kendisine karşı gösterdiği bir kolaylıktan da çoğu zaman yardım görür; çünkü kızlar ergenlik çağında gerek bedensel, gerek ruhsal bakımdan erkeklerden çok daha hızlı gelişir; ne var ki, ergenlik çağındaki bu farklı durum sonradan kaybolur.

Kıskançlık duygusu birbirinden alabildiğine değişik biçimlerde açığa vurabilir kendini. Güvensizlikte, pusuda beklemede, ölçüp biçme ve hakkının yenilmesinden sürekli korkmada bu özelliğin rol oynadığı görülür. Söz konusu biçimlerden hangisinin daha çok öne çıkacağını, bireyin toplumsal yaşam için yaptığı hazırlığın boyutları belirler. Bazen kendi kendini yiyip bitiren bir kıskançlıktır bu; bazen de kişiyi atılgan ve enerjik bir davranışa sürükler. Bazen bir kimseyi kendine bağlayıp özgürlüğünü kısıtlar, onu kendine bir emir kulu yapmaya yönelik bir eğilim ve çaba kılığında karşımıza çıkar. Pek tutulan psikolojik bir görüş, kıskançlığı insanlar arası ilişkide öyle bir yere oturtur ki, karşıdaki davranışında bazı yasalara uymak zorunda kalsın. Bir insanın bir başkasını örneğin aşk yasasına uymak zorunda bırakması, onu belirli sınırlar içinde hapsetmeye kalkması, onun nereye bakacağını, nasıl davranacağını, hatta tümüyle nasıl düşüneceğini belirlemek istemesi, onun kendine özgü ruhsal devinim çizgisini yansıtır. Bir başkasını küçük düşürmek, ona suçlamalar yöneltmek gibi bir amaç için de yararlanılabilir kıskançlıktan. Ne var ki, bütün bunlar bir başkasını irade özgürlüğünden yoksun bırakmak, onu kendine bağlamak için başvurulan çarelerdir. Söz konusu durum, Dostoyevski'nin *"Netoçka Nezvanova"* adlı romanında harikulade bir şekilde dile getirilir. Romanda, böyle bir yola başvurarak yaşam boyu karısını baskı altında tutan, onun üzerindeki egemenliğini elden bırakmayan bir adam anlatılır.

Dolayısıyla, kıskançlığı güçlülük eğilim ve çabasının özel bir biçimi diye niteleyebiliriz.

Hasetlik (Çekemezlik)

Güçlülük ve üstünlüğe kavuşmak için çalışanlar, kendilerinde çoğu kez hasetlik gibi bir karakter özelliğini barındırır. Kişi, varmaya çalıştığı aşırı büyüklükteki amaçla arasındaki uzaklığı, bir aşağılık duygusu şeklinde algılar. Aradaki bu uzaklık tüm ağırlığıyla bastırır üzerine, varlığını öylesine avcunun içine alır ki, sanki saptadığı amacın çok uzağında bulunmaktadır. Kendini küçük görmesi ve kapıldığı hoşnutsuzluk sonucu çoğunlukla bitmez tükenmez kıyaslamalara girişir, başkalarının kendisine karşı tutumunu, başkalarının ele geçirdiği başarıları hesaplar, hakkının yenildiği gibi bir duyguya kapılır. Hatta kendisi başkalarından daha çok şeye sahip olsa bile böyle bir duygudan yakasını kurtaramaz. Haksızlığa uğramışlık duygusunun bütün bu dışavurum biçimleri, doyuma kavuşmamış, kamufle edilmiş bir kendini beğenmişliğin, sürekli daha çok şeye sahip olmak isteğinin, her şeyi ele geçirme tutkusunun dışavurumlarıdır. Bu kişiler her şeyin kendilerinin olmasını arzuladıklarını açık seçik söylemezler kuşkusuz, toplumsallık duyguları böyle bir şeyi akıllarına getirmekten onları alıkoyar: Ama sanki her şeyi elde etmek istiyorlarmış gibi bir davranış sergilerler.

Kendisini sürekli başkalarıyla karşılaştırmaktan doğan hasetlik duygusunun ilgili kişilerin mutluluk şansını olumlu yönde etkilemeyeceği doğaldır. Gelgelelim, içimizdeki toplumsallık duygusu nedeniyle hasetlik duygusunu ne kadar hoş karşılamasak, genel olarak bu duyguyu ne kadar sevimsiz bulsak da, şu ya da bu şekilde hasetlik duygusuna kapılmayan pek az kişi çıkar. İtiraf edelim ki, hiçbirimiz hasetlik duygusundan bağışık değilizdir. Bir karar üzere akıp giden yaşam seli içinde bu duygu kendini kuşkusuz her zaman açık seçik belli etmez. Ne var ki, dertten başını alamayan, sıkıntı çeken, yeterli para kazanamayan, gereği gibi beslenip giyinemeyen, doğru dürüst bir sevecenlikten yoksun yaşayan, gelecek konusunda giderek umutsuzluğa kapılan, içinde bulunduğu güç durumdan bir yol bulup çıkamayan insanın, henüz bir uygarlığın başlangıç dönemini yaşayan günümüz insanoğlunun ahlaki ve dinsel yasaklamalara karşın kendini kıskançlık duygusuna kaptırmasının anlaşılmayacak yanı yoktur. Bunun gibi, hiçbir varlığı olmayan kimselerin kapıldıkları hasetlik duygusunu da yine doğal karşılamak zor değildir. Söz konusu kimselerde böyle bir duyguyu doğal saymamak için, başkalarının aynı durumda hasetlik duygularına kapılmayacağını kanıtlamak gerekir. Demek istiyoruz ki, günümüz insanının ruhsal tablosunda hasetlik öğesini normal karşılamak zorundayız. Kısıtlamalarda aşırılığa kaçıldığı zaman, bu duygunun bireylerde ya da toplumlarda alevlenmesi önlenemez. Çekemezliğin, kendini açığa vururken bürüneceği çirkin şekilleri olumlu karşılamamız düşünülemese bile, şurasını ister istemez belirtelim ki, hasetlik ve çoğu zaman buna bağlı olarak görülen kin duygusunu saf dışı bırakacak bir çare doğrusu henüz bulunabilmiş değildir. Toplumumuzda yaşayan herkesin bilmesi gereken bir şey, söz konusu duyguyla oynamamak, onu davet etmemek, bu duyguyu kesinlikle ortaya çıkaracak durumlara yol açmaktan yerinde bir davranışla kaçınmak ya da böyle bir duygu ortaya çıkmışsa daha fazla onun üzerine gitmemektir. Böyle bir duygunun önüne geçemese bile, insanın en azından yapabileceği bir şey vardır: Bir başkası üzerinde sahip olduğu üstünlüğü açıkça sergilememek, bunun ilgili kimseyi incitebileceğini düşünmektir.

Söz konusu karakter özelliği, bize bireyin toplumla olan kopmaz ilişkisini gösterir. Bir kimsenin toplumdan kendini çekip alarak başkaları üzerinde otorite kurmak istemesinin, ilgili kişilerde böyle bir girişimi önlemeye yönelik güçlerin doğmasına yol açacağı kuşkusuzdur. Hasetlik, her zaman için bir eşitliğe, insanların eşdeğerliliğini sağlama amacı güden eylemlerde bulunmaya ve önlemler almaya zorlar insanı. Böylece gerek düşünsel, gerek sezgisel yoldan insan topluluğunun temel ilkelerinden birini ele geçirmiş oluyoruz ki, bu da *insan sureti taşıyan tüm yaratıkların eşitliği yasasıdır;* söz konusu yasanın, herhangi bir yerinde bir sarsıntıya uğraması, hemen bir başka yerinde sarsıntıyı dengeleyecek karşı güçlerin oluşmasına yol açar.

Hasetliğin dışavurumunu daha mimiklerde, özellikle bakışlarda kolaylıkla ele geçirebiliriz. Hasetin fizyolojik yoldan kendini açığa vurabileceği dildeki kimi deyimlerden de anlaşılmakta, sarı ya da soluk haset sözü, ilgili duygunun kan dolaşımımızı etkilediğini göstermektedir. Organik yoldan hasetin tek dışavurumu ise, periferik* damarların büzülmesidir.

Pedagojik bakımdan hasetlik duygusunu yeryüzünden kaldıramayacağımıza göre, hiç değilse onu topluma yararlı bir biçime sokmamız ve ruhsal yaşamda pek fazla sarsıntıya yol açmadan verimli bir nitelik kazanacağı bir yola kanalize etmemiz gerekiyor. Hem birey, hem toplum için söyleyebiliriz bunu. İşi bireysel açıdan ele alırsak, hasetlik duygusunu kendilerinde barındıran çocuklara özsaygılarını yüceltecek alanlar bulmak zorundayız. Ulusların yaşamında ise izleyebileceğimiz hemen hemen tek çıkar yol, kendilerini ikinci plana itilmiş sayan ve başka ulusların refah düzeylerinin nasıl yükseldiğini hasetle izleyen uluslara boşta duran güçlerini geliştirebilecekleri etkinlik alanlarını göstermek ve bu alanları onlara hazırlamaktır. Yakasını ömür boyu hasetten kurtaramayan bir insan, toplumsal yaşam açısından kısır biridir. Böyleleri hep başkalarının elinden bir şey kapmak, başkalarının şu ya da bu

* Organizmanın uç (kenar) bölgelerine ait olan. (Çev. n.)

şekilde hakkını yemek ve rahatını kaçırmak ister, hep bir bahane bulup başarısızlıklarının suçunu başkalarına yüklerler. Çevreleriyle bir çatışma durumunda yaşayanlar, başkalarıyla iyi ilişkiler kurmaya pek önem vermeyip, başkalarıyla bir arada yaşamalarını sağlayacak hiçbir hazırlığı yapma hevesi duymayan oyunbozan bir insan görüntüsü sergilerler. Kendilerini başkalarının yerine koyma zahmetine pek katlanamaz, insanları hep yanlış tanır ve haklarında verecekleri yanlış yargılarla onları kırıp incitirler. Davranışları bir başkasını üzüntüye sokuyormuş, hiç umursamazlar. Hatta hasetlik duygusuyla öyle bir duruma sürüklenebilirler ki, en yakınlarının bile acı ve ıstırabından zevk duyarlar.

Cimrilik

Hasetlikle yakın bir akrabalığı bulunan, çoğunlukla buna bağlı olarak görülen bir karakter özelliği de cimriliktir. Cimrilik deyince, yalnızca para toplayıp biriktirmekten oluşan dar anlamda bir cimriliği değil, genel anlamda bir cimriliği anlıyoruz. Böyle bir cimriliğin de başlıca dışavurum biçimi, cimri kimsenin başka birini sevindirmeye bir türlü yanaşmaması, yani topluma ya da toplumun bireylerine karşı yakınlık göstermekte cimriliğe kaçması, çevresine bir duvar örerek kendisine ait sözde o değerli hazineleri güvence altına almak istemesidir. Buradan da, cimriliğin bir yandan açgözlülük ve kendini beğenmişlik, öte yandan hasetlikle ilişkisi kolaycacık görülür. Bütün bu saydığımız karakter özelliklerinin bir insanda aynı zamanda var olacağını söylersek, pek aşırılığa kaçmış sayılmayız; dolayısıyla, söz konusu özelliklerden birini bir insanda saptayan kimse, aynı insanda sözü geçen diğer karakter özelliklerinin de varlığını ileri sürüyorsa, bunu asla bir kehanet gibi karşılamamak gerekir.

Günümüz uygarlığında yaşayan herkeste cimrilik özelliğine küçük çapta da olsa rastlanacağını söyleyebiliriz. Cimri, ilgili özelliği olsa olsa saklayıp aşırılığa vardırılan bir cömertlikle kamufle edebilir; böyle bir cömertlik de lütfen verilen bir *sadakadan*, cömertlik jestinden yararlanarak kişisellik duygusunu başkalarının sırtından sağlamlaştırıp yüceltme çabasından başka bir şey değildir. Yaşamın belirli durumlarında başvurulan cimrilik, hatta bazen değerli bir özellikmiş izlenimi uyandırabilir. Bir kimsenin zaman ve çalışma gücü bakımından cimriliğe kaçıp, büyük bir eser meydana getirmesini buna örnek gösterebiliriz. Günümüzde zamandan yana cimriliğe büyük değer veren bilimsel ve ahlaki bir görüş, insanın zaman ve iş gücü bakımından "tutumlu" (ekonomik) davranmasını ister. Kuramsal olarak kulağa hoş gelir bu. Ne var ki, söz konusu ilke pratiğe dönüştürülmek istenildi mi, altında güçlülük ve üstünlük amacından başka bir şeyin yatmadığı hemen görülecektir. Kuramsal yoldan ortaya atılan bu ilke pratikte yalnızca kötüye kullanılmakta, zaman ve iş gücü bakımından eli sıkı davrananlar böyle bir tutumun yol açacağı külfeti kendilerinden uzaklaştırıp başkalarının üzerine yıkmaya çalışmaktadır. Oysa biz, topluma ne ölçüde yarar sağladığına bakarak böyle bir görüşü değerlendirebiliriz ancak. İnsana bir makineymiş gibi davranan çağımızın teknolojik gelişimi, teknikte belki belirli bir ölçüde gerekli sayılabilecek ama toplumsal yaşam bakımından insanları bir çoraklığa, bir yalnızlığa sürükleyecek, haklarının kısıtlanmasına yol açacak ilkeleri onlara zorla kabul ettirmeye çalışır. Dolayısıyla, biriktirmekten çok vermeyi yeğleyecek gibi davranmak daha iyi bir yoldur. Öyle bir ilke ki, asla çarpıtılıp kötüye kullanılmaması gerekir, zaten kendi soydaşlarının çıkar ve yararını göz önünde tutan kimsenin söz konusu ilkeyi kötüye kullanabileceği düşünülemez.

Kin

Savaşçıl bir yol izleyen insanlarda sıklıkla nefret duygusuna da rastlanır. Çoğu zaman henüz erken yaşlarda görülen bu duygu, bazen hiç beklenmedik boyutlara ulaşır. Öfke nöbetlerinde böyledir örneğin; ayrıca, yumuşak şekliyle *kin bağlamalarda* da nefret duygusunun ileri derecedeki boyutlarıyla karşılaşırız. Söz konusu duygu, insanın tutum ve davranışını büyük bir kesinlikle belirleyen bir özelliktir. Bir kimseyi değerlendirirken, insanı kişisel ve karakteristik bir özellikle donatan nefret duygusunda onun nereye kadar gidebileceğini bilmemiz bize çok yarar sağlar.

Nefret duygusu kendisine değişik nesneleri konu alabilir. İnsanın yapmak zorunda olduğu ödevlere yöneleceği gibi, tek tek kişileri, başlı başına bir ulusu, bir sınıfı, karşı cinsten kişileri ya da bir ırkı hedef alabilir. Ayrıca, nefret duygularının her zaman doğru bir çizgi izleyip kendini açıkça ele vermeyeceği, bazen kendisini çok güzel kamufle ederek daha narin bir kisveye bürüneceği ve örneğin *eleştirici bir tutum* kılığında kendini açığa vurabileceği unutulmamalıdır. Ama söz konusu duygu, salt bir insanın başkalarıyla ilişki kurmaya yanaşmaması şeklinde de belli edebilir kendini. Bir insanın nefret duygusunda ne denli ileriye gidebileceği sanki bir şimşek çakmış gibi apaçık görülür bazen. Savaşta, askerlik hizmetinden bağışık kılınıp cepheden gelen korkunç kayıplar ve dehşet verici boğazlaşmalarla ilgili haberleri büyük bir hazla okuduğunu anlatan bir hastamızın durumunu buna örnek verebiliriz.

Nefretin yukarıda sayılan şekillerinden çoğunun, işlenen suçlarda etkinliğini saptayabiliriz. Ne var ki, nefret duygusu hafif dereceleriyle toplumda önemli bir rol oynayarak, karşıdakini hiç incitmeyen ve ona sevimsiz gelmeyen kılıklarda da kendini açığa vurabilir. Bu, nefret duygusunun özellikle en ileri derecelerinden biri sayılan *insan düşmanlığı* için de söz konusudur. Hatta öyle felsefi akımlar vardır ki, insan düşmanlığı ve insandan nefret duygusuyla fıkır fıkır kaynar içi, barbarlığın çok daha kaba ve düşmanca eylemlerini hiç de aratacak gibi değillerdir. Önemli kişilerin özyaşamöykülerinin bir yerinde bazen bir perde aralanıp, bu kişilerdeki nefret duygusunu açıkça gözlerimizin önüne serer. Örneğin Grillparzer, insandaki barbarlığın sanatta kendisine eksiksiz bir dışavurum sağladığını söylüyorsa, bunu yalnızca ortadan kaldırılamayacak bir gerçeğin ifadesi gibi anlamayıp, sanatsal bir güce kavuşabilmek için insanlığa kendini yakın hissetmesi gereken sanatçıda nefret ve gaddarlık duygularına da rastlanabileceği şeklinde yorumlamamız gerekir.

Nefret, alabildiğine dal budak salmış bir duygudur. Bu duygu üzerinde şimdi daha fazla duramıyorsak bunun nedeni, tek tek karakter özelliklerinin insandaki nefret duygusuyla ilişkisini saptamamız çok zaman alacağı içindir. Özellikle bazı mesleklerin belirli bir insan düşmanlığına yer vermeden yürütülmediğini kolaylıkla kanıtlayabiliriz. Ancak bu demek değildir ki, ilgili meslekler belirli bir düşmanlık olmadan *yürütülemez*. Tersine, insana karşı düşmanlık besleyen bir kişinin böyle bir mesleği, diyelim ki askerlik mesleğini seçmeye karar verdiği an, bütünde başvurulacak organizasyon, mesleğin icrası ve aynı meslekten olan başkalarıyla ilişki kurma zorunluluğu, düşmanca duyguları o şekle sokabilir ki, her şeye karşın bunlar toplum içinde yerlerini alabilir.

Düşmanlık duygularının çok iyi kamufle edilmesini sağlayan bir dışavurum şekli de, toplumsallık duygusunun tüm yükümlülüğünü bir kenara iterek *ihmal* sonucu bir insana ya da bir nesneye zarar veren eylemlerdir. Hukukta bu konuyla ilgili olarak günümüze kadar sürdürülen geniş çapta bir tartışma, henüz soruna açıklık getirmiş değildir. İhmale bir cinayet gibi bakılamayacağı, bir kimsenin bir çiçek saksısını en ufak bir sarsıntıda yoldan geçen birinin başına düşecek kadar pencere pervazının uç kısmına koymasıyla, saksıyı alıp doğrudan yolcunun başına atmasının bir sayılamayacağı kuşkusuzdur. Ancak, ihmalci insanların davranışlarının temelinde tıpkı bir cinayetteki gibi düşmanca bir duygunun saklı yatabileceğini, dolayısıyla ihmalkârlığın da bir insanı anlamada bizim için bir ipucu oluşturabileceğini gözden uzak tutmamak gerekiyor. Suçta *kasıt* unsurunun bulunmayışını hukukçular hafifletici neden görür. Ne var ki, kasıtlı olmayan düşmanca bir davranışın kasıtlı haince bir davranışı aratmayacak bir kin ve nefreti içerebileceğine de kuşku yoktur. Her iki durumda da yeterli ölçüde toplumsallık duygusuyla donatılmamış iki insan söz konusudur. Çocukların oyunlarını izlersek, bazen oyuna katılan çocuklardan birinin ötekileri pek umursamadığını her zaman gözlemleyebilir, haklı olarak bu çocuğun gereği gibi insan dostu sayılamayacağı sonucunu çıkarabiliriz. Ne var ki, kesin bir yargıya varmadan, bu yargıyı pekiştirip doğrulayacak daha başka durumların da ortaya çıkmasını beklemek her zaman için şarttır. Diyelim bir çocuk var ve ne zaman bir oyuna katılsa tatsız bir olaya yol açıyor; işte o zaman böyle bir çocuğun başkalarına yakınlık duymadığını, insan soydaşlarının tasa ve sevincini göz önünde tutan biri sayılamayacağını kesinlikle söyleyebiliriz.

Bu bakımdan *ekonomik* yaşamımızın ayrı bir dikkatle üzerinde durmak yerinde olacaktır. Ekonomik yaşamımız, ihmalin düşmanca bir davranış sayıldığına inanmak istemez pek. Çünkü böyle bir yaşamda insanoğluna gösterilmesini o kadar arzu edilmeye değer bulduğumuz saygı, genellikle hiç dikkate alınmaz. Ekonomik yaşamımızda bir sürü önlem ve girişim vardır ki, ilgili davranışlara başvuran kimsenin nasıl başkalarına hep zarar verdiğini açık seçik gözler önüne serer. Genellikle bu davranışlar için, kasıtlı nitelik taşısalar ve kötü bir niyeti içerseler bile, yasalarda herhangi bir ceza öngörülmemiştir. Ne var ki, ortada en az ihmalde görüldüğü gibi toplumsallık duygusunun yetersizliği söz konusu olduğundan toplumsal yaşamımız çekilmez bir durum almakta, çünkü aslında iyi niyetli kimseler bile böyle bir ortamda kötü niyetlilerden elden geldiğince kendilerini korumaktan başka çıkar yol kalmadığına inanmaktadır. Ancak şurası unutulmaktadır ki, insanın şahsını koruma girişimi her zaman bir başkasının bundan zarar görmesine yol açmaktadır. Özellikle yaşadığımız son yıllar, bu tür olaylarla ve bunların doğurduğu sorunlarla bizi sık sık yüz yüze getirmiştir. Söz konusu olaylar üzerinde dikkatle durmak yarar sağlayacak, böylesi durumlarda içindeki toplumsallık duygusuyla doğal sayıp yerinde bulduğu zorunlu eylemleri gerçekleştirmenin birey için ne denli güçlük doğuracağını bize gösterecektir. Burada da bireyin toplum esenliğine katkıda bulunma ödevini, günümüzde olduğu gibi zorlaştırmayıp, tersine kolaylaştırmak gerekmektedir. Bazen bu, tamamen kendiliğinden gerçekleşir; çünkü toplumsal ruh her zaman iş başındadır ve elden geldiğince savunur kendini. Ne var ki, psikoloji de ilgili olayları gözden uzak tutmamak ve bunu salt ekonomik ilişkileri değil, söz konusu ilişkilerde rol oynayan ruhsal mekanizmayı da anlamak ve bireyden ya da toplumdan neler beklenebileceğini saptamak için yapmak zorundadır.

İhmal, gerek aile içinde, gerek okulda ve gerekse yaşamda pek yaygındır. Tüm yaşam biçimlerimizde onu her zaman karşımızda buluruz. İnsan soydaşlarını zerrece umursamayan bir tipin sık sık bir yerde ön plana çıktığı görülür. Elbette cezasız kalmaz böyle bir davranış; ayrıca kimsenin gözünün yaşına bakmayan bir insanın tutumu çoğu zaman öyle bir noktaya gelip dayanır ki, bu kendisi için de sevindirici bir şey olmaz. Kimi kez uzun sürer bu –Tanrı'nın değirmenleri yavaş öğütür diye bir söz vardır– üzerinden öylesine uzun zaman geçer ki, söz konusu kişi aradaki ilişkiyi kavrayamaz çünkü bu ilişkinin farkında değildir, denetleyip izleyemez onu, bu yüzden de anlamaz. Sözde hak edilmemiş bir yazgıdan ötürü saygısız kişilerin yakınmalarının nedeni, çokluk saygısızlıklarına o zamana kadar katlanmış kimselerin bir süre sonra iyi niyetli çabalarına son verip onlara sırt çevirmeleridir.

İhmalci davranışlar kimi zaman haklı bir nedenden kaynaklanır gibi görünse de, daha yakından bakıldığında başkalarına karşı çok büyük bir düşmanlıkla dolup taştıkları anlaşılır. Çok hızlı gidip de, yolda birini ezen bir sürücünün, bir randevuya yetişmesi gerektiğini söyleyerek kendisini savunmak istemesi buna bir örnektir. Böylesi davranışların bize gösterdiği tek şey, kendi kişisel küçük çıkarlarını başkalarının acı ve sevinçlerinin çok üstünde tutan, dolayısıyla davranışlarında başkaları için doğacak tehlikeleri bir türlü göremeyen insanların varlığıdır. Kendi çıkarlarıyla toplum esenliği arasındaki karşıtlığın büyüklüğüne bakılarak, ilgili kimselerdeki düşmanlık duygusunun boyutları konusunda bir fikre varabiliriz.

11.
SALDIRGAN OLMAYAN TİPİN KARAKTER ÖZELLİKLERİ

Bu gruba giren karakter özelliklerinde insanın soydaşlarına karşı yönelttiği düşmanca saldırı (agresyon), açık seçik görülebilen düz bir çizgi üzerinde devinmeyip, dışarıdan bakan birinde *düşmanca bir soyutlanmışlık* izlenimi uyandırır. *Sanki* bütün düşmanlık ırmağı bir dirsek yapmış, dolambaçlı bir yol izlemeye koyulmuştur. Böylelerini kimseye kötülüğü dokunmayan ama kendisini yaşam ve insanlardan soyutlayan, insanlarla hiçbir ilişki kurmaya yanaşmayan, yalnızlığı içinde başkalarıyla her türlü işbirliğinden kaçan biri olarak tanımlayabiliriz. Ne var ki, insanlığı bekleyen ödevler büyük bölümüyle bir işbirliğine gidilerek çözümlenebilir; topluma açıkça ve dolaysız saldıran, ona zarar verip varlığını sürdürebilmesi için gereksindiği olanaklardan onu yoksun bırakan biri gibi, kendini toplumdan soyutlayan kimsede de insanlara karşı bir düşmanlık duygusunun yaşandığından kuşku duyabiliriz. Burada inceleme konusu yapılabilecek alabildiğine geniş bir alan karşısında buluruz kendimizi; ancak, biz dikkati çeken birkaç karakter özelliğini ele almakla yetineceğiz. Gözden geçireceğimiz ilk özellik ise soyutlanmışlıktır.

Soyutlanmışlık

Soyutlanmışlığın çeşitli türleri vardır. Kendilerini toplumdan soyutlayan insanlar az konuşur ya da hiç ağızlarını açmaz, bir kimsenin yüzüne bakmayarak, karşılarındakini ya dinlemez ya da söylediklerine pek dikkat etmezler. En yalınları da içinde olmak üzere tüm ilişkilerinde insanları birbirinden koparıp ayıran bir soğukluk görülür. Ellerini uzatıp biriyle tokalaşmalarında, bir şey söylerken seslerinin tonunda, bir kimseye selam veriş ya da verilen bir selamı alışlarında böyle bir soğukluk sezilir. Kendileriyle başkaları arasına bir *uzaklık* koymaya çalışmakla dikkati çekerler. Bütün bu soyutlanmış belirtilerinde yine o çok iyi bildiğimiz hırs ve kendini beğenmişlik özelliği açığa vurur kendini; ancak, şimdi değişik bir kılığa bürünmüştür. İlgili özelliği kendisinde barındıran kişi başkalarından ayrı görünmek amacını güder, başkalarına benzemediğini, onlardan kendini soyutlayarak ortaya koymak ister. Ne var ki, böyle bir yoldan söz konusu kişilerin en fazla ele geçireceği şey, hayal güçlerinin bir oyunu sonucu gerçeklik taşımayan bir yücelik duygusudur yalnızca. Savaşçıl düşmanlık özelliğinin bireyde dıştan bakınca nasıl masum denilebilecek bir davranışa dönüştüğü buradan görülmektedir. Kendini soyutlamalara yalnızca bireylerde değil, topluluklarda da rastlayabiliriz. Kuşkusuz herkesin tanıdığı birçok aile vardır ki, belirleyici özellikleri başkalarına kapılarını kapamak ve kimseyle görüşüp konuşmamaktır. Daha bir dikkatle incelendi mi, bütün bu ailelerin başkalarına karşı içlerinde bir düşmanlık duygusu beslediği ve başkalarından daha üstün, daha mükemmel insanlar olduklarına inandıkları görülecektir. Kendini soyutlama eğilimi, ayrıca toplumun çeşitli sınıflarını, çeşitli dinleri, ırkları ve ulusları kapsamına alabilir. Yabancı bir kentte örneğin kentin gezi yerlerine, hatta bazen konutların yapım tarzına bakarak toplumun çeşitli kesimlerinin nasıl birbirinden ayrıldığını görmek, bize bu konuda çoğu zaman son derece aydınlatıcı bir fikir verebilir. İnsanların bu şekilde kendilerini soyutlaması, çeşitli uluslara, çeşitli din, mezhep ve sınıflara ayrılma eğilim ve ayartısına karşı duramayışı, uygarlığımızda henüz kökü derinlerde saklı bir yara olarak varlığını sürdürmektedir. Böyle bir kendini soyutlamanın sağladığı tek şey insanların birbiriyle savaşmasıdır ki, bu da bir süre sonra dağılıp çözülerek bir hiçe, modası geçmiş ve gücünü yitirmiş bir geleneğe dönüşür. Çoğunlukla görüldüğü gibi, bu yoldan bazı kimseler latent [gizli] karşıtlıklardan yararlanarak ilgili tarafları kışkırtıp birbiri üzerine salmak, böylelikle başkalarını daha kolay buyruk ve egemenlikleri altına almak, kendini beğenmişlik duygularına doyum sağlamak isterler. Başkalarına düşman gözüyle bakan sınıf ya da ulusların her zaman kendilerine mükemmel bir gözle bakarak ruhlarının seçkinliğini övgü konusu yaptıklarını ve başkaları hakkında kötü şeylerden başka söyleyecek söz bulamadıklarını görürüz. Genellikle insanların yalnızca bazı liderlerin söylediklerine kulak vermesi, bunların ise kendi düşmanca tutumları nedeniyle ve kendi çıkarlarını düşünerek başkalarındaki düşmanlık duygularını körükleyip büyütmeye çalışması, düşmanlık duygularının toplumda güçlenmesi tehlikesini yaratır. Ne var ki, Dünya Savaşı kopup da tatsız birtakım sonuçlara yol açtı mı, kimse sorumluluğu almaz üzerine. Başkalarına düşmanlık duygusu besleyenler kendi güvensizlikleri nedeniyle üstünlük ve bağımsızlık peşinde koşar, kendileri dışındakilerin çıkarlarını çiğneyerek amaçlarını gerçekleştirmeye çalışırlar.

Böyle bir bireyin yazgısıyla tüm dünyası kendini soyutlamada saklı yatar. Bu gibi kimselerin ilerlemeye ve uygarlığın ileri adımlarını desteklemeye elverişli bir yanları yoktur.

Korku

İnsanın çevresine karşı takındığı düşmanca tutumda sıklıkla korkaklık özelliğinin rol oynadığını görürüz; bu özellik, ilgili kişinin karakterine ayrı bir kimlik kazandırır. Korkaklık, çocukluğun ilk günlerinden, çoğunlukla ileri yaşlara kadar insanın yakasını bırakmayan, hayatı akıl almaz ölçüde zehir eden, başkalarıyla ilişki kurmasını, dolayısıyla huzur içinde bir yaşamın ve verimli çalışmaların gerektirdiği temeli ele geçirmesini geniş ölçüde aksatan son derece yaygın bir belirtidir. Çünkü korku, yaşamın tüm ilişkilerine uzatabilir elini. Bir kimse ya dış dünyadan ya da kendi iç dünyasından korkar. Korkusundan ötürü toplumdan kaçacağı gibi, aynı şekilde yalnızlıktan da korkabilir. Korkak insanlar yine o bildiğimiz gruba girer, yani başkalarından çok kendilerini düşünen, dolayısıyla insan soydaşlarına karşı içlerinde hiçbir yakınlık duymayan kimselerdir tümü. Bir kez yaşamın güçlüklerinden soluğu kaçmakta almak gibi bir tutumu benimsediler mi, korkunun da gelip katılmasıyla bu tutum alabildiğine derinlik ve güçlülük kazanır. Gerçekten öyle kimseler vardır ki, herhangi bir eylemde bulunmak isteseler, diyelim evden sokağa çıksalar, kendilerine eşlik eden birinden ayrılsalar, bir göreve atansalar ya da bir aşk serüveni kendilerine uzaktan göz kırpsa, içlerinde uyanacak ilk duygu korkudur. Yaşamla ve insan soydaşlarıyla ilişkileri o denli güçsüzdür ki, alışageldikleri durumda baş gösterecek bir değişiklik içlerine hemen korku salar.

Dolayısıyla, kişiliklerinin ve çalışma güçlerinin gelişimi engellenir. Kuşkusuz o saat korkudan titremeye başlayıp tabanları kaldırmalarına yol açacak bir korku değildir bu. Ne var ki, duyacakları korku, adımlarını yavaşlatır, korkmalarını haklı gösterecek çeşitli neden ve bahaneler bulup öne sürerler. Korkakça davranışlarının yaşamlarında ortaya çıkan yeni bir durumdan kaynaklandığını fark etmezler.

Yukarıda anlatılan tabloyu adeta pekiştirip doğrulayan ilginç bir nokta da, bu gibi kimselerin sık sık geçmişi ve ölümü düşünmekten hoşlanmalarıdır, ki her iki konuda da düşünmek aynı sonuca çıkar. Geçmişi düşünmek, korkak kişilerin belirli durumlarla karşılaşmaktan kendilerini kurtarmak için izlediği dikkati çekmeyen, dolayısıyla pek yeğlenen bir yoldur. Her türlü eylemden kendilerini uzak tutmak için bahane arayan bu gibi kimselerde çoğunlukla ölüm ve hastalık korkusuna rastlanır. Bazen söz konusu kişiler, her şeyin boş ve yaşamın pek kısa olduğunu belirtir ya da ileride insanın nelerle karşılaşacağının bilinemeyeceğini söylerler. İnsanın gerçek amacını öbür dünyada araması gerektiğini, bu dünyadaki yaşamın son derece verimsiz bir çabadan, gelişim sürecinin önemsenmeyecek bir evresinden başka bir şey sayılamayacağını ileri süren ve insanı *öbür dünya düşüncesiyle avutmaya çalışan* dinlerde de aynı durumu saptarız. Hırs ve açgözlülükleri bir sınavdan geçmelerine izin vermeyerek birinci tiptekileri eylem ve girişimlerden alıkoyarken, ikinci tiptekilerde bu neden, ulaşmaya çalıştıkları Tanrı'dır. Başkaları üzerinde ele geçirmeye uğraştıkları aynı üstünlük ve onları bir yaşam yeteneksizliğiyle donatan aynı hırstır.

En ilk ve ilkel biçimiyle korkuya çocuklarda rastlarız; kimi çocuklar ne zaman yalnız bırakılsa, her seferinde korku belirtileri gösterir. Ne var ki, yanına gidilmesi ve yalnızlığından kurtarılmasıyla çocuğun içindeki özlem, doyuma kavuşmaz; çocuk, bir başkasının yanında olmasından bu kez başka amaçlar için yararlanır. Diyelim annesi onu tekrar yalnız bırakıp gitti, açık seçik korku belirtileri sergileyerek yine annesini çağırır; bu davranışı, annesinin yanında bulunması ya da bulunmamasıyla durumda hiçbir şeyin değişmediğini gösterir; çocuğun asıl istediği, annesini emir kulu gibi kullanıp onu baskı altında tutmaktır. Bu da, genellikle çocuğun takınacağı tutumu bağımsızlık yolunda aramasına fırsat verilmediğini, hatalı bir eğitim sonucu başka kişilere sığınmaya, başka kişilerin yardımlarını aramaya alıştırıldığını ortaya koyar.

Çocuğun korkusunu ne şekilde açığa vurduğu genellikle bilinmektedir. Geceleri karanlıkta bırakılarak, dış dünyayla ya da yanında görmek istediği kişilerle ilişkisi zorlaştırıldığı zaman, ortaya çıkacak korkunun dışavurumları özellikle belirgindir. Böyle bir durumda çocuğun attığı çığlıklar, gecenin koparıp parçaladığı ilişkinin adeta yeniden kurulmasını sağlar. Çığlıklar üzerine evdekilerden biri kalkıp yanına geldi diyelim, yukarıda sözü edilen sahne normal olarak yeniden tekrarlanır. Çocuk daha değişik istekler öne sürer bu kez, ışığın yakılıp yanında kalınmasını ve kendisiyle oyunlar oynanmasını vb. arzular. İstekleri yerine getirildi mi, az önceki korkusundan eser kalmaz. Ne var ki, egemen durumu biraz tehlikeye girsin, korku yeniden baş gösterir ve çocuk sarsılan egemenliğini yeniden pekiştirip sağlamlaştırmaya bakar.

Erişkinlerin yaşamında da bu belirtilere rastlarız. Örneğin bazı insanlar, yalnız başlarına evden dışarı adım atmaya yanaşmaz. Sık sık sokakta da rastlarız böylelerine; korkuyla büzülerek çevrelerine bakınır, yerlerinden kımıldamak istemez ya da azılı bir düşmandan kaçar gibi yolda koşar adım yürürler. Hatta bazen oradan geçen birine kendilerini yolun karşısına geçirmelerini rica ettikleri görülür. Güçsüz ve hasta kimseler değillerdir, normalde pek iyi yürüyebilirler, sağlık durumları çoğu kimseninkinden daha iyi bir düzeydedir; ne var ki, ufak bir güçlükle karşılaştılar mı hemen paniğe kapılırlar. Bazen iş o kadar kötüye varır ki, adımlarını evden dışarı atar atmaz yüreklerine bir güvensizlik ve korku düşer. Bu açık alan korkusunun nedeni, söz konusu kimselerin düşmanca bir kovalamacanın hedefini oluşturdukları gibi bir duyguyu sürekli içlerinde taşımalarıdır. Kendilerine sorarsanız, onları başkalarından düpedüz ayıran bir şey vardır. Bazen bu nesne tuhaf düşüncelerle açığa vurur kendini. Örneğin böyleleri her an düşebileceklerine inanır; bu da, bize kendilerini çok yüksekte dikiliyor hissettiklerini gösterir. Demek oluyor ki, korkudan kaynaklanan hastalık belirtilerinde ve korkunun normal biçimlerinde yine kişinin güçlülük ve üstünlük amacı etkinliğini sürdürmekte, ilgili amaçla yaşamları baskı altına alınan kimselerin giderek hazin bir akıbete doğru yaklaştığı görülmektedir. Çünkü birçok kimsede korkuya yol açan neden, o kimsenin yanında bulunup kendisiyle ilgilenecek bir kişiye gereksinim duymasıdır. İş ileri bir noktaya varıp böyle biri odasından dışarı adım atamaz duruma geldi mi, *herkesten* duyduğu korkunun buyruğuna girmesini ister. Kendisi kimseye gitmez ve kimseyi ziyaret etmezken, kendisine gelmeleri gerektiğini zorla benimsetmeye çalışır başkalarına; böylelikle kendini, başkalarını egemenliği altında tutan bir kral gibi hisseder.

Söz konusu korkudan kurtulmanın tek yolu varsa, o da bireyi topluma bağlayacak bir bağın varlığıdır. Ancak kendilerinin başkalarından ayrı sayılamayacağının bilincinde olanlardır ki, yaşam yolunda korkusuzca yürüyebilir.

Buna ilginç bir örnek, 1918 yılının hareketli günlerinde geçmiş bir olaydır. Bir dizi hastam, bana artık muayenehaneme gelmelerinin olanaksız olduğunu açıklamıştı ansızın. Nedenini sorduğumda, her biri aşağı yukarı şu yanıtı vermişti: "Ortalık o kadar karışık ki, yolda nasıl biriyle karşılaşacağımı kim bilebilir. Üzerine biraz eli yüzü düzgün bir giysi geçirmeye görsün, kolaycacık başı derde girebilir insanın..."

O günlerde, insanlardaki hoşnutsuzluk, kuşkusuz büyüktü. Ne var ki, özellikle *bazı* kimselerin durumdan ilgili sonuçları çıkarması dikkat çekicidir. Niçin başkalarının değil de, söz konusu kimselerin kafalarında böyle bir düşünce uyanmıştır? Bu bir rastlandı değildir ve nedeni de, sözü edilen kimselerin başkalarıyla pek ilişkilerinin bulunmayışı, dolayısıyla kendilerini pek güvende görmeyişleridir. Oysa toplumdan pek uzak düşmemiş kişiler böyle bir korkuyu hissetmemiş, eskisi gibi işlerinin güçlerinin peşinde koşup durmuşlardır.

Korkunun daha az önemsenecek gibi olmasa bile, daha masum bir türü de *çekingenliktir* ve korku konusunda söylediklerimizi çekingenlik için de yineleyebiliriz. Kendilerini saran ilişkiler örgüsü ne kadar yalın bir nitelik taşırsa taşısın, çekingen çocuklar başkalarıyla ilişki kurmaktan kaçınır hep ya da bir fırsatını bulup kurulmuş ilişkileri koparıp atarlar; içlerindeki yetersizlik inancı ve başkalarına benzemedikleri duygusu, çevreleriyle ilişki kurmada kendilerini bir isteksizlikle donatır.

Ürkeklik

Bu karakter özelliğini taşıyanlar, yapmaları gereken bir ödeve pek çetin gözüyle bakan ve onun üstesinden gelebilmek için gereken gücü kendilerinde bulamayan kişilerdir. İlgili özellik, genellikle ileri doğrultuda, ağır devinimler kılığında açığa vurur kendini; öyle ki, kişiyle onun karşı karşıya bulunduğu yaşamsal sorun arasındaki uzaklık, ancak ağır bir tempoyla azalma gösterir, hatta değişmeden kalır bazen. Ürkek insanlar, herhangi bir yaşamsal sorunun çözümü üzerine eğilmeleri beklenirken, ansızın bambaşka bir yerde soluğu alır, örneğin seçmeyi düşündükleri bir meslek için aslında hiç de elverişli sayılamayacakları kararına varırlar. Söz konusu meslekte kendileri için akla gelmedik olumsuzluklar keşfeder, bu amaçla mantıklarını alabildiğine zorlar, sonunda ilgili mesleği benimsenmesi olanaksız duruma sokarlar. Demek oluyor ki, ürkekliğin dışavurum biçimleri devinimlerin temposundaki yavaşlama dışında, bir ödevin yerine getirilmeyişinin sorumluluğunu başkalarının üzerine yıkma amacı güden önlem ve hazırlıklardır.

Bireysel psikoloji, bu son derece yaygın durumla ilgili sorunlar kompleksini, *araya uzaklık koyma sorunu* diye nitelemiştir. Bireysel psikolojinin bu konuda saptadığı perspektiften bakarak, bir insanın takındığı tutum konusunda şaşmaz bir yargıya varabilir, yaşamın üç büyük sorununun çözümüyle kişi arasındaki uzaklığı ölçebiliriz. Söz konusu olan, toplumsal ödevlerin çözümü, ben'in sen'le ilişkisi, kişinin kendisiyle başkaları arasındaki bağı yaklaşık doğru sayılacak gibi kurup kurmadığı ya da böyle bir bağın kurulmasını engelleyip engellemediğidir. İlk yaşamsal sorun meslek sorunu, ikincisi cinsel sorun, yani sevgi ve evlilik sorunudur. Attığı yanlış adımın büyüklüğünden, bu üç sorunun çözümüyle arasına koyduğu uzaklıktan yola koyularak, bir insanın kişiliğiyle ilgili bazı sonuçlara varabilir, dolayısıyla insanı tanıma sanatına da bazı şeyler kazandırabiliriz.

İlgili durumların temel özelliği, genellikle insanın kendisiyle üstesinden gelmesi gereken ödevler arasına az ya da çok bir mesafe koymasıdır. Daha yakından irdelediğimizde olayın, bu olumsuzluk dışında olumlu bir yönü de içerdiğini görür, yalnızca olumlu yön nedeniyle söz konusu tutumun yeğlendiğini düşünebiliriz. Çünkü bir ödeve hiç hazırlıksız el atıldı mı, başarısızlık durumunda hafifletici birtakım nedenler ele geçirilir, özgüven ve kendini beğenmişlik duygusu da bundan hiç zarar görmez. İlgili kişiler için durum çok daha güven vericidir; altlarında bir ağın gerilmiş hazırda bekletildiğini bilen ip cambazları gibi çalışır böyleleri. Düştüler mi, bu yumuşak bir düşüş olur, ödeve hazırlıksız el atılıp başarılamadığında kişilik duyguları tehlikeye girmez, çünkü çeşitli nedenler dolayısıyla elden pek fazla bir şey gelmediği söylenebilir kendi kendine, söz konusu ödevin çözümü için zaten vaktin geçtiği ya da işe yeterince erken başlanamadığı gibi bahanelere başvurularak, normal koşullarda işin parlak bir şekilde sonuçlandırılabileceği ileri sürülebilir; yani başarısızlığın nedeni kişilik yapısındaki bir yetersizlik değil, fazla önem taşımayan bir durumdur. Öyle bir durum ki, sorumluluğunu ilgili kişinin üstlenmesi düşünülemez. Ama diyelim ki el atılan iş her şeye karşın başarıldı, o zaman başarının değeri daha da büyür. Çünkü hamaratça üzerine eğilindi mi, şu ya da bu ödevin başarıyla çözümlenmesine kimse olağanüstü bir şey gözüyle bakamaz, pek doğal bir sonuç sayar bunu. Gelgelelim, bir kimse geç işe sarılır, fazla bir çalışma yapmaz ya da hiç hazırlıksız işe koyulur ama yine de ödevin üstesinden gelirse, ki düşünülmeyecek bir şey değildir bu, o zaman tamamen değişik bir durum ortaya çıkar. Böyle bir kimse adeta iki kat kahraman pozu takınır, çünkü başkalarının iki elle göreceği işi sözde o tek elle yapıp çıkarmıştır.

İşte dolambaçlı yollar izlemenin bazı kişilere sağlayacağı avantajlardır bunlar. Böyle bir tutum, insanın gerek hırs ve açgözlülüğünü, gerekse kendini beğenmişliğini ele verir, hiç değilse kendi kendine gösteriş yapmak isteyen biri sayılacağını ortaya koyar. İlgili kişiler çalım satmak, başkalarında rastlanmayan özel birtakım güçlere sahip olduklarını çevreye göstermek için böyle bir davranışa başvururlar.

Buradan kalkarak, önlerindeki çözüm bekleyen sorunlara hemen el atmak istemeyen, kendi kendilerine engelleyici birtakım güçlükler çıkaran ve sorunların yanına sokulmayı hiç düşünmeyen ya da bunu duraksayarak yapan insanları daha iyi anlayabiliriz. Sorunların çevresinde izlenen dolambaçlı yolda da tembellik, umursamazlık ve meslek değiştirme gibi yaşamın birtakım özellikleri yer alır. Kimi insanlar vardır, söz konusu tavrı dışarıdan bakınca duruş ve oturuşlarında da sergilerler; bazen öylesine esnek bir yürüyüşleri vardır ki, her fırsatta bir yılan gibi kıvrılır, eğilip bükülürler. Kuşkusuz bir rastlantı değildir bu; ihtiyatla söylemek gerekirse, hemen hepsi de çözmeleri gereken önemli sorunların semtine uğramak istemeyen kişilerdir.

Hayattan aldığımız bir örnekle şimdi bunu daha açık seçik göstermeye çalışalım. Vereceğimiz örnek, halinde büyük bir bezginlik okunan, yaşamaktan bıkmış, kafasından intihar düşünceleri geçiren bir adamla ilgilidir. Adam bundan böyle hiçbir şeye sevinemez duruma gelmişti, bütün hal ve tavrı hayat denilen şeyle çoktan alıp vereceği kalmamış biri sayılacağını açığa vurmaktaydı. Kendisiyle yapılan bir konuşmadan anladığımıza göre, üç erkek kardeşten büyüğüydü; hayatta müthiş atılımlar sonucu yükselip hayli üstün bir düzeye erişmiş açgözlü bir babanın oğluydu. Babasının gözbebeğiydi adeta; günün birinde kendisinin de babası gibi aynı yolu izlemesi planlanmıştı. Küçük yaştayken annesi ölen hastamızın üvey annesiyle arası iyiydi; belki de bunun nedeni, babasının hastamıza büyük ölçüde arka çıkmasıydı.

Ailenin ilk çocuğu olan hastamız, güç ve şiddete tapan biriydi, her haliyle despotça bir izlenim uyandırıyordu. Okulda kısa bir süre sınıfın başına geçmiş, okulu bitirince babasının mağazasını yönetmeye koyulmuştu. Yanında çalışanlara karşı sadaka dağıtan bir koruyucu gibi davranıyor, ağzından nazik sözleri hiç eksik etmiyordu; mağazadaki işçilerin durumu doğrusu kötü sayılmazdı; onlara en yüksek ücreti ödüyor, kendisinden bir şey rica eden kimseyi eli boş döndürmüyordu.

Gelgelelim, 1918 devriminden sonra halinde bir değişiklik baş göstermişti. Yanında çalışan adamlardan sürekli yakınıyor, onların uygunsuz davranışlarına ne kadar içerlediğini durmadan açığa vuruyordu. Sözde, işçiler daha önce rica ederek kendisinden aldıklarını, şimdi bir hak gibi ondan istemekteydi. Hastamızın durumdan duyduğu öfke öylesine geniş boyutlara ulaşmıştı ki, mağazayı kapamayı bile düşünmeye başlamıştı.

Buradan anlaşıldığına göre, hastamız üstlendiği ödev açısından amaca varmasına ramak kalmışken gerisin geri çark etmişti. Normalde iyi yürekli bir patrondu. Gelgelelim, güçlülük durumunda bir tehlikeyle karşılaşır karşılaşmaz, benden paso demiş, dünya görüşünün yalnızca fabrikanın yönetimi değil, en başta kendisi açısından sakıncalı nitelik taşıdığı, gün ışığına çıkmıştı. Başkalarına söz geçiren biri sayılacağını göstermek gibi bir hırs taşımasaydı, kendisini rahatsız edecek bir durum söz konusu olmazdı. Ama isteği, kişisel gücünü sergileyebilmek. Koşulların gelişimi ise bunu güçleştirmiş, dolayısıyla mesleğinden haz duymamaya başlamıştı. Mağazayı kapatıp bir kenara çekilmeyi düşünmesi, yanında çalışan adamların uygunsuz isteklerine karşı bir saldırı, bir suçlama anlamını taşıyordu.

Demek oluyor ki, kendini beğenmişliğiyle ancak belirli bir noktaya kadar ulaşabilmişti. Ansızın ortaya çıkan yeni durumdaki terslik, en başta onu hedef alıyordu. Bundan böyle, o zamana kadarki ilkelerine bağlı kalamayacağı anlaşılmıştı. Ne var ki, tek yönlü bir gelişimi geride bırakmış, dolayısıyla artık yönünü değiştirip bir başka ilkeyi benimseme olanağını yitirmişti. Güçlülük ve üstünlüğü kendisine amaç bellediği, dolayısıyla kendini beğenmişlik özelliğine aşırı önem ve ağırlık kazandırdığı için, gelişebilme yeteneğinden yoksun kalmıştı.

Hastamızın yaşamının kalan bölümüne şöyle bir göz attık mı, toplumsal ilişkilerinin pek yeterli sayılamayacağını anlarız. Böyle bir tutum izleyen kimsenin, yalnızca kendi üstünlüğünü benimseyen, her istediğini yapan kimseleri çevresinde toplayabileceği açıktır. Beri yandan, hastamızın sert bir eleştirmen sayılacağını da belirtmeliyiz. Zekâdan yana bir eksiği bulunmadığından, fırsat düştükçe ona buna karşı aşağılayıcı nitelikte pek isabetli eleştiriler yöneltmekten geri kalmamıştı. Bu davranışı da eşini dostunu kendisinden uzaklaştırmış, uzun zaman gerçek bir dosttan uzak yaşamış, başkalarıyla ilişkilerindeki boşluğu her türlüsünden eğlencelerle kapatmaya çalışmıştı.

Ama hastamız, gerçek başarısızlığa aşk ve evlilik sorununda uğramıştı. Bu konuda daha çok önceden kendisini bekleyen yazgı, nihayet gelip onu bulmuştu. Alabildiğine derin arkadaşça bir ilişki oluşturduğundan sevginin en az katlanabileceği bir şey varsa, iki taraftan birinin egemenlik tutkusudur. Gelgelelim, hastamız evlilik yaşamında da egemenliği elinde bulundurmak istemiş, evleneceği kadını seçerken ister istemez bu noktayı göz önünde tutmuştu. Egemenlik ve üstünlük hırsıyla dolu tipler, sevdikleri kişiyi güçsüz olmayan, ele geçirilmesi kendilerine bir zafer gibi görünecek kimseler arasından seçerler. Böylelikle aynı mizaçta iki kişi bir araya gelir; bunların bir arada yaşaması, alabildiğine şiddetli kavga ve didişmelerden oluşan sonu gelmez bir zincir gibidir. Bizim hastamızın da kendine eş olarak seçtiği kadın böyle biriydi, hatta hastamızdan daha çok egemenlik hırsıyla doluydu. İki taraf da egemen bir konumu ele geçirmek için ister istemez alabildiğine değişik çare ve yollara başvurmuştu. Bunun sonucu olarak günden güne birbirlerinden uzaklaşmış, ne var ki birbirlerinden tümüyle de ayrılamamışlardı. Bunun nedeni de, bu tür insanların dönüp dolaşıp zaferi kazanacakları umuduna kapılması, dolayısıyla savaş alanını kolay kolay terk edememesiydi.

Hastamız, ayrıca söz konusu dönemle ilgili bir düşünü anlatmıştı bize. Düşünde bir kızla konuşuyordu; kız bir hizmetçiye benziyor, mağazasında çalışan muhasebeci kıza dikkati çekecek ölçüde benzerlik gösteriyordu. Hastamız konuşmasının bir yerinde (düşünde) şöyle demişti: "Ben prens soyundan geliyorum."

Bu düşün hastamızın kafasındaki hangi düşünceleri yansıttığını anlamak güç değildir. Bir kez, insanlara nasıl tepeden bakan biri olduğunu ele vermektedir düş. Herkes hastamızın gözüne bir hizmetçi gibi görünmektedir; herkes son derece kültürsüz ve değersizdir. Özellikle karşıdaki kişi bir kadın ise. Söz konusu dönemde hastamızın karısıyla bir savaşım içinde bulunduğunu anımsarsak, düşteki hizmetçi görüntüsünün ardında karısının saklı yattığını düşünmek pek yersiz sayılmaz.

Hastamız, eşi görülmedik bir kibirle çok yüksekteki bir amacı gözüne kestirdiği için, kimse onu anlamaz, kendisi ise herkesten az bu işin üstesinden gelir. Kurum ve çalımına paralel olarak, başkalarından giderek uzaklaşır. Kasılarak, haklı hiçbir temele dayanmayan bir yücelik iddiasında bulunur ama başkalarında değerli bir yan görmeye yanaşmaz. Bu öyle bir hayat felsefesi ve öyle bir tutumdur ki, ne dostluğa, ne sevgiye yer bırakır.

Bu gibi sapa davranışları haklı göstermek için ileri sürülen kanıtlar pek karakteristiktir. Çoğu kez insana pek doğru ve doğal gelen nedenlerdir hepsi; ama ortadaki durumdan değil, bir başka yerden alınıp getirilir, yaşanılan duruma uygun düşmezler. Örneğin toplum arasına karışma gereğini hisseden biri diyelim ki bir meyhanenin müdavimleri arasına karışır, burada içki içer, iskambil oynar ve benzeri şeylerle oyalanarak vakit öldürür, böylelikle dost ve tanıdıklar edineceğine inanır. Gece geç vakit eve döner meyhaneden, dolayısıyla sabahleyin uykusunu alamaz, bunu da haklı göstermek için şöyle der: "İnsan arasına çıkmak gerek..." Bu arada ödevlerini savsaklamasa, yine neyse... Ama toplum arasına karışacağım diyerek beklenenden bambaşka bir yerde soluğu alırsa, davranışı için ne kadar doğru nedenler ileri sürerse sürsün, kuşkusuz haksız durumdadır. Bir başkası ise, özellikle bir meslek seçimi öncesinde bulunan gençlerde görüldüğü gibi, ansızın politikayla uğraşma hevesini duyar. Kuşkusuz, politika küçümsenecek bir uğraş değildir. Ancak, bir kimsenin gerek kendisini, gerek başkalarını aptal yerine koymasının, kendisine bir meslek seçecek ya da seçtiği mesleğe hazırlanacakken, politikadan başka bir şeyle uğraşmamasının savunulacak yanı yoktur.

Bu son vakada açıkça görüyoruz ki, bizi doğru yoldan saptıran, nesnel deneyimlerimiz değil, nesneler konusundaki *kişisel görüşümüz*, olayları teraziye vuruş ve değerlendiriş tarzımızdır. Bu bakımdan içine düşülen yanılgı ve yanılgı olasılıkları sayılamayacak kadar çoktur, başı sonu görülemeyen bir zincir gibi uzayıp gider. Böyle kimselerin ileri süreceği kanıtlar üzerinde durup, yaşam planlarını inceleyerek ilgili yanılgıları ele geçirmeye çalışmak ve bunların nasıl ortadan kaldırılacağını söz konusu kişilere öğretmek zorundayız. Dolayısıyla, eğitimin bir karakteristik özelliği daha belirlenmiş olmaktadır. Eğitmek, hataların önünü kesmek demektir. Ama bunun için, hataların ön ayak olduğu kusurlu gelişimin bir insan için nasıl trajediye dönüşebileceğini gösteren ilişki ve durumları tanımak gerekir. Nemesis'ten, yani bir intikam Tanrıçasından söz açmakla bu ilişkileri çok önceden tanımış, en azından sezmiş eski ulusların bilgeliğinden hayranlığımızı ve takdir duygumuzu esirgeyemeyiz. Toplumun yararına uygun davranmayarak kendi güçlülük kültü doğrultusunda bir yol izleyen, soydaşlarının çıkarlarını bir kenara iterek ve yenilgiyle karşılaşmaktan sürekli korkup titreyerek dolambaçlı yollardan amacına varmaya çalışan bir insanın başına gelecek kötülüklerin nasıl doğal sonuçlar sayılacağını, böyle bir kusurlu gelişim bize göstermektedir. Söz konusu kişilerde sıklıkla *nevrotik belirtilere de* rastlarız. Bunların özel bir amaç ve özel bir anlamları vardır, en başta insanı herhangi bir eylemden alıkoymayı hedef alırlar; çünkü ilgili kişiler kendi deneyimlerinden bilir ki, bu uçurumun hemen kenarını izleyen yolda attıkları her adım olağanüstü tehlikeleri içerecektir.

Toplumda kaçaklara yer yoktur. Toplum kişide belirli bir uysallık ve uyum yeteneği arar, ondan aktif bir rol oynamasını ve başkalarına yardım eli uzatmasını ister, onun diğer insanlardan üstün olmak için başa geçmesini hoş karşılamaz. Bunun ne kadar doğru sayılacağını çoğu kişi kendi deneyimlerinden ya da çevresindekilerin durumundan bilir. Kuşkusuz toplumdan kaçan biri onu bunu ziyaret eder, herkese nazik davranır, başkalarını rahatsız etmek istemez. Ne var ki, içinde başkalarına karşı bir türlü sıcaklık duyamaz. Çünkü güçlülük eğilim ve çabası onu bundan alıkoyar; beri yandan, başkalarından da aynı şekilde içtenlikli bir davranış göremez. Çoğu zaman masada sessiz oturur, hiç de neşeli bir insan hali yoktur üzerinde, topluluğa yapıcı hiçbir katkıda bulunamaz. Büyük topluluklarda konuşmaktan çok ikili söyleşiyi seçer. Göze çarpmayan konularda bile karakterini açığa vurur, örneğin hep haklı çıkmak ister, herkes için önemsiz konularda bile bu tutumunu elden bırakmaz. Ne gibi kanıtlara başvurduğu onun için önemsizdir, onun asıl istediği başkalarını haksız çıkarmaktır. Alıştığı yoldan saptığı an bilmecemsi belirtiler gösterir, yorgundur ama niçin bilmez, bir telaşa kaptırır kendini, bu telaş onu hep geride tutar, uykuları haram olur, bir halsizlik hisseder üzerinde; kısacası, yığınla derdi vardır ama bunlar üzerinde çoğunlukla doğru bir bilgi veremez. Görünürde hasta biridir, hastalığı da *sinirselliktir*. Ama gerçekte bütün bu belirtiler, dikkati asıl konudan başka yana çekmek için başvurulan kurnazca çarelerdir. Bu gibi çarelere el atılması bir rastlantı sayılamaz. Böyle bir kimsenin, örneğin korkudan, gecenin olması gibi doğal bir olaya karşı koymak istemesindeki inatçılık düşünülürse, dünyevi yaşama uyum sağlayamadığı anlaşılır. Çünkü davranışının temelinde geceyi ortadan kaldırmak isteğinden başka bir şey yatmaz. Bunu aslında normal yaşama uyum sağlamasının koşulu olarak öne sürer. Ne var ki, böylesine yerine getirilemez bir koşulu öne sürmekle kötü niyetini ele verir. Yani her şeye hayır diyen biridir.

Bu gibi nevrotik belirtilerin tümünün, ilgili kişinin karşısına çıkan ödevden ürkmesi, ya onu daha yavaş bir tempoyla daha hafif koşullarda ele almak ya da ondan düpedüz kaçıp kurtulmak için bir bahane araması sonucu oluştuğunu söyleyebiliriz. Böyle bir kimse, insanlığın ayakta kalmasını sağlayacak ödevlerden de kendisini uzak tutmakla hem kendi yakın çevresine, hem de, daha geniş bir açıdan bakıldığında, bütün insanlara zarar verir. Eğer insanı tanıma konusunda daha çok bilgi sahibi olup, toplumsal yaşamın mantıksal ve içkin [immanent] kurallarına karşı girişilecek saldırıyla, bunun sonradan birey için doğuracağı hazin akıbet arasındaki korkunç neden ve sonuç ilişkisini gözden uzak tutmasaydık, söz konusu durumların kökü şimdiye kadar dünyadan çoktan kazınırdı. Ancak, neden ve sonuç arasındaki sürenin çoğunlukla onun olması ve sıklıkla duruma bir yığın komplikasyonun eklenmesi, genellikle söz konusu ilişkileri daha eksiksiz saptayıp bunlardan gereken bilgileri edinmemize ve öğrendiklerimizi başkalarına aktarmamıza olanak vermemektedir. Ancak bütün bir yaşam çizgisini geriye doğru izlemek ve insanın yaşamöyküsünü derinliğine taramak konusunda harcayacağımız yığınla çaba sonucu aradaki ilişkiyi görebilmekte ve hatanın nereden kaynaklandığını çıkarabilmekteyiz.

Uyum Yeteneğindeki Azalmanın Belirtisi Olan Dizginlenmemiş İçgüdüler

Öyle insanlar vardır ki, bunlarda belirli dışavurum biçimleri ön planda yer alır; ilgili biçimlerin karakteristik özelliği de bizde *terbiyesizlik* duygusunu uyandırmasıdır. Örneğin tırnaklarını kemirmekten bir türlü vazgeçemeyen, sürekli burunlarını karıştıran, ayrıca dizginlenmemiş bir tutku izlenimi uyandıracak bir açgözlülükle yemeğe saldıran kimseler bu insanlar arasında yer alır. Aç kurt gibi yemeğin üzerine atılan, hiçbir engel tanımadan ve hiçbir şeyden utanıp sıkılmadan içindeki açgözlülüğü doyurmak isteyen birini gördük mü, böyle bir davranışın bir anlamı olması gerektiğini hemen kavrarız. O ne çiğneyiştir lokmaları! O ne ağız şapırdatış, o ne höpürdetiştir! Kocaman kocaman lokmalar adeta çiğnenmeden gövdeye indirilir, bir uçuruma yuvarlanıp kaybolurlar sanki. Beri yandan, lokmaların mideye indirilişindeki çabukluk da şaşılmayacak gibi değildir. Ama böyle bir yemek yeyişte dikkatimizi çeken, işin salt biçim yönü değildir; yemeklerin miktarı, öğünlerin sıklığı da yine ilginçtir. Yemek yerkenki halleri dışında gözümüzde canlandıramadığımız insanlar bulunduğunu ileri sürersek, abartmaya kaçmış sayılmayız. Bizde *terbiyesizlik* izlenimi uyandıran bir başka tip de, belirgin bir *pasaklılıkla* açığa vurur kendini. Çok çalışan insanlarda karşılaştığımız kendini koyvermişlikle ya da ağır işlerde çalışanlarda rastladığımız dağınıklıkla ilgisi yoktur bunun. Sözünü ettiğimiz kimseler âdet olduğu üzere ağır işlerde çalışmaz, hatta çoğu zaman işin yanına bile sokulmazlar. Öyleyken dış görünümlerindeki dağınıklık ve pasaklılıktan asla kurtaramazlar kendilerini. Bu halleri kolay öykünülemeyecek bir yapmacıklığı, bir düzensizliği ve yakışıksızlığı içerir. Böylelerinin pek karakteristik bir özelliği de, insanın karşısına bir başka türlü çıksalar asla tanınmayacak oluşlarıdır.

İşte bu dışavurum biçimleri, terbiyesiz insanı dış bakımdan karakterize eden özelliklerdir. İlgili özelliklerle, terbiyesiz kimse, pek oyuna katılmayı düşünmediği ve başkalarından ayrı, başı çekmek istediği konusunda anlaşılması güçlük doğurmayan bir ipucu verir bize. Bu ve diğer terbiyesizliklere kalkışan herkes üzerimizde insan soydaşlarının kendilerini pek ilgilendirmediği izlenimini uyandırır. Bizleri şaşırtan, yakışıksız davranışlar değil, bunların kökeninin sıklıkla çocuklukta bulunuşudur. Hiçbir çocuk yoktur ki, gelişimi düz bir çizgi izleyebilsin. Ancak, dikkatimizi daha çok üzerine çeken durum, bazı kimselerin çocukluklarındaki bu huylarından ileride bir türlü vazgeçemeyişidir.

Söz konusu yakışıksız durumların nedenlerini araştırırsak, bu insanların kendi soydaşlarına ve ödevlerine karşı az ya da çok yadsıyıcı bir tutum takındığını görürüz. Aslında yaşamdan kendilerini uzak tutmak isteyen ve başkalarıyla işbirliğine yanaşmayan kimselerdir hepsi. Bu da, niçin onların ahlaki önlemlerle huylarından vazgeçirilemeyeceğini bize açıklar. Yaşam karşısında yadsıyıcı bir tutum takınanlar, örneğin tırnaklarını kemirmekte pek haklıdır; çünkü toplumdan kaçmak için bundan daha iyi bir yol pek düşünülemez. Toplumdan uzak kalmak isteyen biri için, örneğin hep kirli bir yaka ya da pejmurde bir ceketle toplum içinde görünmekten daha uygun ve daha etkili bir çare yoktur. Kendisini başkalarının dikkati, eleştirisi ve rekabetiyle yüz yüze getirecek bir işin başına geçmekten yakayı sıyırmada ya da sevgi ve evlilikten kaçmada, başkalarının karşısına bu şekilde çıkmaktan daha iyi ve daha mükemmel ne yardım edebilir ona? Böyleleri hem rekabet ortamından uzak kalmaya bakar, hem de kötü alışkanlıklarına işaret ederek bunun için güzel bir bahane uydururlar: "Böyle bir alışkanlığım olmasaydı, neler neler elde etmezdim; ama yazık ki böyle bir alışkanlığım var!.."

Böyle bir kötü alışkanlığın ilgili kimsenin kendisini kollayıp korumasına ne denli elverişli nitelik taşıdığını, çevre üzerinde egemenlik kurmada bundan nasıl yararlandığını bir örnekle gösterelim. Hastamız 22 yaşında bir kız olup, *yatağını ıslatmaktadır*. Kardeşler arasında sondan bir öncekidir. Güçsüz bir çocuk olduğundan ona özel bir bakım ve ilgi gösteren annesine dikkati çekecek kadar bağlıdır. Öte yandan, gerek kötü huyu, gerek korku nöbetleri ve uykusundan bağırarak uyanmalarıyla annesini gece gündüz yanından ayırmaz. Annesinin ilgisini öbür kardeşlerinden daha çok kazanmasına bir zafer, kendini beğenmişliği için bir iksir gözüyle bakar. Hastamızın bir diğer karakteristik özelliği de okul, arkadaşlık ve toplantı gibi konularda ilişki kurmaktan düpedüz kaçışıdır. Evden sokağa çıkması gerektiği zaman duyduğu korku özellikle şiddetlidir. Büyüyüp de akşamüzeri sık sık alışveriş yapmak gibi bir durumla karşılaştığında, evden ayrılması her defasında ölüm gelir kendisine. Her seferinde korkuyla dolup taşarak bitkin halde eve döner, yolda karşılaştığı türlü tehlikelerle ilgili olarak dehşet verici şeyler anlatır.

Bütün bunların, kızın annesinin yanında sürekli kalmaya hazırlandığını gösteren belirtiler sayılacağı ortadadır. Gelgelelim, ailenin maddi durumu bunu sağlamaya elverişli olmadığından günün birinde kızın bir iş tutması planı üzerinde düşünülüp taşınılmaya başlanır. Sonunda hastamız bir işe girmeye razı edilir. Ne var ki, aradan iki gün geçmeden eski huyu nükseder, yeniden yatağını ıslatmaya başlar; bu da, yanlarında çalıştığı kimseleri alabildiğine kızdırıp, patronların onu işten çıkarmalarına yol açar. Söz konusu belirtinin gerçek anlamını sezemeyen anne, sert bir şekilde suçlayıp paylar kızını. Kız da bunun üzerine canına kıymaya kalkarak hastaneyi boylar. Son derece büyük bir üzüntüye kapılan anne, yemin billah ederek, kızına bundan böyle yanından hiçbir yere ayrılmayacağını açıklar.

Yatağını ıslatmak, geceden ve yalnız kalmaktan korkmak. Bu üç belirtinin ve ayrıca intihar girişiminin aynı amaca yönelik olduğu anlaşılmaktadır. İlgili belirtiler, dile gelerek bize şunları söyler gibidir: "Annemin yanından bir yere ayrılamam," ya da, "Annemin sürekli benimle ilgilenmesi gerekiyor." Böylece kötü bir huy, çok derin bir anlam kazanmaktadır. Bir insanı salt böyle bir kötü huya dayanarak değerlendirebileceğimiz ama söz konusu kusurları gidermek istiyorsak insanı *bütünüyle* anlamamız gerektiği açıktır.

Genel olarak şunu söyleyebiliriz ki, çocuklarda görülen kötü huylar, çoğu zaman çevrenin dikkatini çekmek, üstün bir rol oynamak, güçsüzlüğünü ve yeteneksizliğini erişkinlere göstererek onları ne yapacaklarını bilemez duruma sokmak ve böylece güçlü bir kişi olarak öne çıkıp eskisinden elverişli bir konumu ele geçirmek amacına yöneliktir. Çocuklarda sık rastladığımız bir diğer kötü alışkanlık da onların, eve gelen konukların dikkatini çekmek istemeleri, çoğu zaman hoş denilemeyecek bir şekilde seslerini duyurmaya çalışmalarıdır ki, bunun için de yine aynı şeyi söyleyebiliriz. Bir konuğun salona ayak atmasıyla, başka zaman son derece uslu çocukların bazen sanki cin çarpmış gibi davrandığı görülür. Çocuk bu ziyarette kendisi de rol oynamak ister, birtakım yollara başvurur amacına şu ya da bu şekilde gereği gibi ulaşamadan işin peşini bırakmaz. Söz konusu çocuklar, büyüdükleri zaman bu gibi huysuzluklarının yardımıyla toplumsal yaşamın gereklerine hep yan çizmeye bakacak ya da birtakım engellemelere başvuracaklardır. İlgili belirtilerin altında her zaman egemenlik hırsı ve kendini beğenmişlik tutkusu yatar; ama bunlar insanın karşısına öylesine tuhaf kılıklarda çıkarlar ki, çokluk tanınmaları olanaksızdır.

12.
DİĞER KARAKTER ÖZELLİKLERİ

Neşelilik

Başkalarına yardım etme, başkalarının ilerleme ve gelişmesine katkıda bulunma, başkalarını sevindirme konusunda içinde barındırdığı eğilimin boyutlarını saptayarak, bir insandaki toplumsallık duygusu konusunda kolaylıkla bir karara varabileceğimizi daha önce belirtmiştik. Başkalarını sevindirebilme yeteneği, dış görünümleri nedeniyle bu yeteneğe sahip kimselerin çevreden büyük bir ilgi görmesini sağlar. İnsana kolaycacık sokulur söz konusu kişiler; hemen o an içimizde uyanan duyguyla kendilerini başkalarından daha cana yakın bulur, davranışlarının toplumsallık duygularının karakteristik bir dışavurumu sayılacağını tamamen sezgisel yoldan anlarız. Şen şakrak kimselerdir böyleleri; ne kendileri her zaman üzgün ve tasalı yüz taşır, ne de başkalarını üzüntü ve dertlerinin nesnesi ya da taşıyıcısı durumuna sokarlar. Başkalarıyla birlikteyken neşe saçmayı, yaşamı güzelleştirmeyi ve daha yaşanılır kılmayı başarabilen insanlardır hepsi. İyi bir insan karşısında bulunduğumuzu yalnızca o insanın davranışlarından, bize sokulmak istemesinden, bizimle konuşmasından, yarar ve çıkarlarımıza önem vermesinden, hatta bu konuda bizden yardımını esirgememesinden sezebileceğimiz gibi, bunu karşımızdakinin tümüyle dış görünümünden, mimiklerinden, duygularından ve *gülüşlerinden* de çıkarabiliriz. Yaman bir psikolog olan Dostoyevski, gülüşüne bakılarak bir insanın uzun boylu psikolojik araştırılardan çok daha iyi anlaşılabileceğini belirtir. Çünkü hem dostça ve nazik, hem düşmanca ve saldırgan nüansları içerir gülme; ikinci durumu, örneğin başkalarının uğradığı felaketlere gülmelerde görürüz. Hatta öyle insanlara rastlarız ki, gülmesini hiç beceremezler; insandan insana şöyle derin bir ilişki kurabilmenin alabildiğine uzağında bulunur, başkalarını sevindirme ve bir toplulukta şen bir atmosfer yaratma istek ve eğiliminden düpedüz yoksun yaşarlar. Daha başka, sayıları azımsanmayacak kadar çok insan vardır ki, başkalarını sevindirme yeteneğinden hiç nasiplerini almadıkları gibi, ayak attıkları her yerde çevresindekilere hayatı zehir etmeye bakarlar hep; sanki tüm ışıkları söndürüp, dört bir yanı karanlığa boğacaklarmış gibi bir edayla ortalıkta dolaşıp dururlar. Ya hiç gülmez ya da istemeye istemeye bunu yapar, yaşamaktan duydukları yalancı sevinci sözümona böylece dile getirirler. Dolayısıyla, üzerimizde neşe saçar bir izlenim uyandırabilen bir yüze karşı sempati duyacağımız açıktır; böylece, sempati ve antipati duyguları, anlamamızı sağlayacak bir açıklığa kavuşmuş olmaktadır.

Bu insanlara karşıt bir tip de bozguncu diye niteleyebileceğimiz kimselerden oluşur; dünyayı hep bir işkence yeri gibi göstermeye çalışır, insanın acılarını deşip dururlar. Girişimlerinde o kadar ileri giderler ki, bu girişimleri bilinçli görmemiz durumunda alabildiğine büyük bir şaşkınlığa kapılmamak elde değildir. Ama önce bunların nasıl insanlar olduklarını görelim. Öyle kimseler vardır ki, sanki hep omuzlarında müthiş bir yükün ağırlığını duymak ister, başka türlü yaşayamazlar. Ne zaman küçük bir güçlükle karşılaşsalar, bunu gözlerinde alabildiğine büyütürler; geleceği hep kötü görür, ne zaman çevrelerinde sevinçli bir olay yaşansa hemen uyarıcı seslerini duyururlar. Karamsarlık iliklerine kadar işlemiştir; yalnızca kendileri değil, başkaları hesabına da duyulan bir karamsarlıktır bu. Çevrelerinde bir neşe belirtisi görmesinler, hemen rahatları kaçar, başkalarıyla aralarında kurdukları tüm ilişkilere yaşamın olumsuz yönlerini getirip yerleştirirler. Yalnızca sözle değil, davranışları ve beklentileriyle de insan soydaşlarının neşe içinde yaşamasını köstekler, gelişimine engel olurlar.

Düşünme ve Anlatım Biçimi

Kimi insanların düşünme ve düşüncelerini dışavurum biçimi üzerimizde o kadar somut bir izlenim bırakır ki, ister istemez dikkatimizi çeker. Sanki düşünce ve konuşmaları "dar kalıplar içine tıkılmıştır." Düşünüp konuşurken hep belirli kalıplara uyarlar; dolayısıyla, onların nasıl düşünüp düşüncelerini açığa vuracaklarını önceden kestirebiliriz. Yüzeysel gazete haberlerinde ve kötü romanlarda karşılaşılan bir dile başvururlar. "Hesaplaşmak", "gününü göstermek", "hançer darbesi" gibi sözleri yineleyip dururlar.

Böyle bir konuşma tarzı da bir insanı tanımamıza katkıda bulunacak özellik taşır. Çünkü öyle düşünüş biçimleri ve öyle deyişler vardır ki, bunlardan konuşma sırasında yararlanmamak gerekir ya da yararlanılması uygun kaçmaz. Kötü konuşma üslubunun yavanlık ve sığlığı, bu anlatım biçiminde yankılanıp durur ve hatta bazen konuşanı bile korkutur. Bir konuşmada durmadan atasözlerine başvurulması ya da düşünülüp söylenilen her şeyde bir alıntıdan yararlanılması, karşıdaki kişinin yargı ve eleştirisinin ne kadar az umursandığını gösterir. Pek çok insan böyle bir konuşma tarzından kendilerini kurtaramaz ve böylelikle geri kalmışlıklarını ele verirler.

Öğrenci Gibi Davrananlar

Sık sık öyle insanlarla karşılaşırız ki, sanki gelişimlerinin bir noktasında duraklamışlardır da, öğrencilik çağından bir türlü çıkamamaktadırlar. Evde, sokakta, bir toplulukta, çalışma yerlerinde hep öğrenci davranışı sergilerler; sürekli pusuda bekleyip kulaklarını kabartır, bir şey söylemeye çalışırlar. Bir topluluk içinde, bir soru sorulduğunda, hemen bir yanıt bulup vermeye çalışır, sanki birinden önce davranmak, kendilerinin de bu konuda bir şeyler bildiğini ve karşısındakilerden iyi bir not almayı beklediklerini göstermek isterler. Belirli yaşam koşullarında kendilerini güvende hissetmeleri, öğrenci davranışını sergilemeyecekleri koşullarda ise huzursuz olmaları bu kişilerin karakter yapısında yer alır. Bu tiptekiler de çeşitli düzeyde kimselerdir. İnsanın üzerinde pek sempatik denilemeyecek, kuru, soğuk ve yanına pek yaklaşılmaz bir izlenim bırakır, bazen de her şeyi bilen ya da her şeyi belirli kural ve formüllere göre sınıflandırmaya çalışan bir allame gibi davranırlar.

İlke Adamları ve Kılı Kırk Yaranlar

Kendisinde her zaman bir öğrenci hali görülmese de, davranışı bir öğrenciyi anımsatan insanlardır bunlar; yaşamın bütün dışavurumlarını belirli bir ilke içine tıkmaya çalışır, hangi durumda olursa olsun bir kez saptadıkları ve bundan böyle vazgeçemeyecekleri bir ilkeye göre davranmak isterler; her şey doğru bildikleri ilkeyi izlemezse kendilerini rahat hissetmeyeceklerine inanmışlardır. Ayrıca, bu kişiler çoğunlukla kılı kırk yaran kimselerdir. Üzerimizde alabildiğine güvensizlik içinde oldukları izlenimini bırakırlar. Bu güvensizlikten ötürü de sonsuz bir zenginliğe sahip olan yaşamı birkaç kural ve formül içine zorla hapsetmeye çalışırlar, çünkü başka türlü apışıp kalır ve korkuya kapılırlar. Daha önceden kurallarını bilmedikleri bir oyunda rol almak istemezler. Bir kurala uyduramadıkları durumlardan kaçmakta alırlar soluğu. Çevrelerinde kendilerinin hesaba katılmadığı bir oyunun oynanmasından alınıp gücenirler. Böyle bir yöntemle çevredekiler üzerinde belirli bir otorite sağlayacakları açıktır. Örneğin asosyal [toplumdışı] titizlik vakalarını buna örnek gösterebiliriz. Beri yandan, aynı kimselerin önüne geçilmez bir hükmetme hırsıyla ve kendini beğenmişlikle dolup taştığı görülür.

Çalışkan kimseler olsalar bile, davranışlarında hep bir kılı kırk yararlık ve yavanlık sergilerler. Çoğu zaman söz konusu belirtiler bu insanların her türlü girişim gücünü köstekler, onları bir çember içine hapseder, birtakım tuhaf özellikler edinmelerine yol açar. Örneğin bazılarında kaldırımın hep kenarında yürüme ya da kaldırımın belirli taşlarına basma gibi bir alışkanlıkla karşılaşılır. Bazıları ise, alıştıklarından daha değişik bir yolu izlemeye bir türlü razı edilemez. Yaşamın büyük bir bölümü, bu insanları ilgilendirmez hiç. Alışkanlıkları çoğunlukla alabildiğine büyük bir zaman kaybına yol açar; gerek kendileri, gerek çevreleri hesabına bir hoşnutsuzluk davranışlarına eşlik eder. Alışmadıkları yeni bir durumla karşılaştıklarında elleri ayakları tutmaz olur; çünkü böyle bir durum için hazırlıklı değillerdir ve bir kural, sihirli bir formül olmaksızın işin içinden çıkamayacaklarına inanırlar. Dolayısıyla, herhangi bir değişiklikten elden geldiğince kaçmaya bakarlar. Örneğin böyleleri için kıştan ilkbahara geçiş bile birtakım güçlükler doğurur, çünkü hayli bir zaman kışı talim edip durmuşlardır. Havaların ısınmasıyla kapalı mekânlardan dışarıya çıkış, dolayısıyla çevreyle ilişkilerin sıklaşıp yoğunluk kazanması, içlerinde korku uyandırır, kendilerini pek iyi hissetmezler. İlkbahar gelince, keyifsizlikten yakınan kişilere dönüşürler. Değişen durumlara doğru dürüst uyum sağlayamadıklarından, girişim gücünü pek gerektirmeyen konumlarda bulunurlar hep. Ne var ki, ancak değişmedikleri sürece söz konusu konumlarda kalırlar. Ancak unutulmamalıdır ki, onlardaki bu özellikler asla doğumsal nitelik taşımaz, değişmez şeyler olmayıp yaşam karşısında takınılan yanlış tutumlardır. Ama bu özellikler öylesine büyük bir güçle ruhlarını ele geçirmiştir ki, başka bir şeye yer bırakmazlar; dolayısıyla, bunlardan yakayı sıyırmaları pek düşünülecek gibi değildir.

Boyun Eğme

Girişim gücünü gerektiren konumlara pek elverişli sayılmayacak bir tip de, içleri bir çeşit *uşaklık* duygusuyla dolu insanlardır. Bu insanlar ancak emir kulluğu yapabilecekleri yerlerde kendilerini rahat hissederler. Bir başkasına uşaklık yapan kimse için yalnızca uyulacak yasa ve kurallar vardır. Bu tiptekiler, büyük bir coşkuyla başkalarına hizmet edecekleri bir konum ararlar kendilerine. Yaşamın alabildiğine değişik durumlarında bu gibi kimselerle karşılaşır, dış görünümlerinden bile onları tanıyabiliriz. Hafif kambur dururlar, bellerini biraz daha bükmek için hep hazırda bekler, karşısındakinin sözlerine dikkatle kulak verir ama bunu işittikleri üzerinde sonradan düşünüp taşınmak için değil, söylenilene peki demek ve istenileni yerine getirmek için yaparlar. Kendilerini boyun eğer durumda göstermeye önem verirler. Söz konusu davranışları bazen inanılmaz boyutlara ulaşır. Öyle kimseler vardır ki, başkalarının emri altına girmeye can atarlar. Bununla, yalnızca başkalarından *üstün olmaya çalışanların* ideal kimseler olarak benimsenmesi gerektiğini söylemek istemiyoruz. Amacımız, yaşamın ödevlerinin gerçek çözümünü yalnızca başkalarının kulu kölesi kesilmede görenlerin tutumundaki olumsuzluğu vurgulamaktır.

Alabildiğine çok sayıda insan için başkalarının emri altına girmek, sanki bir yaşam yasasıdır. Anlatmak istediğimiz kişiler hizmet eden sınıftan değil, dişi cinsiyettendir. Kadının erkeğin egemenliği altına girmesi gerektiği hiçbir yerde yazılı olmamasına karşın, bu, sanki herkesin kafasına nakşedilmiş bir yasadır; günümüzde hâlâ sayılamayacak kadar çok sayıda kişinin bu yasaya bir dogma gibi sarıldığı görülür. Kadının erkeğin egemenliği altına girmek için yaratıldığına inanmışlardır bir kez. Böyle bir inanışın doğal sonucu ise, kadının egemenliği ele geçirmeye çalışmasıdır. Söz konusu görüşler insanlar arasındaki tüm ilişkileri berbat edip çıkmasına karşın, günümüzde [1924] hâlâ kökü kazınmaz bir batıl inanç gibi varlığını sürdürmektedir. Hatta kadınlar arasında bile bu inancın hayli yandaşı bulunur, adeta sonsuza dek geçerli bir yasa gibi bu duruma boyun eğerler. Ancak, şimdiye kadar ilgili görüşlerin kendisine yarar sağladığı bir kimse gösterilemez. Hatta sık sık, "Kadın erkeğin egemenliği altına girmeseydi, her şey çok daha iyi olurdu!" gibi bu duruma yakınmalar işitilmektedir. Bir başkasının egemenliği altına girmeye kolaycacık katlanacak hiçbir insan gösterilememesi bir yana, erkeğin egemenliği altına giren bir kadın, aşağıdaki örnekten anlaşılacağı gibi çoğunlukla kuruyup solar, bağımsızlığını yitirir. Vereceğimiz örnek önemli kişilerden birinin karısıyla ilgilidir. Kadın, bir aşk evliliği yapmasına karşın, yukarıda sözü edilen dogmaya sıkı sıkıya bağlı bulunuyordu ve kocası da yine aynı dogmaya inanmıştı. Kadın giderek tam anlamıyla makineleşmiş, gözü ödevden ve hizmetten başka bir şey görmez olmuştu. Bundan böyle bağımsız hiçbir duyguya yer vermiyordu gönlünde. Böylesi durumlara alışık olan çevrenin, kadının davranışını pek hoş karşılamadığı söylenemezdi; ama kadın hesabına bir avantaj sayılmazdı, bu. Durum sarpa sarıp ilgilileri büyük güçlükler karşısında bırakmamışsa, nedeni olayın görece yüksek düzeydeki kişiler arasında geçmesiydi. Ne var ki, kadının erkeğin buyruğu altına girmesine insanların büyük bir bölümünün doğal bir yazgı gibi baktığı düşünülürse, böyle bir durumun ne çok çatışmaya yol açabileceği anlaşılır. Kadının kendi buyruğu altına girmesine doğal bir gözle bakan bir erkeğin, durumdan hoşnutsuzluk duymasına yol açacak neden hiçbir zaman eksik olmayacaktır, çünkü kadının erkeğin egemenliği altına girebileceği gerçekte düşünülemez.

Bazı kadınlar itaat ruhunu o kadar geniş boyutlu bir şekilde içlerinde taşır ki, özellikle aradıkları erkek tipi hükmetme hırsıyla dolu ya da kaba ve hoyrat davranışlı kişilerdir. Ne var ki, doğaya aykırı bu durum kısa süre sonra büyük bir çatışmaya dönüşür. Kimi zaman insanda öyle bir izlenim uyanır ki, sanki söz konusu kimseler, kadının erkeğin egemenliği altına girmesini karikatürize etmek ve böyle bir şeyin saçmalığını kanıtlamak istemiştir.

Söz konusu güç durumdan insanoğlunu çekip çıkaracak yol ortadadır. Bunun için erkekle kadının birlikte sürdürecekleri yaşamın, taraflardan hiç birinin diğerini egemenliği altına almayacağı bir arkadaşlık, bir işbirliği niteliği taşıması gerekir. Şimdilik böyle bir şey ideal gibi görünse de, en azından elimize bir ölçüt tutuşturacak; böyle bir ölçüt bir insanın uygarlık alanında ne derece ilerlediğini ya da ne derece geride kaldığını, işlenen hatalar varsa bunların nerelerde aranması gerektiğini belirlememizi sağlayacaktır.

Egemenlik altına girme sorunu yalnız kadın ve erkek ilişkisinde karşımıza çıkmaz. Yalnızca erkeğin omzuna, içinden çıkılamayacak güçlükleri yüklemekle kalmaz, ulusların yaşamında da büyük rol oynar. Bütün bir Ortaçağ'ın ekonomik açıdan, egemenlik açısından *kölelik* temeline dayandığı, günümüzde yaşayan insanlardan belki de büyük çoğunluğunun köle ailelerden geldiği, iki ayrı sınıfın yüzyıllar boyu birbiriyle alabildiğine keskin bir karşıtlık içinde yaşadığı, bugün [1924] bile kimi uluslarda kast durumunun hâlâ bütün amansızlığıyla korunup ayakta tutulduğu düşünülürse, bir başkasının egemenliği altına girme ilkesi ve bunu elde etme çabasının hâlâ insanların ruhlarında varlığını koruduğunu ve belirli bir tip insanı biçimlendirecek gücü gösterebildiğini de anlarız kuşkusuz. Bilindiği gibi, Antikçağ'daki geçerli görüşe göre çalışmak aşağılık bir şeydi, kölelerin işi sayılmaktaydı, efendinin çalışmak gibi pis bir işe bulaşması uygun düşmezdi; ayrıca, efendi salt emir veren kimse değil, tüm iyi özellikleri kendisine toplayan biriydi. Egemen sınıf *en seçkin insanlardan* oluşuyordu; nitekim Yunanca "aristos" sözcüğü her iki anlamı da içermekteydi. Aristokrasi, en seçkinlerin egemenliği demekti. Ne var ki, kimin aristokrat sayılacağı insanlardaki erdem ve üstünlükler gözden geçirilerek değil, zora başvurularak belirleniyordu. Böyle bir gözden geçirme ve sınıflandırma işlemine olsa olsa köleler, yani efendilere hizmet eden kimseler arasında başvurulmaktaydı. En seçkin kişi ise, egemenlik ve otoriteyi elinde bulunduran kişiydi.

İnsanların köle ve efendi olarak iki ayrı kategoriye ayrılması, bu konudaki görüşleri günümüze kadar etkilemişti; ne var ki, insanları birbirine yaklaştırma çabalarının sürdürüldüğü çağımızda bu görüşler her türlü anlam ve önemini yitirmiştir. Büyük düşünür Nietzsche'nin bile dünyada en iyilerin egemenliği elinde bulundurmasını, ötekilerinse bunların egemenliği altına girmesini istediğini unutmayalım. İnsanların hizmet edenler ve egemenliği elinde bulunduranlar olarak ikiye ayrılacağı düşüncesini kafalardan söküp atmak ve kendimizi tam anlamıyla başkalarına eşit hissetmek bugün bile kolay değildir. Bu konuda bizi ağır yanılgılardan koruyacak bir bakış açısının günümüzde elde bulunuşuna bile büyük bir ileri adım gözüyle bakılması gerekmektedir; çünkü bazı insanların içine kölelik ruhu öylesine yerleşmiştir ki, ne zaman bir kimseye bir hiç için teşekkür etme fırsatını ele geçirseler bundan memnunluk duyar, adeta yaşıyor olmalarını durmadan bağışlatmaya çalışırlar. Elbette böyle bir davranışın onları hiç rahatsız etmediği söylenemez; çoğunlukla pek mutsuz hissederler kendilerini.

Kibirlenme ve Büyüklenme

Bazı insanlar vardır ki, daha önce sözü edilen tipin karşıtıdır, hep büyüklenir, başrolü oynamak isterler. Yaşam bitip tükenmeyen bir sorudur onlar için: *"Nasıl herkesten üstün olabilirim?"* İnsan hayatında türlü başarısızlıkların eşlik ettiği bir roldür bu. Aşırı düşmanca bir saldırganlığı ve etkinliği içermiyorsa, belirli boyutları aşmamak koşuluyla bir dereceye kadar hoş görülebilir. Buyruk verecek birine gereksinim duyulan konumlarda, bir organizasyonun söz konusu olduğu durumlarda ilgili kimseler karşımıza çıkar hep. Bu gibi yerlerde ve böylesi koşullarda kendiliklerinden öne geçer, halkın galeyan halinde bulunduğu çalkantılı dönemlerde boy gösterirler. Özellikle onların su yüzüne çıkması doğaldır; çünkü bunun için gereken jeste, tavra, tutkuya sahiptirler. Ayrıca, gereken hazırlığı yapmış, gereği gibi işin üzerinde düşünüp taşınmışlardır. Daha çocukluklarında evdekileri hep sağa sola koşturmuş, kendilerinin arabacı, kondüktör ya da general olarak boy gösteremedikleri hiçbir oyundan hoşlanmamışlardır. Aralarında çoğu zaman öylelerine rastlanır ki, kendilerinin başkalarına değil de, bir başkasının kendilerine emir vermesi durumunda hemen iş yapamaz olur, verilen bir buyruğa uygun davranmaları gerektiğinde telaş ve heyecana kapılırlar. Bazıları da vardır, belki daha iyi hazırlanmış olmalarına karşın önderlik rolünü oynayacak aşamaya bir türlü yükselemezler. Oysa böyleleri, normal zamanlarda gerek meslek hayatlarında, gerek toplumsal yaşamda hep küçük bir grup bulup başa geçerler. Hep ön planda yer alır, hep ileri atılır, büyük laflar ederler. Toplumsal yaşamın kurallarına gölge düşürmedikleri sürece davranışlarına diyecek yoktur. Elbette böylelerinin günümüzde bile el üstünde tutulması doğru sayılamaz; çünkü uçurumun kenarında dikilen, durumları kuşkusuz pek de iç açıcı sayılamayacak, topluma pek de iyi uyum sağladıkları söylenemeyecek kişilerdir hepsi. Kendilerini alabildiğine zora koşar, bir türlü rahata kavuşamaz, genelde olsun, ayrıntılarda olsun her zaman üstünlüklerini kanıtlamak isterler.

Belirli Bir Ruh-Durumunun İnsanları

Kimi insanlar vardır, yaşam ve yaşamın ödevleri karşısında takınacakları tutum fazlasıyla ruhsal durumlarına bağlıdır; bunlarda da söz konusu özelliğin doğumsal nitelik taşıdığını ileri süren bir psikolojinin yine sapa yolda olduğunu ileri sürebiliriz. Söz konusu kişilerin tümü son derece açgözlü, dolayısıyla duyarlı kişilerdir; yaşamdan hoşnut oldukları söylenemez, çeşitli çıkar yollar ararlar kendilerine. *Duyarlılıkları* ileriye doğru uzatılmış duyargalardan farksızdır, hayatın çeşitli durumlarını önce bununla yoklayıp kontrol eder, ancak daha sonra gereken tavrı takınırlar. Öyle insanlar vardır ki, sürekli olarak neşeli bir ruh durumu içinde bulunur, yani meydan okuyan ve ısrarlı bir tutumla hayatı şen tarafından yaşamaya bakar, sevinç ve neşeyi yaşamın vazgeçilmez temeli yapmaya çaba harcarlar. Derece bakımından burada da yine akla gelebilecek çeşitli nüanslar saptamak mümkündür. Bu insanlardan bazıları her zaman *çocuksu şen* bir davranış sergiler, çocuksu hallerinde kalbe adeta ferahlık veren bir hava vardır, kendilerini bekleyen ödevlerden kaçmaz, oyunsu-sanatsal bir tutumla söz konusu ödevlere el atar ve onların üstesinden gelirler. Güzellik ve cana yakınlık bakımından kendileriyle boy ölçüşecek başka kimse gösterilemez.

Ne var ki, aralarında bazıları neşeyle dolup taşan yaşam görüşlerinde fazla ileriye gider, biraz ciddiye alınması gereken durumlara da güle oynaya yaklaşım sağlamak isterler; yaşamın ciddiliğine pek uzak düşen çocuksu bir davranış sergiler, dolayısıyla üzerimizde hiç de iyi bir izlenim bırakmazlar. Bu gibi kişileri iş başında görmek insanda bir kuşku, bir güvensizlik uyandırır, çünkü onlar işin biraz fazla kolayına kaçarak güçlüklerle başa çıkmak isterler. Bu noktadan hareket edilerek çetin ödevlerden çoğunlukla uzakta tutulur böyleleri ama zaten kendileri de sıklıkla böylesi ödevlere yanaşmazlar. Güç bir ödevin üzerine eğilmeleri gerçekte seyrek karşılaşılan bir durumdur. Ne var ki, haklarında sevimli birkaç söz söylemeden bu tiplere veda etmeyi yine de doğru bulmuyoruz. Dünyada normal olarak karşılaşılan, sayıları alabildiğine kabarık somurtkanlarla kıyaslandığında, yine de böylelerinden sempatimizi esirgeyemeyiz; hep üzgün ve suratı asık ortada dolaşıp, karşılaştıkları her şeyi kötü yanından ele alan kimselerden daha kolay kazanabiliriz böylelerini.

Şanssızlar ve Karganın Yuvadan Attıkları

Tutum ve davranışlarıyla toplumsal yaşam gerçeğine ters düşen bir kimsenin gün gelip bir karşı darbeyle yüz yüze gelmesi psikolojik bakımdan pek doğaldır. Gelgelelim, insanlar çoğunlukla bundan ders almaz, başlarına gelen felaketi şahıslarını hedef alan hak edilmemiş bir bela, peşlerinden hiç ayrılmayan bir talihsizlik sayarlar. Bütün ömürlerini ne kadar şanssız olduklarını, hiçbir işi başaramadıklarını, neye ellerini atsalar onun hep ellerinde kaldığını düşünmekle geçirirler. Hatta öyleleri vardır ki, sanki tekin sayılmayacak korkunç bir güç özellikle onları gözüne kestirmiş gibi uğradıkları yenilgilerle böbürlenme eğilimi gösterirler. Bu bakış açısı üzerinde biraz düşünüldü mü, işin içinde yine kendini beğenmişliğin parmağı olduğunu görmek zor değildir. Bu tür kişilerin tümü de, sanki çatık kaşlı bir Tanrı salt kendileriyle uğraşıyormuş gibi davranırlar. Diyelim ki fırtınalı bir havada bir şimşek çaktı, çakan şimşeğin özellikle kendilerini arayıp bulacağını düşünür, o kadar ev dururken kendi evlerine bir hırsızın girebileceği korkusuyla kahrolur, kısacası ufak bir güçlükle karşılaşmaya görsünler, hemen hazırda bekleyen felaket, kapılarını çalacakmış gibi bir duyguya kapılırlar.

Bu gibi aşırı davranışlara kaçabilen bir kişi, kendisini mutlaka şu ya da bu şekilde olayların merkezi sayıyor demektir. Bir insanın kendisini durmadan belanın bulduğu biri gibi göstermesi, üzerimizde bazen pek masum bir izlenim bırakır. Oysa gerçekte böyleleri bütün düşmanca güçlerin salt kendileriyle ilgilendiğini, kendilerinden başkasına kulak asmadığını söyleyerek alabildiğine bir kendini beğenmişlikle dolup taştıklarını ele verir. Daha çocukluklarında hayatı kendilerine haram eden, kendilerini hep haydutlar, katiller ve diğer korkunç yaratıklar tarafından izleniyor sanan ve hayaletlerle ruhların kendileriyle ilgilenmekten başka yapacakları işler olmadığına inanan kimselerdir hepsi.

Ruh durumları çoğunlukla dış görünümlerinde kendini açığa vurur. Neşesiz ve bezgin bir halleri vardır; hep biraz kambur yürür, sırtlarında ne büyük bir yük taşıdıklarını başkaları fark etsin isterler. Ömür boyu ağır bir yükü omuzlamakla yükümlü kılınmış karyatid'leri* anımsatırlar insana. Her şeyi aşırı ölçüde ciddiye alır, her şeyi kötümser bir bakışla değerlendirirler. Böyle bir ruh durumunda ellerini neye atsalar ellerinde kalmasının, yalnızca kendilerine değil, başkalarına da hayatı zehir eden karganın yuvadan attığı kimseler olmalarının anlaşılmayacak bir yanı yoktur. Bütün bunların da nedeni yine kendini beğenmişlik, yine bir çeşit büyüklenmedir.

Dindarlık

Bazıları bazen yaşamdan elini ayağını çekerek dine sığınır. Aslında burada da daha önce yaptıkları işi yaparlar. Sızlanır, yakınıp durur, acı ve ıstıraplarıyla sürekli olarak Tanrı'nın başını ağrıtır, onu hep kendi şahıslarıyla ilgilendirmeye bakarlar. Son derece el üstünde tutup tapındıkları varlığın gerçekte kendi hizmetlerine bakmakla yükümlü olduğunu, tüm sorumluluklarını üzerinde taşıdığını, yapay çarelerle, örneğin gayet ateşli bir yakarış ya da daha başka dinsel bir özveriyle bu varlığın sevgisini kazanabileceklerini düşünürler çoğunlukla. Kısacası, sanki Tanrı ne yapacağını bilmiyormuş gibi, yapması gereken şey üzerine onun dikkatini çekmek isterler. Böylesi bir dindarlığın alabildiğine bir dinsizlik sayılacağını doğrusu itiraf etmek gerekir; öyle ki, diyelim engizisyon dönemi hortladı, en başta ateşte yakılacak kişiler bunlardır. Tanrı karşısında sergiledikleri davranış da başkaları karşısındaki davranışlarından farklı değildir; nitekim başkaları karşısında da hep yakınıp mızmızlanır ama ortadaki durumu düzeltmek için kıllarını kıpırdatayım demezler.

* Yunan mitolojisinde Sparta dolayındaki Artemis tapınağının rahibesi. Mimaride, başlarında yapıların çatılarını taşıyan uzun giysili kadın figürü. (Çev. n.)

Böyle bir tutumun hangi boyutlara ulaşabileceğini 18 yaşındaki bir kız hastamız ortaya koyuyor. Alabildiğine kusursuz ve becerikli biridir hastamız; ne var ki pek açgözlüdür, bütün dinsel yükümlülükleri titizlikle yerine getirerek bu alanda kendini göstermiştir. Günlerden bir gün kendi kendisine suçlamalar yöneltmeye başlar, yeterince dindar sayılamayacağını, dinsel yasalara aykırı davrandığını ve sık sık günah işlediğini kafasından geçirir. Nihayet bu davranışında öylesine ileri gider ki, bütün gün kendi kendine veriştirip durur; dolayısıyla, çevresindekiler akli dengesini yitirdiğinden ciddi olarak kuşku duyarlar; çünkü hastamızda toz kondurulacak en küçük bir yan bulamazken, onu hep bir köşeye çekilmiş ağlarken ve kendi kendine yergiler döşenirken görürler. Derken rahibin biri işlediğini söylediği günahların günah sayılamayacağını, dolayısıyla özgür olduğunu açıklar hastamıza, üzerindeki yükten kendisini kurtarmak ister. Ertesi gün hastamız sokakta rahibin önünde durur, yüksek sesle yüzüne karşı kiliseden içeri ayak atmaya layık olmadığını, çünkü daha önce kendi üzerindeki büyük günah yükünü şimdi rahibin üzerinde taşıdığını bağırır.

Hastalığın bundan sonraki gelişimini izleyecek değiliz. Görülüyor ki, hırs denilen şey dinsel alanda da etkin olabilmekte, kendini beğenmişlik, kişiyi erdem ve erdemsizlik, temizlik ve pislik, iyilik ve kötülük konusunda yargıç koltuğuna oturtabilmektedir.

13.
HEYECANLAR

Heyecanlar, karakter özellikleri diye nitelediğimiz belirtilerin üst dereceleridir. Ruhsal organın zaman bakımından sınırlı devinim biçimleri olup, bizce bilinen ya da bilinmeyen bir *zorlamanın* sonucu ani bir deşarj kimliğiyle kendilerini açığa vurur ve tıpkı karakter özellikleri gibi belirli bir *amaca yönelik* nitelik taşırlar. Açıklanamayacak bilmecemsi belirtiler değillerdir; görüldükleri her yerde bir anlam taşırlar, insanın yaşam yöntemine ve ana yaşamsal doğrultusuna uygundurlar. Heyecanlar da, sağlayacakları değişiklikle ortadaki durumu ilgili kişinin lehine çevirme amacını güderler. *Güçlenmiş* devinim niteliğini taşıyan heyecanlara, belirli bir konuda başarı için diğer olanaklardan el çekmiş ya da ilgili konuda başka olanakların varlığına inanmayan ya da bundan böyle inanmak istemeyen insanlarda rastlanır.

Anlaşıldığına göre heyecanın bir yönünü yine bir aşağılık, bir yetersizlik duygusu oluşturmakta ve bu duygu, kişiyi tüm güçlerini toparlayarak normaldekinden daha geniş boyutlu devinimleri gerçekleştirmeye zorlamaktadır. Heyecanlanan kişi her zamankinden fazla çaba harcayarak kendini ön plana çıkarmaya ve zaferi ele geçirmeye çalışır. Örneğin düşmansız bir öfke düşünülemez, dolayısıyla öfkenin amacı belirli bir düşmana karşı kazanılacak zaferdir. Boyutları büyütülmüş böylesi devinimlerle başarıya ulaşmak, günümüz uygarlığında hâlâ rağbet gören geçerli bir yoldur. Böyle bir yoldan söz sahibi olma olanağı bulunmasaydı, insanların çok daha az öfke ve kızgınlık nöbetlerine kapıldığı görülürdü.

Demek oluyor ki kendilerini, pek üstünlük amaçlarına ulaşacak yetenekte görmeyen, güven duygusundan yoksun insanlar, çoğunlukla söz konusu amaçtan el çekmeyip heyecanları da yardıma çağırarak daha bir ısrarla ilgili amaca yaklaşmaya çalışırlar. Böyle bir yöntemde, aşağılık duygusu tarafından körüklenen ve ister istemez kendini heyecanlara kaptıran insan ilkel ve vahşi kavimlerdeki gibi davranarak, gerçek ya da sözde gerçek hakkını ele geçirmeye, söz sahibi olmaya uğraşır.

Heyecanlar da kişilik yapısıyla sıkı ilişki içindedir; hiç de bazı insanlarda rastlanan karakteristik bir özellik sayılmayıp, çoğu kişide bir bakıma düzenli olarak karşımıza çıkar. Yeter ki gerekli durum yaratılabilsin, heyecanları herkeste gözlemleyebiliriz. İlgili durumu da ruhsal organın *heyecan hazırlığı* diye niteleriz. İnsanla çok sıkı bir bağlantı içinde bulunan olaylardır heyecanlar; öyle ki, hepimiz bunları kafamızda canlandırabiliriz. Bir insanı şöyle yarı buçuk tanıyalım, yaşamında yer alacak heyecanları, daha önce bunlarla hiç karşılaşmamış olsak bile zihnimizde tasarlayabiliriz.

Bedenle ruhun sıkı bir biçimde birbiriyle kaynaşmış olduğu düşünülürse, ruhsal yaşamda büyük rol oynayan heyecanların beden üzerinde de etkisiz kalmayacağı açıktır. Heyecanların fiziksel dışavurumları yüzde kızarma ve sararma, solunum faaliyetinde değişiklik gibi kan damarları ve solunum organlarıyla ilgili belirtilerdir.

I. Ayırıcı Heyecanlar

Öfke

Bir insanın güçlülük eğilimini ve egemenlik hırsını adeta simgeleyen bir heyecan varsa, o da öfkedir. Bu ruhsal dışavurumun amacı, öfkelenmiş kişinin karşısına çıkan her engeli zorla ve çarçabuk yıkmaktır. Şimdiye kadar edindiğimiz bilgilere dayanarak diyebiliriz ki, öfkeli insan normalden daha büyük bir güç harcayarak üstünlük amacına ulaşmak isteyen kişidir. Prestij eğilimi bazen yozlaşarak öylesine büyük bir güçlülük sarhoşluğuna dönüşür ki, güçlülük duygusunu sınırlandıracak en ufak bir neden karşısında ilgili kimsenin bir öfke nöbetine kapılmasını anlamak güç değildir. Bazı kimseler, belki sık sık denenmiş böyle bir yolu izleyerek bir başkası üzerinde hepsinden kolay egemenlik kuracağına inanır. Söz konusu yolun izlenmesi kuşkusuz pek de seçkin bir yöntem sayılamaz; ne var ki, sıklıkla etkisini gösterir. Çoğumuz düştüğü güç bir durumda bir öfke nöbetine kapılarak nasıl prestijini kurtarabildiğini anımsayacaktır.

Öfkeye kapılmak kimi zaman haklı bir nedene dayanabilir. Ancak, biz burada böyle bir öfkeden söz etmiyoruz. Bizim üzerinde durmak istediğimiz, açık seçik ve güçlü bir şekilde ön plana çıkan öfke ve öfkenin bir *alışkanlık* olarak gözlemlendiği kişilerdir. Öyleleri vardır ki, öfkeye kapılmayı bir yöntem durumuna getirmişlerdir amaçlarına ulaşabilmek için öfkeden başka bir yol izlemeyişleriyle dikkati çekerler. Burnu kaf dağında olup, son derece alıngan kimselerdir hepsi, yanı başlarında ya da üstlerinde hiç kimsenin bulunmasına katlanamazlar; her zaman bir üstünlük duygusuna gereksinim duyar, dolayısıyla başkalarının kendilerine fazla yaklaşıp yaklaşmadığını, başkalarınca yeteri kadar takdir edilip edilmediklerini hep pusuda araştırıp dururlar. Normal olarak tabloda bir güvensizlik özelliği de yer alır; dolayısıyla, böyleleri kimseye bel bağlamak istemezler. Yine aynı insanlarda daha önce sınır özellikleri diye nitelediğimiz kimi özelliklere de rastlarız. Bazen son derece açgözlü böyle bir kimse, karşısına çıkacak ciddi her ödevden irkilip kaçmakta alır soluğu ve toplumsal yaşama güçlükle uyum sağlar. Gelgelelim istedikleri şeyi ele geçiremediler mi hep aynı yönteme başvurarak ortalığı kavga gürültüye boğar, yakınlarını pek büyük üzüntülere sokarlar. Örneğin bir aynayı tutup kırar ya da başka değerli eşyalara zarar verirler. Ancak, daha sonra o anda ne yaptıklarını bilmedikleri gibi bir bahaneyi ciddi ciddi öne sürmeleri inanılacak gibi değildir. Çünkü çevrelerine bir ders vermek amacını güttükleri açıktır. Kapıldıkları heyecan durumunda hep kırıp dökecek değerli bir eşyaya el atar, asla değersiz nesnelere el sürmezler. Bu da, bize onların belirli bir *plan* uyarınca davrandıklarını gösterir.

Dar bir çevrede bu yöntem kuşkusuz belirli bir değer taşıyabilir; ne var ki, bu çevreden çıkılır çıkılmaz yitirir değerini, çevreyle kolaycacık bir çatışma durumu baş gösterir.

Söz konusu heyecanın dış belirtilerine gelince, daha öfke sözcüğünü işitir işitmez, öfkeye kapılmış kimsenin hayali kafamızda canlanır. Başkalarına karşı düşmanca bir tutum, tüm şiddeti ve belirginliğiyle ön plana çıkar. Toplumsallık duygusu hemen hemen tümüyle geri plana itilir. Güçlülük isteği, söz konusu heyecanın içine girip yuvalanır; öyle bir istek ki, düşman gözüyle bakılan kimsenin yok edilişine kadar gelip dayanabilir. Heyecanlar, bir insanın karakterini açık seçik ortaya koyar; dolayısıyla, ilgili ruhsal durumlar insanı tanıma egzersizlerimizi kolayca yapabileceğimiz bir alan oluşturur. Öfkeli kimseleri yaşam karşısında düpedüz düşmanca bir tutum sergileyen kimseler olarak tanımlayabiliriz. Sitemli davranmayı yine elden bırakmış olmamak için şurasını bir kez daha belirtelim ki, her güçlülük eğilim ve çabasının temelini bir güçsüzlük ve aşağılık duygusu oluşturur. Elindeki güçler bakımından içi rahat kimse böylesi taşkın hareketlere, böylesi zorbalık taşıyan önlemlere başvurmaz. Aradaki bu ilişkinin asla gözden kaçırılmaması gerekir. Özellikle öfke nöbetinde güçsüzlük duygusu, üstünlük amacı doğrultusunda gayet belirgin biçimde açığa vurur kendini. İnsanın kişilik duygusunu başkalarının sırtından, başkalarının çıkarını hesaba katmadan güçlendirmeye kalkması ucuz bir yoldur.

Öfke nöbetinin patlak vermesini alabildiğine kolaylaştıran etkenler arasında özellikle *alkolü* sayabiliriz. Bazı insanlarda pek az miktarda alınan alkol, çoğu zaman öfke nöbeti için yeterlidir. Bilindiği gibi alkol, uygarlığın kişi önüne çıkardığı engelleri zayıflatıcı ya da ortadan kaldırıcı yönde etki yapar. Alkolle zehirlenen insan, sanki uygarlıktan hiç nasibini almamış biri gibi davranır. Kendisi üzerindeki denetimi yitirir, başkalarını hiç umursamaz. İnsan soydaşlarına karşı beslediği düşmanlığı alkol almadığı zamanlar güçlükle baskılayıp saklarken, içkili durumda söz konusu duygu sere serpe açığa vurur kendini. Dolayısıyla, yaşama uyum sağlayamayan insanların kendilerini içkiye vermeleri bir rastlantı değildir. Böyleleri içkide avuntu ararlar kendilerine, önce içkiyi, unutmalarını sağlayacak bir çare olarak görür, beri yandan bunu, erişmeyi çok istedikleri kimi şeylere erişemeyişleri için bir bahane olarak öne sürerler.

Çocuklarda öfke nöbetlerine büyüklerden çok daha sık rastlarız. İncir çekirdeğini doldurmayan bir neden, sıklıkla bir çocuğu kızdırmaya yeter. Bu da, daha büyük çapta bir güçsüzlük duygusunu içlerinde barındıran çocuklarda prestij eğiliminin daha belirgin nitelik taşımasından kaynaklanır. İkide bir kızıp öfkelenen bir çocuk, saygınlık peşinde koştuğunu ve bu arada çarptığı güçlüklere yenilmez değilse bile hayli çetin gözüyle baktığını ortaya koyar.

Bazen aşağılayıcı sözlerin yanı sıra öfke nöbetlerinin normal içeriğini oluşturan fiili saldırganlıklar o dereceyi bulur ki, kızıp öfkelenenin bizzat kendisine zarar verir. Buradan kalkarak, *intihar girişimlerini* de anlayabiliriz. Söz konusu eylemlerin temelinde insanın yakın ve uzak çevresindekileri üzüntüye sokma, onların kendisine reva gördüklerine inanılan ihmalin böylece öcünü alma isteği saklı yatar.

Üzüntü

Bir kimsenin bir şeyden yoksun bırakılması ya da bir kayba uğraması ve yoksun bırakıldığı ya da kaybettiği şeyden ötürü kolay kolay teselli bulamaması durumunda kendini açığa vuran bir duygudur. Üzüntü kişinin bir keder yani bir güçsüzlük duygusunu ortadan kaldırarak kendisine daha iyi bir durum sağlama isteğinin tohumlarını içerir. Bu bakımdan öfke nöbetleriyle eşdeğerdir; ne var ki, başka nedenlerle ortaya çıkması bakımından daha değişik bir görünüm taşır, bir başka yol izler. Ama her şeye karşın aynı üstünlük eğilimini kendisinde barındırır. Öfke, başkalarına yönelik olup öfkeye kapılan kişiyi hemen bir yücelmişlik duygusuna ulaştırma, düşmanını ise yenilgiye uğratma işlevini görürken, üzüntüde ilkin ruhsal mülkiyet bir sınırlandırmaya konu yapılır. Ne var ki, bu sınırlandırma kısa süre sonra ister istemez yine ruhsal mülkiyeti genişletme eylemine bırakır yerini, çünkü üzülen kişi bir yücelme ve tatmin duygusuna ulaşmak için çaba harcamaya koyulur. Bu çaba, başlangıçta bir deşarj, bir başka biçimde olmakla birlikte yine çevreye yönelik bir devinim kılığında açığa vurur kendini. Çünkü üzüntüye kapılmış kimse aslında davacı rolündedir, çevresine cephe almış bir tutum sergiler. Her ne kadar üzüntünün insan yaşamında doğal bir yeri varsa da, aşırısı çevre için düşmanca ve zararlı öğeleri içerir.

Üzüntüye kapılan kişinin erişeceği üstünlüğü, ona çevrenin tutumu sağlar. Bir kimsenin yardımına koşmasının, ona acımasının, ona bir şey vermesinin, onu destekleyip avutmasının üzüntü içindeki kimseyi nasıl ferahlattığını biliriz. İçini boşaltma olayı ağlamalar ve yakınıp sızlanmalar eşliğinde gerçekleşiyorsa, böyle bir davranışla çevreye karşı yalnızca bir saldırı başlatılmaz, aynı zamanda üzüntüye kapılan kişi bir davacı, bir yargıç, bir eleştirmen gibi çevresi üzerinde bir üstünlük duygusuna kavuşur. İsteme, talep etme özelliği ilgili davranışta açıkça kendini belli eder. Üzüntü başkaları için bağlayıcı, karşı durulmaz, dolayısıyla önünde boyun eğmek gereken bir etken rolünü oynar.

Demek oluyor ki, bu duygu da aşağıdan yukarıya bir doğrultu izler; dengeyi koruma, çaresizlik ve güçsüzlük duygusunu yok etme amacı güder.

Kötüye Kullanımlar

Heyecanların önemi insana içindeki aşağılık duygusunu yenme ve kişiliğine gereken saygınlığı kazandırma olanağını verdikleri ve bu amaçla izleyeceği yolu ona gösterdikleri anlaşıldıktan sonra gereği gibi kavranılabilmiştir. Dolayısıyla, ruhsal yaşamda son derece geniş ölçüde başvurulur heyecanlara. Kızıp öfkelenen ya da kendini ihmal edilmiş görerek üzülüp ağlayan bir çocuk, diyelim ki bu yöntemi deneme fırsatını ele geçirdi; bu davranışı ufak nedenlerle de sergilemek, söz konusu duygulara başvurup kendisine kimi çıkarlar sağlamak gibi bir yola kolaycacık başvurabilir. Duygularla çalışmak bir alışkanlığa dönüşerek, normal görülemeyecek bir biçim kazanabilir. Bu gibi çocuklar büyüdüklerinde de ilgili duyguları hep kötüye kullanır ve oyun oynarcasına öfke, üzüntü ya da öteki duyguları sergilemek gibi sakat ve sakıncalı bir yol izler, bunu da salt amaçlarına ulaşabilmek, kafalarına koydukları şeyi gerçekleştirmek için yaparlar. Söz konusu durumlar adeta düzenli olarak yinelenir, örneğin kendisinden bir şey esirgenen ya da egemenliği bir sınırlandırılma tehlikesiyle karşı karşıya bulunan böyle bir kişi hemen bu yola başvurur. Çoğu zaman üzüntü o kadar yüksek perdeden ve ısrarla açığa vurulur ki, sanki üne kavuşturacaktır kişiyi, dolayısıyla dışarıdan biri üzerinde tiksindirici bir izlenim bırakır. Bazen üzüntünün nasıl bir yarışma konusu yapıldığını gözlemlemek doğrusu ilginçtir.

Heyecanların eşliğindeki bedensel belirtiler de yine kötüye kullanılabilir. Bilindiği gibi bazı insanlar vardır, kapıldıkları öfkenin etkisini sindirim sistemine o kadar ustalıklı yansıtırlar ki, öfke nöbeti sırasında kustukları görülür. Böylelikle, çevrelerine karşı besledikleri düşmanlık daha bir elle tutulur şekilde açığa vurur kendini. Kusma, karşıdaki başka kişi ya da kişilerin mahkûm edilmesi ve aşağılanması anlamını taşır. Üzüntüye çoğunlukla yeme içmeden kesilme gibi bir durum da eşlik eder; öyle ki, üzüntüye kapılan kişi oldukça kötüleşip elden ayaktan düşer, gerçekten "acınacak bir manzara" oluşturur.

Toplumsallık duygusuyla ilişkisi bakımından üzüntü özellikle dikkatimizi çeker. Toplumsallık duygusuyla üzüntülü kişiye yaklaşım, söz konusu heyecanda çoğunlukla bir yumuşama sağlar. Ama öyle insanlar vardır ki, başkalarının toplumsallık duygusuna aşırı bir gereksinim duyar, üzüntülü durumlarını bir türlü terk etmek istemezler; çünkü üzüntülerine başkalarının ortak olması ve başkalarından görecekleri yakınlık, kişilik duygularında bir yücelme sağlar.

Bizi, dereceleri değişik bir duygu ortaklığı içine çekip almalarına karşın, öfke ve üzüntü ayırıcı heyecanlardır. İnsanları birleştirici bir rol oynamaz, toplumsallık duygusunu yaralayarak insanlar arasında bir karşıtlığın doğmasına yol açarlar. İzleyeceği seyrin ileriki aşamasında bağlayıcı bir işlev görürse de, bu işlev iki tarafın da toplumsallık duygusuyla davranmasında saptanacağı gibi normal yoldan gerçekleşmez; doğru yoldan bir sapma gösterir, çevresini yalnızca veren durumuna sokar.

Tiksinti

Ayırıcılık özelliğini, pek geniş boyutlarda olmasa bile, tiksinti duygusunda da buluruz. Organik nitelikteki tiksinti, mide çeperinin belirli bir tarzda uyarılması sonucu ortaya çıkar. Ne var ki, bir şeyi dışarı atmak isteği ruh için de söz konusudur. Kendisine eşlik eden belirtiler de doğrular böyle olduğunu; tiksinti duyan kişi, belirli bir şeye sırt çevirmek istiyormuş gibi davranır. Takındığı yüz ifadesiyle çevresini mahkûm eder, tiksinti uyandıran durumun aşağılama yoluyla hesabını görmeye çalışır. Bazen ilgili duygunun da bir sömürü aracı olarak kullanıldığı görülür, tatsız bir durumda bulunan kişi kendisinde bir tiksinti duygusu uyandırarak söz konusu durumdan yakayı sıyırabilir örneğin. Tiksinti diğerlerine göre istemli yoldan belki çok daha kolay oluşturulabilecek bir duygudur. Özel bir egzersiz sonucu insan öyle bir duruma gelebilir ki, içinde uyandıracağı tiksinti duygusundan yararlanarak kendisini güçlük çekmeksizin çevresinden koparıp alır ya da çevresine karşı bir saldırı eylemini gerçekleştirebilir.

Korku

Korkunun, insanların yaşamında son derece büyük bir önemi vardır. Yalnızca ayırıcı bir duygu olmayıp, üzüntüdeki gibi kişiyi kendine özgü bir biçimde başkalarına bağlayıcı rol oynaması, söz konusu duyguya çapraşık bir nitelik kazandırır. Örneğin, korkuya kapılarak kendini belirli bir durumdan kurtaran çocuğun bir başka kişiye yanaştığı görülür. Ne var ki, korkunun mekanizması çevre üzerinde doğrudan bir üstünlüğün ele geçirilmesini sağlamaz. İlkin, ilgili kişinin görünürde uğradığı bir yenilgi durumunu sergiler. Korkan kişi, bir azalma hisseder gücünde. Korkunun birleştirici özelliği de işte buradan kaynaklanır; bu özellik, aynı zamanda bir üstünlük eğilimini içinde barındırır; korkuya kapılan kişi, bulunduğu durumdan kaçarak bir başka duruma sığınır, kendisini bu yoldan güçlendirmeye çalışır, tehlikenin yeniden karşısına çıkacak ve onu bu kez alt edebilecek duruma gelmeye bakar.

Korku, organik açıdan kökü çok derinlerde bir olaydır. İnsanların günlük hayatlarındaki korkuda, tüm canlıların yaşadığı o *ilk korkunun* yansıdığı görülür. Özellikle insanda bu korkuyu doğuran neden, onun doğa karşısındaki genel güvensizliği ve güçsüzlüğüdür. Örneğin bir çocuğun yaşamın güçlüklerine ilişkin bilgisi öylesine yetersizdir ki, tek başına çaresizlik içinde bulunur, başkalarının kendisine yardım etmesi ve ondaki eksikliği gidermesi gerekir. Hayatın kapısından içeri adım atan çocuklar, dış dünyanın koşulları seslerini duyurur duyurmaz sezgisel yoldan ilgili güçlüklerin bilincine varır. Tehlike eksik değildir hiç; dolayısıyla, güvensizliklerinden sıyrılma yolunda harcadıkları çaba başarısız kalan çocuklar kötümser bir dünya görüşü edinir, kendilerinde daha çok çevrenin yardım ve ilgisini temel alan karakter özellikleri geliştirirler. Yaşamsal ödevlerle aralarındaki uzaklık gibi, davranışlarındaki ihtiyatlılık özelliği de aynı şekilde büyüktür. Böylesi çocuklar gün gelip her şeye karşın ileri harekette bulunma zorunluluğunu duydular mı, geriye çekilme planlarını da kendileriyle birlikte taşır, yarı kaçmaya hazır bir konumu hiçbir zaman elden bırakmazlar; bu arada en sık kapıldıkları ve en dikkati çeken duygu korkudur.

Daha bu duyguyu dışa vuran devinimlerde ama hepsinden çok ilgili mimiklerde korkuya karşı bir eylemin başlatıldığına tanık oluruz. Ne var ki, söz konusu eylem doğru-çizgisel, yani saldırgan özellik taşımaz. Böylesi belirtiler bazen yozlaşıp bir hastalığa dönüşür ve birçok durumda ruhsal mekanizmanın içyüzünü gayet kolaylıkla görebilmemizi sağlar. Bu gibi durumlarda ruhumuzda uyanacak açık seçik bir duyguyla biliriz ki, korkuya kapılmış kimsenin eli bir başkasına uzanmakta, onu tutup kendisinden yana çekmek ve bir daha koyvermemek istemektedir.

Korku duygusunu daha çok irdelersek, *karakter* özelliği olarak korkuyu incelerken vardığımız sonuçları yeniden karşımızda buluruz. Korkuya kapılanlar hayatta kendilerini destekleyecek birini ararlar hep; her zaman birinin, emirlerine hazır bulunmasını isterler. Gerçekte bir egemenlik durumunun kurulmasına yönelik çabadan başka bir şey değildir korkuları; sanki başkaları kendilerine salt destek olmak için dünyaya gelmiş gibi bir davranış sergilerler. Biraz daha kurcalarsak, başkaları kendileriyle pek yakından ilgilenmesi gerekiyormuş gibi, söz konusu kişilerin bir beklenti içinde yaşadıklarını görürüz. Hayatla doğru dürüst bir bağlantı kuramamaları sonucu bağımsızlıklarını öylesine yitirmişlerdir ki, alabildiğine büyük bir özlem ve ısrarla söz konusu ayrıcalığın peşinde koşarlar. Başkalarını ne kadar arasalar da, pek fazla bir toplumsallık duygusuyla donatıldıkları söylenemez. Yani bir korku durumunun sergilenmesi kişiye ayrıcalıklı bir yer sağlayabilmekte, yaşamın zorunluluklarından sıyrılarak, başkalarını kendi hizmetine koşmasına olanak vermektedir. Nihayet korku, yaşamın tüm ilişkileri içine yuvalanmış, çevrenin egemenlik altına alınmasında etkili bir araç niteliği kazanmıştır.

II. Birleştirici Heyecanlar

Sevinç

Bu duygu da açık seçik birleştirici rol oynar. Soyutlanmaya karşıdır. Sevincin başkalarını arayıp bulmak, başkalarıyla sarmaş dolaş olmak vb. dışavurum biçimlerinde, başkalarına açılma, bir hazzı başkalarıyla paylaşma, başkalarıyla dayanışma gibi bir eğilimin saklı yattığı görülür. Sevinçli insanın tavrı da bağlayıcı görünüm taşır, başkalarına bir el uzatıştır adeta, başkalarına yansıyan ve onları da alıp yücelere çıkarması amaçlanan bir sıcaklıktır. İnsanların bir araya gelmeleri için gerekli tüm öğeleri içeren bir duygudur sevinç.

Bu duyguda da yukarı doğrultuda bir çizginin varlığı sezilir; sevinçte de karşımızda yine hoşnutsuzluk duygusundan kalkarak üstünlük duygusuna ulaşmak isteyen bir insan buluruz. Sevinç, aslında güçlüklerin yenilmesine verilecek en doğru addır. Özgürlüğe kavuşturucu bir etki içeren gülmeler sevinçle el ele yürür, sevincin adeta son halkasını oluşturur, insanı kendi kişiliğinin çemberinden alıp dışarı çıkarır, başkalarının sempatisini kazanma çabasıdır.

Bu duygu da sömürü aracı yapılır bazen ve bu sömürünün dışavurum biçimleri insandan insana değişir. Örneğin Messina'da deprem olduğunu öğrenen bir hastam, habere açıkça sevindiğini belli etmiş ve kahkahalarla gülmüştü; durum daha yakından incelendiğinde öğrenilmişti ki, gülmesinin nedeni üzülmenin ruhunda doğuracağı küçülme duygusundan kaçmaktı ve onun karşıtı sayılan duyguya sığınarak üzüntüden yakasını kurtarmak istemişti. Sevincin sık rastlanan bir sömürü şekli de, başkalarının uğrayacağı bir kötülüğe sevinmektir; öyle bir sevinç ki, hiç yeri yokken açığa vurur kendini, toplumsallık duygusunu çiğneyip geçer ve ona gölge düşürür, ayırıcı nitelik taşır, başkalarından üstün olmak isteyenlerin amaçlarına ulaşmak için başvurduğu bir duygu işlevini görür.

Acımak

Toplumsallık duygusuna verilecek en güzel ad acımadır. Bu duyguya rastladığımız kişilerde toplumsallık duygusunun varlığından kuşku duymak gereksizdir. Çünkü söz konusu duygu, bir kimsenin insan soydaşlarının durumuyla ne denli özdeşleşebildiğini gösterir.

Belki söz konusu duygunun kendisinden çok, kötüye kullanımı yaygın durumdadır. Bir kötüye kullanım şeklinde, kişi, kendisine gayet güçlü bir toplumsallık duygusuna sahip biriymiş süsü verir. Başkalarının uğradığı bir felaket durumunda böyleleri hep ön planda boy gösterir ama gerçekte bir şey yapıp ettikleri yoktur, istedikleri yalnızca adlarının geçmesi ve böylece toplum içinde ucuz yoldan üne kavuşmaktır. Bir başka kötüye kullanım şeklinde ise, başkalarının uğrayacağı felaketlerin gerçek bir hazla tadı çıkarılmaya bakılır. Bu sözde hamarat-hayırsever insanların ilk planda düşündüğü şey, yoksul ve sefil insanlar karşısında kapılacakları üstünlük duygusunun rahatlatıcı etkisidir. Böyleleriyle ilgili olarak büyük insan sarrafı La Rochefoucault şöyle demiştir: "Bizler, dostlarımızın başlarına gelecek kötülüklerden bir çeşit haz almaya her zaman hazırızdır."

Tiyatro oyunları arasında trajedilerden zevk alışımız da yanlış olarak bu nedenle açıklanmak istenmiş, böyle bir yapıtı seyrederken insanda kendi durumunun daha iyi sayılacağı duygusunun uyandığı belirtilmiştir. Ne var ki, insanların çoğu için geçerli bir açıklama değildir bu. Çünkü bir trajedideki olaylara karşı duyduğumuz ilgi, kendi kendimizi tanıyıp kendimize hocalık yapma isteğinden kaynaklanır. Sahnede gördüklerimizin salt bir oyun olduğu düşüncesi asla çıkmaz aklımızdan ve ilgili oyundan yaşam hazırlıklarımızda yardım umarız.

Utanmak

Hem ayırıcı, hem birleştirici bir duygudur. Utanma da yine toplumsallık duygusundan kaynaklanır ve bu özelliğiyle insanın ruhsal yaşamından sökülüp atılamaz. Böyle bir duygu olmaksızın insan toplumu diye bir şeyin düşünülemeyeceği kesindir. Utanma duygusu, ruhsal alanına müdahale sonucu insanın kişiliğinin değerinde bir azalma tehlikesinin baş gösterdiği, özellikle herkesin bilincinde olduğu şeref ve haysiyet duygusunda bir zayıflama belirtisinin görüldüğü durumlarda açığa vurur kendini. Ayrıca, ilgili duygu alabildiğine güçlü bir şekilde ruhsal alandan bedensel alana sıçrar. Fizyolojik bakımdan olay, periferdeki damarların genişleyerek aşırı bir kanlanmaya yol açmasıyla kendini belli eder. Bu aşırı kanlanmayı çoğunlukla yüzde saptarız. Hatta utanan bazı kimselerin göğüslerinin bile kızardığı görülür.

Utancın insanın davranışındaki yansısı, çevreden soyutlanmadır. Utanç duyan kişi, bir can sıkıntısıyla toplumdan çekip alır kendini; ama böyle yapışı bir kaçış jestidir daha çok. Yüzün başka yana çevrilmesi, gözlerin yere indirilmesi, bu duygudaki ayırıcı özelliği açık seçik ortaya koyan kaçış devinimleridir.

Bu duyguda da yine bir kötüye kullanım söz konusudur. Öyleleri vardır ki, yüzleri hemen kızarıverir. Zaten bu kişilerin çevreyle ilişkilerinde ayırıcı özellik, normaldekinden daha güçlüdür. Kızarıp bozarmaları, kendilerini toplumdan soyutlamak için yalnızca bir araçtır.

EK

Eğitim Konusunda Genel Düşünceler

Şimdiye kadar ancak zaman zaman şöylece değindiğimiz bir konuya, yani evde, okulda ve hayatın içindeki eğitimin ruhsal organın gelişimi üzerindeki etkisine ilişkin birkaç söz daha söylemek istiyoruz.

Günümüzde aile içi eğitimin çocukta güçlülük isteği ve kendini beğenmişlik özelliğinin gelişip serpilmesine ön ayak olduğu kuşkusuzdur. Bunu herkes kendi deneyimlerinden bilecektir. Ne var ki, eğitim açısından aile, yadsınmaz birtakım üstünlüklere sahiptir; doğru eğitilmeleri koşuluyla çocuklar için aileden daha yararlı kurum düşünülemez. Özellikle hastalık durumlarında ailenin, insan soyunun varlığını sürdürmesine en elverişli kurum olduğu görülmektedir. Beri yandan, ailelerin her zaman iyi eğiticiler olduğunu, çocuklardaki ruhsal anormallikleri daha çekirdek halindeyken görüp tanıyacak ve uygun bir davranışla bunları ortadan kaldıracak kadar keskin gözlere sahip olduğunu düşünebilseydik, işe yarar bir insan ırkının yetiştirilmesi işine aile kadar başka hiçbir kurumun elverişli sayılamayacağını seve seve itiraf ederdik.

Gelgelelim, ailelerin ne iyi psikolog, ne de iyi pedagog olduklarını ne yazık ki kabul etmek zorundayız. Bugün aile eğitiminde başrolü oynayan, çeşitli derecelerde yozlaşmış aile bencilliğidir. Böyle bir bencilliğin de görünürde haklı olarak amaçladığı şey, isterse başkalarının çıkarlarına aykırı düşsün, çocuklarının özel bir ilgi görmesi, çocuklarına başkaları tarafından pek değerli kişiler gibi davranılmasıdır. Başkalarına karşı kurumlanıp böbürlenebilecekleri ve kendilerine başkalarından daha iyi kişiler gözüyle bakabilecekleri gibi bir düşünceyi çocukların kafasına yerleştirmekle, aileler eğitim bakımından en ağır hatayı işlemektedir. Ayrıca buna, baba önderliği ve baba otoritesi düşüncesinden bir türlü kopamayan ailenin kendi örgütsel yapısından kaynaklanan olumsuz etki de katılmakta, böylece talihsiz sonuca açılan kapı aralanmış olmaktadır. İçerdiği toplumsallık duygusu asgari bir düzeyin üzerine çıkamayan baba otoritesi, çok geçmeden çocukların açık ya da gizli direnciyle karşılaşmaktadır. Kolay kolay benimsendiği hiç görülmeyen bir otoritedir bu. En büyük sakıncası da, güç ve otoriteye sahip olmanın hazzını göz önüne sererek çocukları güce susamış, açgözlü ve kendini beğenmiş kişiler durumuna sokması ve güçlülük eğilimleri için bir model oluşturmasıdır. Bunun sonucunda da, çocuklar babalarının düzeyine çıkmayı ve başkalarından saygınlık görmeyi amaçlamakta, çevrelerindeki en güçlü kişi olan babaları gibi kendileri de diğer kişilerden söz dinlerlik ve itaat beklemekte, dolayısıyla gerek anne ve babalarına, gerek çevrelerine karşı düşmanca bir tutum takınmaktadırlar.

Böyle olunca, aile içi eğitimde çocuğun her zaman bir üstünlük amacı benimsemesi adeta kaçınılmazdır. Çocuklar küçükken büyük insan oyunları oynar, büyüklerse çok ileri yaşlara kadar aile içindeki durumlarını düşünüp –bazen de söz konusu durumu bilinçaltından anımsayarak– bütün insanlığa sanki kendi aileleriymiş gibi davranır ama böyle davranmaları sonucunda başarısızlığa uğradılar mı, bundan böyle sevimsiz buldukları dünyadan ellerini eteklerini çekmeye ve soyutlanmış bir yaşam sürmeye eğilim gösterirler.

Öte yandan aile, toplumsallık duygusunu geliştirmek için de elverişli bir kurumdur. Ne var ki, güçlülük eğilimi ve otorite üstüne söylediklerimiz anımsanırsa, bu işin ancak belirli bir noktaya kadar üstesinden gelinebilmektedir. Çocuğun yüreğinde ilk sevecenlik duyguları, *annesiyle ilişkisinde* açığa vurur kendini. Anne, çocuk için alabildiğine önemli bir başka insandır, annesine bakarak *güvenilir insan soydaşının* ne olduğunu fark eder çocuk; sen'i tanımayı ve algılamayı öğrenir. Nietzsche, herkesin kendi sevgili idealini, annesiyle olan ilişkisine dayanarak yarattığını söyler. İnsanlarla ilişkilerinde annenin çocuğa nasıl ışık tuttuğunu, kısaca anneyle ilişkilerin çocuğun bütün ruhsal dışavurumları için nasıl bir çerçeve rolü oynadığını hayli zaman önce Pestalozzi ortaya koymuştur. Bu ilişki, anneye çocukta toplumsallık duygusunu geliştirme olanağı verir. Anneyle çocuk arasındaki ilişki, bazen çocuklarda belirli sosyal kusurları içeren tuhaf kişiliklerin oluşumuna yol açar. Özellikle karşılaşacağımız kusurlardan biri, annenin ödevini yerine getirmeyerek, çocukta toplumsallık duygusunun gelişmesine çalışmamasıdır. Bu kusur, küçümsenecek gibi değildir ve yığınla tatsız sonucun doğmasına neden olur. Çocuk, sanki bir düşman ülkede bulunuyormuş gibi büyür ve gelişir. Böyle bir çocuğu ıslah etmek isteyen bir kimsenin izleyeceği tek yol vardır, o da yerine getirilmesi ihmal edilmiş ödevi üstlenmektir. Ancak bu yoldan çocukta bir toplumsallık duygusunun oluşumu sağlanabilir. Sıklıkla işlenen diğer temel kusura gelince; o da annenin ödevini yapmak istemesi ama işi gereğinden sıkı tutarak bu konuda aşırıya kaçmasıdır. Böyle bir davranış, çocuğun toplumsallık duygusunu başkaları üzerine yansıtmasını olanaksız kılar. Bu gibi anneler, çocuktaki toplumsallık duygusunun yalnızca kendisini hedef almasına çalışır. Yani çocuğun gözü annesinden başkasını görmez, annesi dışındaki dünya sanki çocuk için ortadan silinip gider. Böyle çocuklar sosyal bir insan olmanın gerektirdiği temelden yoksundur.

Anneyle ilişki dışında çocuğun eğitiminde dikkate alınması gereken daha birçok önemli etken vardır. Özellikle *rahat bir çocukluk*, çocuğun bu dünyaya severek ve kolaylıkla uyum göstermesini sağlar. Çocuklardan pek çoğunun ne gibi güçlüklerle savaştığı, hayatlarının *ilk yıllarında* dünyayı yaşanmaya değer sevimli bir yer gibi tasarlayabilmelerinin ne denli zorlaştırıldığı düşünülürse, *ilk çocukluk izlenimlerinin* alabildiğine büyük bir önem taşıdığı görülür, çünkü çocuğun ileride izleyeceği doğrultuyu bu izlenimler belirler. Ayrıca, ne kadar çok çocuğun hastalıklı doğduğu, bu dünyada acı ve ıstıraptan başka bir şeyle karşılaşmadığı, dolayısıyla çocukluklarını doğru dürüst yaşayamadığı ya da içinde yaşam sevinci uyandıracak bir çocukluk geçirmediği göz önünde tutulursa, çocuklardan çoğunun büyüdüğünde yaşam ve topluma dost kişiler olamayacağı, gereği gibi çiçek açıp gelişebilen bir toplumsallık duygusundan yoksun kalacağı açıktır. Beri yandan, eğitimde işlenen hatalar da bu konuda hayli büyük rol oynar. Sıkı ve sert bir eğitim çocukta yaşam sevincinin doğmasını ve bir toplumsallık duygusunun gelişmesini engelleyeceği gibi, en ufak güçlükleri bile çocuğun yolundan temizlemeyi amaçlayan ve çocuğu aşırı bir sevecenlikle sarıp sarmalayan eğitim de yine aynı olumsuz etkiyi gösterir, çocuğun ileride aile dışında hüküm sürecek iklimin hoyrat havasında tutunamamasına yol açar.

Kısacası, günümüzdeki aile içi eğitim, toplumumuzun arkadaşlık duygusuyla dolu gerçek bir üyesinden beklenecekleri çocuğa verebilmekten uzaktır. Tersine, çocuğun içini aşırı derecede bir kendini beğenmişlik eğilimiyle doldurur.

Aile eğitiminde yapılan hataları giderecek ve durumda düzelme sağlayacak bir kurumun ne olabileceğini sorarsak, dikkatimiz ilkin okul üzerinde toplanacaktır. Ne var ki, daha bir yakından bakıldığı zaman, okulun da günümüzdeki biçimiyle böyle bir ödevin üstesinden gelemeyeceği görülür. Okulların bugünkü durumunda, çocuklardaki gelişim kusurlarını zamanında keşfedip bunları ortadan kaldırmakla övünecek bir öğretmen göstermek zordur. Öğretmenler pek hazırlıklı değildir bu konuda. Ayrıca, bunu yapacak fırsatı ele geçirebilecekleri de söylenemez; çünkü önlerinde bir öğretim planı vardır, bu planda öngörülen bilgileri çocukların kafasına aktarmakla yükümlü kılınmışlardır, ne gibi bir insan malzemesi üzerinde çalıştıklarını düşünecek zamanları yoktur. Üstelik, sınıfların gereğinden çok kalabalık oluşu da, bir öğretmenin söz konusu ödevin altından kalkabilmesine olanak tanımaz.

Dolayısıyla, bizi birbirimize perçinleyerek, tutarlı bir toplum oluşturabilmemizi önleyen aile eğitimindeki bu kusuru giderebilecek bir başka kurum aramak zorundayız. Bazıları böyle bir kurum olarak hayatın kendisini gösterecektir belki. Burada da durum yine sanıldığı gibi değildir. Bir kez şimdiye kadar söylediklerimiz, bazen öyle görünmesine karşın, gerçekte hayatın bir insanı değiştirmede pek elverişli bir kurum sayılamayacağını yeterince ortaya koyar. İnsanın kendini beğenmişliği ve açgözlülüğü buna izin vermez; çünkü nice sapa yollara sürüklenmiş olursa olsun, bir kimse kötü durumunun suçunu ya başkalarının üzerine atacak ya da bunun başka türlü olamayacağı duygusunu yüreğinde taşıyacaktır. Gemisini bir kayaya bindirip de, iş o duruma gelinceye kadar ne gibi hatalar işlediği üzerinde düşünen kimselere seyrek rastlanır. (Yaşantıların değerlendirilmesi konusundaki açıklamalarımızı da burada anımsatmak isteriz.)

Dolayısıyla, ilgili konuda yaşamdan da pek fazla bir şey beklenemez. Psikolojik bakımdan bunun da anlaşılmayacak yanı yoktur, çünkü hayatın kapısından içeri adım atanlar gelişim sürecini tamamlamış insanlardır. Öyle insanlar ki, hepsi de gözlerini belirli bir noktaya yöneltmiştir ve üstünlük amacı peşinde koşar. Hatta hayat kötü bir öğretmendir insan için, çünkü hoşgörü nedir bilmez, bizi önceden uyarmaz, bize doğru yolu göstermez, elinin tersiyle geriye iter bizi ve sınıfta bırakır.

Sorunu tümüyle gözden geçirdik mi, çocuklardaki eğitim kusurunu ortadan kaldıracak tek kurumun okul olabileceğini ister istemez söylememiz gerekiyor. Her zaman kötü yolda kullanılmasa, böyle bir görevin üstesinden gelebilirdi okul. Gelgelelim, şimdiye kadar kim okulu eline geçirmişse, ondan kendini beğenmiş ve açgözlü planlarını gerçekleştirmede bir araç gibi yararlanmıştır. Hep böyle giderse, bunun insan için hiç de yararlı sonuçlar doğurmayacağı açıktır. Son zamanlarda bazı kimseler okulda eski otoritenin yeniden kurulması gerektiğini savunmaya başlamıştır. Ancak, böylesi kimselere, sözünü ettikleri otoritenin eskiden okullarda ne gibi olumlu sonuçlar verdiğini sormak gerekmektedir. Her zaman insanın başına büyük dertler açtığını, durumun daha elverişli sayılacağı aile içinde bile herkesin başkaldırmasından başka sonuç sağlamadığını gördüğümüz otorite, okullarda nasıl yararlı rol oynayabilir? Hele değerini kendiliğinden kabul ettiremeyip, insanlara zorla benimsetilen bir otorite bunu nasıl başarabilir? Diyelim ki, okulda bir otorite vardır; ancak, bunun düpedüz benimsenmesi seyrek karşılaşılan bir durumdur. Üstelik, okula giden çocuklar, öğretmenin bir devlet memuru sayılacağının açık seçik bilincindedir. Zorla kendisine kabul ettirilecek bir otoritenin çocuğun ruhsal gelişimi bakımından zararlı sonuçlara yol açmaması olanaksızdır. Otorite duygusu, zorlama temeli üzerine dayanamaz; tersine, toplumsallık duygusundan kaynaklanması gerekir.

Okul, ruhsal gelişiminin izlediği yolda her çocuğun kapısından içeri adım atacağı bir istasyondur; dolayısıyla, olumlu bir ruhsal gelişimin gereklerine yanıt vermek zorundadır. Bu yüzden, ancak ruhsal gelişimin gerektirdiği koşullarla uyum içinde bulunacak bir okula iyi niteliğini yakıştırabilir, böyle bir okul için *sosyal okul* deyimini kullanabiliriz.

SONSÖZ

Bu kitapta, ruhsal organın insanda doğuştan var olup, ruhsal ve bedensel bir fonksiyonu içeren bir özden kaynaklandığını, tamamen toplumsal koşullara bağlı geliştiğini, yani bir yandan organizmanın, diğer yandan toplumun gereksinimlerine yanıt verecek bir doğrultu izlediğini, ruhsal organın böyle bir çerçeve içinde oluştuğunu ve tutacağı yolun böyle bir çerçeve içinde bulunduğunu gördük.

Ruhsal gelişimin daha sonraki evrelerini de inceleyerek algılama, tasarımlama ve anımsama gücünü, duyma ve düşünme yetisini gözden geçirdik, en sonunda karakter özellikleriyle duygu ve heyecanları ele aldık. Söz konusu bütün ruhsal dışavurumların birbiriyle ayrılmaz bir ilişki içinde bulunduğunu, bir yandan toplum yasasına bağlı olduğunu, öte yandan bireyin güçlülük ve üstünlük eğilimiyle kendine özgü bir yola kanalize edilip biçimlendirildiğini saptadık. İnsanın üstünlük amaçlarının toplumsallık duygusuyla birlikte belirli karakter özelliklerinin oluşumuna yol açtığını, dolayısıyla ilgili özelliklerin doğuştan gelmediklerini ve ruhsal gelişimin başından başlayıp insanın az ya da çok bilinçli olarak gözüne kestirdiği amaca kadar adeta belirli bir ilkeye göre sıralandıklarını gördük.

İnsanın anlaşılmasında bizim için değerli köşe taşları oluşturan bu gibi karakter özellikleriyle duygu ve heyecanların bir bölümünü ayrıntılı biçimde ele aldık, bir bölümüne ise şöylece değindik. Son olarak da, güçlülük eğilimine uygunluk içinde hırs ve kendini beğenmişliğin her insanda depolanmış durumda olduğunu, dışavurum biçimlerinden söz konusu eğilimi ve etki mekanizmasını açık seçik görebileceğimizi saptadık. Özellikle açgözlülüğün gelişerek pek büyük boyutlara varmasının bireyin sağlıklı biçimde ilerlemesini köstekleyip toplumsallık duygusunu güçsüzleştirdiğini, hatta tümüyle ortadan kaldırdığını, sürekli müdahalelerde bulunarak toplum yaşamını bozucu etken rolü oynadığını, öte yandan bireyi ve bireysel çabayı başarısızlığa sürüklediğini gösterdik.

Bizce, ruhsal gelişimin bu yasası yadsınamaz nitelik taşımakta ve karanlık duyguların kucağına yuvarlanmak istemeyip, kendi yazgısını kendisi belirlemeye çalışan herkes için alabildiğine önemli bir yol gösterici rolünü oynamaktadır. İşte bu verilerden yola koyularak, insanbilim alanındaki çalışmalarımızı sürdürmekteyiz; öyle bir bilim ki, genellikle pek üzerinde durulmamasına karşın, toplumun bütün kesimleri için bizce son derece önemli ve varlığı zorunlu bir uğraş konusu oluşturmaktadır.